間宮海峡に面したワニノ駅。ユーラシア大陸を走る長距離列車の東端駅だ

列車が発車する。別れがある（ソヴィエツカヤ・ガヴァニ操車場駅）

ウラジオストク滞在は半日。ハルビン行きに乗り込む。ひたすら列車旅

ハルビンから北京まで中国の新幹線に乗った。速い列車は退屈だ

巨大な北京西駅。ダフ屋から買った切符を握ってウルムチ行きに乗る

中国の蘭州をすぎ、列車は乾燥地帯に迷い込んでいく

ウイグル人女性もおしゃれになったなぁ（ウルムチ）

イスラムの世界に入った。青空とモスクが教えてくれる

中央アジアを走る炎熱列車。気温は40度を超え、だら～とするだけ

カスピ海の東に広がる乾燥地帯を、列車は粘り強く進んでいった

爆破テロで停まった列車。これでバクーに向かったが、出国拒否

バクー駅でトビリシ行きを待つ。こうして何回列車を待っただろう

グルジア（ジョージア）の女性は意志的な瞳をしていた。頑固な国だからなぁ

かつてコーカサスを走っていた列車の惨状（トビリシ付近）

アルメニアの列車はコーカサスの紛争のなかで行き止まりが多い

ホームの水場。祈りの前にムスリムが手を洗う（トルコ・カイセリ駅）

トルコの列車の食堂車で。車窓風景は圧巻だが、料金は高い

ベオグラードの駅カフェ。ヨーロッパの匂いがする

眠れぬ夜、デッキから満ち欠けする月を眺めた列車旅だった（ザグレブ）

季節はずれの地中海をイタリアのローカル列車は進む。車掌も暇？

最後の寝台は朝食付き。涙？

ノートルダム大聖堂をゴミで埋まった
マルセイユから見あげる（本文参照）

リスボン到着。西端まで 26 キロ

車中26泊の果てに、カスカイス駅に着いた。この先に線路はない

カスカイス駅で旅は終わった

イワシとビール。西端駅の乾杯

世界最悪の鉄道旅行

ユーラシア大陸横断２万キロ

下 川 裕 治

朝日文庫

本書は二〇一一年十一月、新潮社より刊行された『世界最悪の鉄道旅行 ユーラシア横断2万キロ』を改題し、加筆・修正したものです。肩書・年齢などは、新潮社版刊行当時のものです。

世界最悪の鉄道旅行

ユーラシア大陸横断2万キロ

目次

地図／加賀美康彦

アジア（16,346km）

ソヴィエツカヤ・ガヴァニ→ウラジオストク	1,657
ウラジオストク→ハルビン	778
ハルビン→北京	1,288
北京西→ウルムチ	3,774
ウルムチ→アルマトイII	1,374
アルマトイI→タシケント	998
タシケント→アストラハン	2,539
アストラハン→デルベント	617
デルベント→アストラハン	617
バクー→トビリシ	551
トビリシ→ギュムリ	220
カルス→ハイダルパシャ	1,933

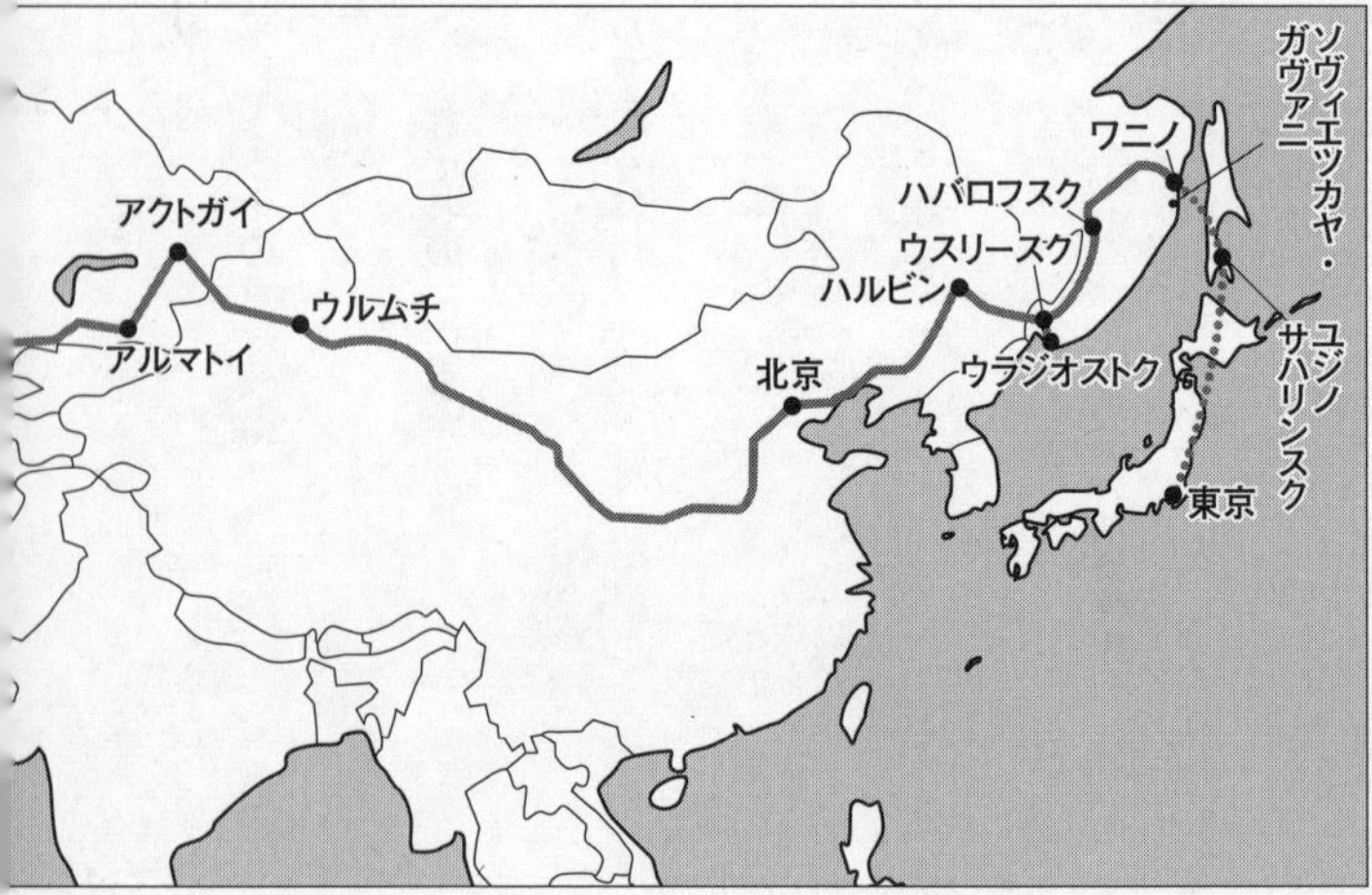

ヨーロッパ（4,616km）

イスタンブール→ベオグラード	1,006
ベオグラード→ザグレブ	407
ザグレブ→ベネチア	381
ベネチア→ニース	605
ニース→マルセイユ	225
マルセイユ→ボルドー	724
ボルドー→イルン	237
イルン→リスボン・オリエンテ	1,005
カイス・ド・ソドレ→カスカイス	26

計　20,962km

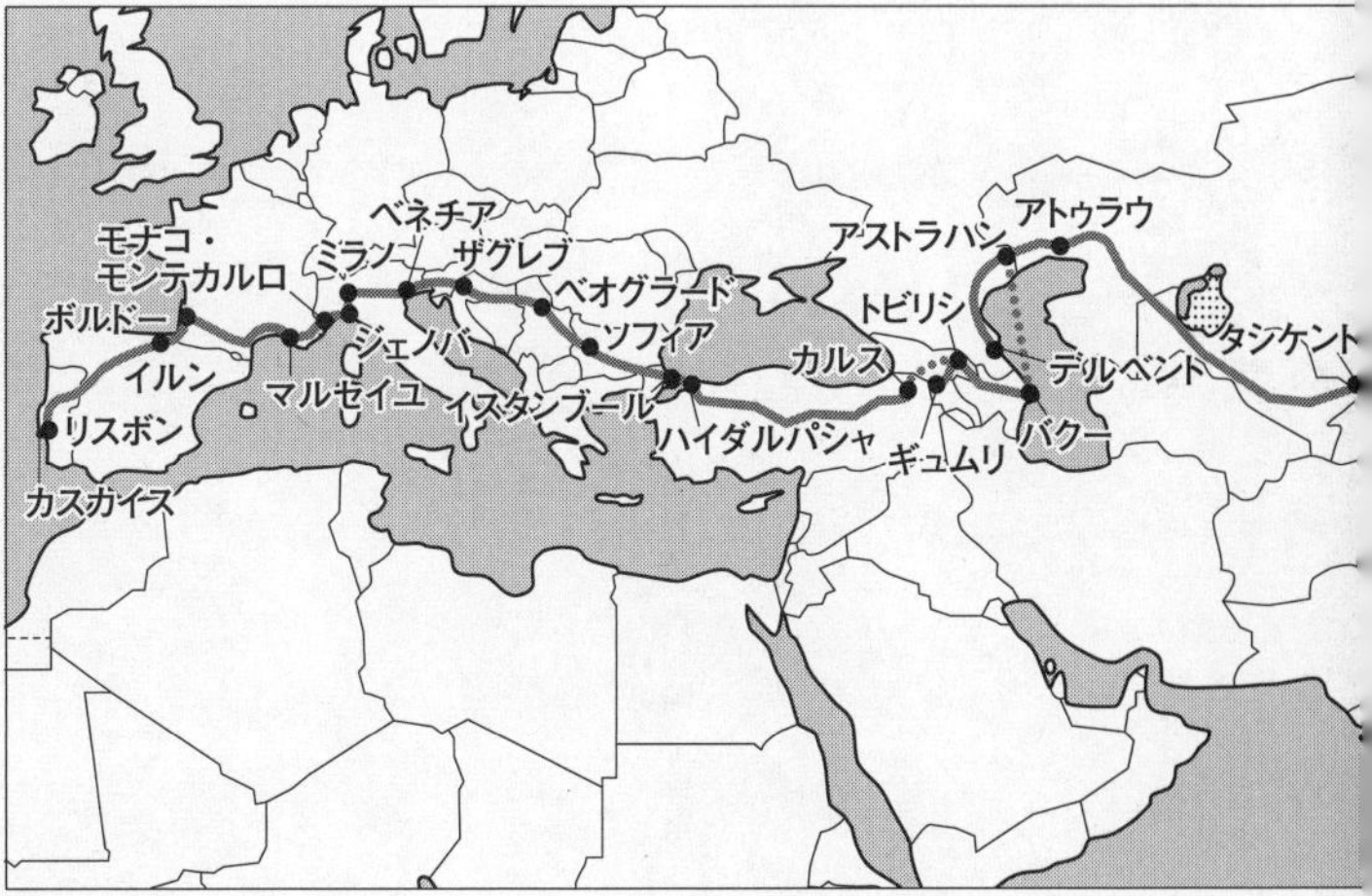

口絵写真・本文写真／阿部稔哉

世界最悪の鉄道旅行

ユーラシア大陸横断2万キロ

はじめに

本書は二〇一一年に新潮社から発刊された『世界最悪の鉄道旅行 ユーラシア横断2万キロ』が元本である。今回、改めて朝日文庫から刊行されることになった。

長い旅はこれまでも何回か経験している。そのなかでもつらかった旅のベストスリーならぬワーストスリーを選べ……といわれれば、ユーラシア大陸の東端駅から西端駅まで列車に乗り続けたこの旅に一票ということになる。

あとふたつの旅は、陸路でトルコのイスタンブールをめざした旅とアフガニスタンである。前者は、『歩くアジア』(双葉文庫)、後者は、『アフガニスタン』(共同通信社)にまとまっている。前者は陸路国境を通過できるかわからない時期に手探りで進んだ旅で、途中のトルクメニスタンでは、警察官の家に軟禁されてもいる。後者はアメーバ赤痢に罹《かか》ってしまった旅だった。

ロシアのソヴィエツカヤ・ガヴァニ操車場駅から、ポルトガルのカスカイス駅まで続いた旅から十年がたつ。当時はまだ列車の切符をネットを通して買うシステムが十分に機能していなかった。トーマスクックの時刻表を頼りに列車の切符を買うというアナログ旅だった。ネットで得ることができる列車の運行状況はサブ的な存在だった。いまならすべてがネット予約で旅が進むはずだ。

元本の原稿を書いているとき、信州の安曇野に暮らす母親が手術を受けた。その検査や手術後のリハビリなどで、しばしば病院に出かけていた。時間ができると、病院のカフェで原稿を書き進めた。病院の最上階にあるカフェだった。大きな窓いっぱいに北アルプスが広がっていた。トーマスクックの時刻表と記録したノートを傍らに置き、原稿用紙に向かっていると、

「ちょっとこの時刻表、見せてもらっていいですか」

と声をかけられた。車椅子に座った老人だった。

「トーマスクックの時刻表、懐かしいなぁ。若い頃、これをもってヨーロッパの列車に乗ったんですよ」

そんな世代には旅のバイブルだったようだ。

ヨーロッパだけの列車旅なら、ネットで得られる情報で旅ができたかもしれない。しかしこの旅は、中央アジアやコーカサスを走る列車を乗り継いでいかなくてはならなかった。トーマスクックの時刻表を頼りにする最後の旅だったようにも思う。

列車の切符はすべて、駅の窓口で買った。ロシア、中国、カザフスタン、ウズベキスタン、アゼルバイジャン、グルジア（ジョージア）、トルコ、セルビア、イタリア、フランス。ロシアは旅行会社の手配だったが、それ以外は、窓口で相談しながら切符を手に入れた。英語が公用語という国はひとつもなかった。窓口で時刻や路線を調べてくれたのは中年の女性が多かった。簡単な英語を駆使しながら、きちんと対応してくれた。いまでも彼女らの顔や声、そして雰囲気を鮮明に思い出すことがある。うまくルートがみつかったときのホッとしたような笑顔も脳裏に刻まれている。

おそらく僕が不安だったのだ。はたしてそのルートを走る列車はあるのだろうか。切符を買うことができるのだろうか。そんな不安をぎっしりと体に詰めて窓口に立っていた。

やはり長い旅だった。

十年という年月がたてば、列車旅の事情もずいぶん変わる。そのへんの旅事情を、列車旅に沿う形で各章末にコラムとして書き加えた。

二〇二〇年七月

下川裕治

第一章　サハリンから間宮海峡を渡る

港を出発した旧式のバスは、暗闇のなかをライトの灯だけを頼りに進んでいた。その光にゲートの鉄柵や無造作に置かれたコンテナが浮かびあがる。街なかというより、港に沿った道を進んでいるようにも思える。行く先も知らされてはいなかった。フェリーから降りた乗客の後をついていくと、このバスに乗り込めといわれただけだった。十分、いや二十分ほど走っただろうか。バスはコンクリートが敷かれた広場のようなところで停まった。乗客は荷物をごろごろと引きながら、列をつくって歩きはじめる。その後に続くしかない。時計を見た。午前三時近かった。

「ここ、ホームじゃないですか」

同行するカメラマンの阿部稔哉氏が口を開いた。

「ホーム？」

暗がりのなかで目を凝《こ》らす。わずかな街灯の光を鈍く反射する鉄柱は橋脚のようだった。広場に思えたこのスペースも、よく見ると側面がくっきりと切りとられている。その先に線路があるのかもしれなかった。しかしホームだとしたらずいぶん広い。幅は二十メートル以上ある。

列は暗い建物のなかに吸い込まれていった。ホールのような場所に入った。椅子が並んでいる。歩いてきた所がホームだとしたら、ここは待合室ということになる。先頭を歩く人がホールの奥にあったドアを開け、その先にある階段をのぼりはじめた。

建物の三階にオフィスがあった。隅にテーブルがあり、太ったおばさんがひとり座っていた。なにやら手続きがはじまった。一緒に並ぶ人たちが、シンプルな英単語と身振り手振りで説明してくれる。どうも並ぶ人は皆、ここに泊まるようだった。そして明日、列車に乗るのだという。

「で、ここはどこなんです?」

「ワニノ駅」

「ワニノ駅?」

ユーラシア大陸の最東端の駅だった。

東経一四〇度一六分三・九四秒。

僕らはその駅の宿泊施設に泊まることができるようだった。ロシアの駅には宿があることも知らなかった。ひとり六百ルーブル、約千八百円を払い、シーツと枕カバーのセットを受けとった。ホテルというより、簡易宿泊所といった趣だった。ベッドが三つある部屋をあてがわれた。やや湿りけのあるシーツだったが、港で夜明かしかと思っていた身にはありがたかった。これからの旅を思えば、幸運なことだった。

——最東端の駅に泊まる。

ベッドに体を横たえながら、そんな言葉を呟《つぶや》いてみる。これから先、いったい何日かかるのかもわからない列車旅だったが、僕は駅に泊まることができるというだけで満足していた。これは記念すべき旅のはじまりではないか。極楽トンボとは、こういうことをいうのかもしれない。

ユーラシア大陸を列車で横断する——。

簡単にこの旅が決まったわけではなかった。以前、バスに揺られて東京からトルコのイスタンブールをめざしたことがあった。そしてＬＣＣと呼ばれる格安エアラインで世界を一周した。バス、飛行機……とくれば、なんとなく次は列車という気がしていた。

シベリア鉄道に揺られて北京からヨーロッパまで向かった経験がある。ひょんなことから、二回もこの列車に乗ってしまった。延々とシベリアを走る列車の窓から眺めるタイガの森は、息を呑むほど美しかった。このルートは、モンゴルからロシア領内に入ったとたんに、ヨーロッパに足を踏み入れたような気になる。アジアからヨーロッパへと、グラデーションのように目の色や食べ物が変わっていく道筋ではなかった。やはりユーラシア大陸の中央を横切っていくルートだろうな……とは思っていたが、なかなかイメージが湧かず、僕はアジアと日本を往《い》ったり来たりしながら、日々の仕事をこなしていた。

きっかけは、このワニノ駅から西へ一万キロ以上離れた黒海に近い国々から発信されたニュースだった。二〇〇九年十月に黒海の南にあるトルコとその東隣のアルメニアの間で、国交が樹立した。国境は開かれ、かつて運行されていた国際列車も再開されることが決まったのだ。

つながった……。

そのニュースを目で追いながら、頭のなかでは、ユーラシア大陸の地図を広げていた。

中国から西に進み、中央アジアに分け入っていく。カザフスタン、ウズベキスタン……。しかしその西のトルクメニスタンとイランの国境で列車旅は途切れた。線路はあるのだが、客が乗って国境を越える列車がなかった。トルクメニスタンからフェリーでカスピ海を越えてアゼルバイジャンのバクーに出ることはできた。だが列車ではない。もうひとつのルートがあった。ウズベキスタンからカスピ海の北側をまわるルートだった。ここをうまく乗り越えれば、列車を使ってバクーまでは行けそうな予感がした。

問題はその先だった。バクーから西に向かう線路は、グルジア（ジョージア）を抜け、アルメニアまで通じていたが、その先で終わっていた。正確にいうと、線路はあるのだが、一九九三年以来、アルメニアとトルコの国境は閉ざされ、国際列車の運行も停まったままだった。

かつて中央アジアやコーカサスからヨーロッパをめざす人々は、皆、この列車を使っていた。代表的なルートだったのだ。

アルメニアとトルコの間には、歴史に刻まれた軋轢《あつれき》が横たわっていた。そのあたりは、この本でいったら第七章でお話しすることになると思うが、とり巻く国々の思惑も働き、十数年ぶりに国境が開かれる兆《きざ》しが生まれたのだった。再開されるという国際列車に乗れば、ユーラシア大陸を東から西へ、列車だけを乗り継いで横断できることになる。旅への思いが膨らんでいった。

しかし二〇〇九年が終わり、二〇一〇年になっても、トルコとアルメニアの国境が開いたという話は伝わってこなかった。東京に吹く風が暖かくなっても朗報は届かなかった。両国の在日大使館に訊いてみても、「あちらの国に訊いてください」というつれない返事がかえってくるだけだった。国境を開くことが遅れているのは、相手国の問題だと責任をなすりあうだけだった。そして四月、ひとつのニュースがロシアから流れてきた。

――アルメニアのサルキシャン大統領は22日、トルコとの間で昨年10月に署名した国交正常化の合意文書について、トルコには無条件で（国交正常化を）先に進めるつもりがないとして凍結を宣言。議会批准《ひじゅん》の手続きを停止する大統領令を出した。インタファクス通信などが伝えた。（中略）大統領は、トルコ側の雰囲気が変われば、国交正常化の交渉を再開する意向も示した。

国交問題は隘路《あいろ》に入ってしまった。

旅とは不思議なもので、一度頭のなかで描いてしまったルートからなかなか離れられないようなところがある。トルコとアルメニアの国交は、どんな展開になるのかもわからなかったが、なんとなく地図を眺める日々は続いていた。旅がはじまる時期も決まらないというのに、ルート選びがはじまった。

ユーラシア大陸を列車で横断しようとしたとき、始発駅と終着駅を決めなくてはならなかった。経度から東端駅と西端駅をわりだすつもりでいたが、僕はなんとなく、始発駅はウラジオストクかと思っていた。シベリア鉄道の始発駅だったからだ。老眼鏡をかけ、その周辺の地図を眺めていると、ロシアのバイカル湖あたりから、シベリア鉄道の北側を寄り添うように走るもうひとつの鉄道があった。バイカル・アムール鉄道というらしい。シベリア鉄道は、ハバロフスクから南下してウラジオストクに向かうのだが、バイカル・アムール鉄道は、さらに東に向かって延びていた。終着駅はソヴィエツカヤ・ガヴァニという街だった。タタール海峡、日本名で間宮海峡を挟んで、サハリンの対岸にある。

この鉄道は、日本との戦争が深くかかわっていた。バイカル・アムール鉄道の建設が本格化したのは一九三二年なのである。

ロシアの南下政策は、弱体化する中国、当時の清《しん》に分け入って進められた。日清戦争後の三国干渉を経て、ロシアは中国の東北地方の鉄道敷設《ふせつ》権を獲得していく。そこで敷かれたのが東清《とうしん》鉄道だった。しかし日露戦争で日本に敗北。東清鉄道の南部を日本に譲ることになる。日本は満鉄と呼ばれた南満洲鉄道という会社をつくり、鉄道運営に乗りだしていく。だが日本の北侵は止まらなかった。満洲事変が起き、日本は満洲国を打ちたてることになる。

革命を経て、ロシアはソビエト連邦になるが、日本の動きは脅威だった。極東を防御しなくてはならない。そこでバイカル・アムール鉄道の建設に乗りだす。

情況はめまぐるしく変わっていく。太平洋戦争がはじまり、やがて日本の敗色が濃くなっていく。ソ連は、日本進撃の準備に入り、バイカル・アムール鉄道の建設を急ぐのだ。東に向かって線路は延び、間宮海峡に面したワニノまでの運行がはじまったのは一九四五年七月。ソ連が日本に対して宣戦を布告する一カ月前だった。

その後、鉄道は整備され、十キロほど先のソヴィエツカヤ・ガヴァニ操車場駅が、事実上のバイカル・アムール鉄道の始発駅になった。しかし地図を眺めると、ワニノ駅からソヴィエツカヤ・ガヴァニ操車場駅に延びる線路は湾に沿うようにして進んでいる。東端の駅にこだわれば、ワニノ駅ということになる。しかし、始発駅から乗りたかった。こうして列車旅の始発駅が絞り込まれていった。

しかし、ソヴィエツカヤ・ガヴァニ操車場駅までどうやっていったらいいのか。そこでまた悩むことになる。交通の便はよくないから、選択肢は狭められる。日本から飛行機でウラジオストクまで行き、そこから列車でソヴィエツカヤ・ガヴァニ操車場駅に向かう方法があった。が、このルートを選ぶと、ソヴィエツカヤ・ガヴァニから、まったく同じ線路を戻ってウラジオストクに出なければならなくなる。これはなんだかばかばかしかった。

ロシアの旅の手配は個人ではなかなか難しかった。旅の行程をすべて決め、移動にかかる費用や宿代を前もって払い込まないとビザが発給されないというルールが厳格に適用されるようになっていたからだ。そうなると、旅行会社の世話になるしかない。僕は東京の四谷二丁目にあるジェーアイシー旅行センターという会社に顔を出すようになった。

ルート選びなどのために、何回かこの会社に出向いた。ソヴィエツカヤ・ガヴァニへ

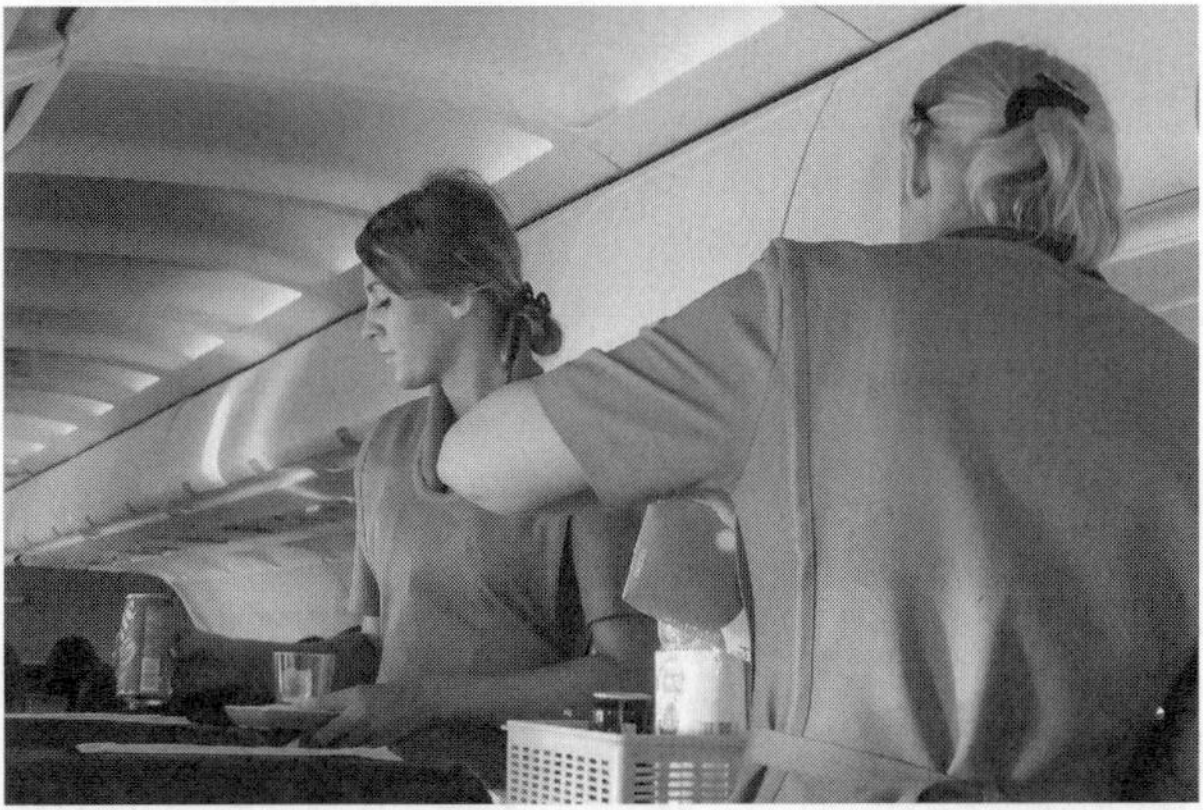

成田とサハリンを結ぶウラジオストク航空。コーヒーはネスカフェの粉末。お湯はやかんから注いでくれた

の行き方で悩んでいたとき、その会社のカウンター脇のラックに、サハリン行きの飛行機の案内が差しこまれていた。ウラジオストク航空の便だった。定期チャーター便と書かれていた。定期便なのにチャーター。いったいどっちなんだ……と叫びたくなる便だった。

サハリン沖油田の開発に、アメリカの石油会社がかかわっていた。その技師や労働者がアメリカからサハリンに向かっていた。彼らはまず、成田空港に来て、そこからサハリンに向かう。成田空港とサハリンの中心地、ユジノサハリンスクの間を結んだのがウラジオストク航空のチャーター便だった。週二便という定期運航になったため、定期とつけられたが、扱いはあくまでもチャーター便なのだという。その便のアメリカ人の利用者が減り、その席を埋めるために一般観光客も、乗ることができるようになったらしい。

そう聞かされたところで、結局どちらなのかさっぱりわからなかったが、担当者が続けた言葉に、つい身を乗りだしてしまった。

「サハリンのホルムスクからワニノまでフェリーもあります」

つながるではないか。これで、同じ線路を往復する必要がなくなる。

「ただそのフェリーが……。どうも貨物優先のようで、スケジュールが一定ではないんです。手配したことがあるんですが、フェリーの出発がその日にならないとわからないようで」

手配をする旅行会社にしたら頭の痛いフェリーだったのかもしれないが、僕らにはなんの問題もなかった。僕とカメラマンの阿部氏は、そんな旅を何回も繰り返してきた。バスが故障し、その修理のために一日待ったこともある。丸一日で目的地に着くはずのバスが土砂崩れに遭い、二日間、バスのなかですごしたこともある。そんな僕らにしたら、半日ぐらいの遅れは珍しくもないことだった。

さっそくスケジュールを組んでもらった。予定では朝にホルムスクをフェリーが出発し、夜にワニノに着き、そこでホテルに一泊することになっていた。

「でも、このフェリーが遅れるかもしれないんですよね」

「そう。出発時刻は不確かなんです」

「もし遅れて、朝に着いたら、ホテル代が無駄になってしまうかもしれない」

「そうですけど……」

「だったら、このホテルをはずしてもらうことはできませんか？　予定通りに着いたら、港で夜明かししますから」

「はッ？」

「港で寝ちゃいけないんですか？」

「いや、そんなことをいったお客様は、いままでいなかったものですから」

僕らは場違いな客だったらしい。しかしロシアのホテル代は高かった。ふたりで一泊一万五千円近くもかかってしまう。もしかしたら、このホテル代は無駄になってしまうかもしれないのだ。ロシア政府は、勝手気ままに動き、さして金も使わない僕のような旅行者には来てほしくないのだろう。そういう冷遇はこれまでもしばしば受けていた。だからといって、身についてしまった旅のスタイルを変えるのも難しいのだ。

旅行会社の担当者も、「港で夜明かし」という言葉に、貧乏臭い旅のスタイルを察したようだった。結局、サハリンのユジノサハリンスク空港に到着してから、ロシア領内を出る六日間のうち、ホテル泊は、フェリーに乗る前夜のホルムスク一泊だけという日程を組んでくれた。残りはすべて、列車かフェリー泊というスケジュールである。

「なにもそこまで……」

とも思ったが「港で夜明かし」といってしまった手前、断ることもできなかった。こうして旅ははじまってしまった。トルコとアルメニアの国境？　列車に揺られている間に、開くかもしれない……。まさに見切り発車だった。

サハリンのユジノサハリンスクまでは二時間ほどのフライトだった。空港には流暢な日本語を話すロシア人の女性ガイドと日本人のような顔つきなのだがロシア語しかわからないドライバーの青年が待っていた。青年は両親が朝鮮人だという。彼の運転で、九十キロほど離れた港町、ホルムスクに向かう。

すでに日は暮れ、街灯ひとつない道を車はかなりのスピードで進む。フロントガラスに白い粒が次々にぶつかっていた。

「雪？」

さすがに七月のサハリンに雪は降らなかった。東京よりはだいぶ涼しいが、長袖シャツに薄手のジャンパーでこと足りる。

蚊だった。以前、訪れたカナダの北極圏を思いだしていた。北極圏の夏は短い。一カ月ほどしかない。その間に、多くの動植物は生殖活動をすませる。ツンドラの表面は溶《と》け、蚊も一気に羽化する。夥《おびただ》しい蚊が唸《うな》っていた。インディアンたちは、手に葉のついた白樺の枝をもち、頭の周りで振りまわしながら歩いていた。それを知らなかった僕は、ぼこぼこに刺されてしまった。顔は腫《は》れ、頭皮まで痒《かゆ》みが走った。あのときの不快感が蘇《よみがえ》ってくる。サハリンは北極圏よりはだいぶ南だが、やはり夏の蚊は多かった。

途中のガソリンスタンドで給油した。ドアの開け閉めの間にも、蚊が入ってくる。耳に響く羽音にあわてて手を振る。北国の蚊はしつこい。

ホルムスクに着いたのは夜の十時頃だった。ホテルチャイカという名前のホテルに車は着いた。チャイカはカモメである。カモメホテル……。響きはよかったが、歩くと床が軋《きし》む古びたホテルである。部屋の電話が鳴った。ユジノサハリンスクで別れた、日本語が堪能なガイドからだった。無事に着いたことを確認すると、こう言葉を続けた。

「あ、それから、ホテルのシャワーは栓をひねってから、しばらくしないとお湯になりません。栓をひねってじっと待ってください」

「どのくらい？」

「三十分ぐらいかな」

「さ、三十分ですか……」

以前、宿泊客が少ないホテルは、給湯槽の湯が水になっていて、それをすべて出さないと湯にならないという話を聞いたことがある。そういうことなのかもしれなかった。シャワーをひねると、鉄錆《てつさび》色の水が出てきた。いったいこの部屋には、どのくらいの間、人が泊まらなかったのだろうか……などと考えながら茶色い水を眺めた。三十分待ったが、結局、水はお湯に変わらなかった。えいッ、と気合を入れて水シャワーを浴びる。気温は十五度ぐらいに下がっているのかもしれない。これが真夏のサハリンだった。目覚めると、カモメホテルは霧に包まれていた。流れる霧の間に、港が見おろせた。ホテルは高台に建っているようだった。

港まで行ってみることにした。フェリーの出航時刻が気になったのだ。外に出ると、ミントのような香りが鼻をついた。ホテルの前は斜面になっていて、小さな紫色の花房をつけたレンゲのような花に覆われていた。この花の匂いなのだろうか。昨夜、ホテルに着いたときは感じなかった香りが、流れる霧に運ばれるように漂ってくる。

粒の小さい雨が舞うように降っている。花々はその雨に濡れながら、小さいがしっかりとした花房をつけていた。太陽の光は霧に遮られてしまっているが、その弱い光でも、北国の花にはうれしいのかもしれない。僕はジャンパーのフードをかぶり、坂道をくだった。ときおり足を止めると、冷たい空気の底から、甘みをたたえた香りが湧きあがってくる。

日が落ちる頃、一斉に飛びはじめる蚊の大群。朝の空気を支配するミントの香り……。これがサハリンの夏のようだった。脆弱《ぜいじゃく》だが、たしかな夏がホルムスクの街を包んでいた。

ホルムスクは日本統治時代に真岡と呼ばれていた。いまでも、王子製紙の旧真岡工場の建物が残っているという。真岡神社の跡もあるらしい。ソ連軍の侵攻を怖れ、青酸カリを飲んで自害した真岡郵便局の若い女性局員たちの話は、終戦時の悲惨さを伝える物語にもなった。

港への道を歩きながら、日本時代の面影を探そうとした。前の日に見たユジノサハリンスクよりは、昔の街並みが残されていた。

ユジノサハリンスクの空港から市内に入る道を進みながら、僕はしきりと首を傾《かし》げていたのだ。ロシアの街並みとも違う。かつて豊原と呼ばれた日本時代の匂いなどどこにもない。

「アメリカ……」

アメリカ西海岸のような街並みが続いていたのだ。幅の広い道路。その西側に建つショッピングセンター。歩道でバスを待つ若者は、行き場のない危うい目をしていた。途中、旧北海道拓殖銀行豊原支店を見た。石づくりの立派な建物だったが、明るい色遣いの周囲の建物のなかでは、そこだけブラックホールのように沈んでいた。かつての豊原の街並みは、そのほとんどが壊されてしまったようだった。街は再開発の波に洗われてしまった。現代風の街づくりを進めれば、どこもアメリカ風になってしまうのは、しかたのないことかもしれなかった。ショッピングセンターの一階には、アメリカ生まれのチェーン店や携帯電話ショップが入る。違うのは看板の文字だけのようにも思える。

それに比べれば、ホルムスクには風情があった。ユジノサハリンスクと同じように、新しいロシアの街に変わりつつあるのだろうが、まだ港の伝統のようなものに支配されていた。海に沿って建てられた倉庫群。街を埋めるレンガづくりの古い建物。真岡と呼ばれた時代も、きっとこんな風景だったような気がした。

港のターミナル前は、バスの発着場にもなっていた。朝の六時台だというのに、小雨のなかで人々が列をつくっている。セーター姿のタクシードライバーが客引きに声を嗄《か》らす。その間を縫って、港のターミナルに入った。切符売り場らしい窓口があり、そこに看板が出ていた。

〈CAX7　7：00〉

「CAX7って、僕らが乗るフェリーのことだろうか」

阿部氏に声をかけた。

「さぁ……。でも七時なら、すぐじゃないですか」

僕らは船切符の引換券を手に窓口に急いだ。すでに切符は用意されていた。それを受けとりながら訊くと、出航は午前八時だという。僕らはカモメホテルに戻る急な坂道に息を切らした。時間があれば、かつての王子製紙の建物も見たかったが、そんな余裕はなさそうだった。荷物を手に港を見おろす。乗る船が停泊しているのかどうか。霧のなかではなにひとつ見えなかった。

しかし八時出航というのは大嘘だった。窓口前には、このフェリーに乗る人々が集まってきていたが、九時になっても、アナウンスひとつなかった。乗客は文句ひとついわず、ただ待ち続けている。ロシア、いやサハリンやシベリアでは、それがあたり前のことのようにも映った。

翌日になってわかるのだが、この船の乗客の大半は、僕らと同じ列車に乗ることになっていた。ワニノを午後五時三十九分に発車する列車である。フェリーがワニノの港に着いたのが午前二時。それでも、十二時間以上の余裕があったわけだ。この路線を走る列車はまだ何本もある。フェリーの運航スケジュールがもう少し正確なら、これほど待つこともない。ワニノの駅舎内の宿に泊まる必要もないわけだ。

僕らはサハリンのユジノサハリンスクから五日かかってウラジオストクに辿り着いたのだが、ユジノサハリンスクの空港から飛行機に乗れば、一時間ほどのフライトでウラジオストクに着くはずである。いくら飛行機は運賃が高いといっても、一時間と五日間という時間差は……あまりにも、なのだ。

これがシベリアの時間感覚のようだった。その意味を、十時になっても、乗船の気配すらない待合室で教えられていた。

フェリーが港を離れたのは午前十一時すぎだった。まるで湖を航行しているようだった。間宮海峡は、それほど穏やかな海だった。ここは海峡なのか、深く入り込んだ湾なのか……十九世紀初頭まで、それすらわからなかった理由がよくわかる。江戸時代の後期、間宮林蔵が探検に向かったのも、その解明が目的のひとつだった。一八〇八年、間宮と松田伝十郎はサハリン、当時の樺太《からふと》に向かう。ふたりは東海岸と西海岸のルートに分かれ、それぞれ陸伝いに北上を試みるのだ。最終的にふたりが出会えば、サハリンは島であることが証明されるというわけだ。となれば、サハリンと大陸の間にある海は、湾ではなく海峡ということになる。

この海の探索は一六〇〇年代からはじまった。日本や清、そしてフランスやロシアの船が分け入っていった。途中まで遡上《そじょう》するのだが、行く手を阻《はば》まれてしまう。海流を調べても、あまり動きがない。この海は湾ではないか……という予測も立てられていた。サハリンに住むアイヌやウィルタ人を雇い入れて北上する間宮らの探索は、厳しい気候に出合い、困難を極める。しかし、間宮らはサハリンの北端近くまで到達する。サハリンは島であり、海は海峡だったのだ。

たしかに微妙な地形だった。この海峡はタタール海峡ともいわれるが、その北端近く、サハリンと大陸が最も近づくあたりは、ネヴェリスコイ海峡とも呼ばれる。その幅は七・四キロしかなく、水深も浅い。海流が動く量は多くなかった。冬には凍結してしまう。

静かな出航だった。甲板に立ち、小雨に煙るホルムスクの港を眺める。船の少ない港だった。右手に錆ついたドックが見えたが、もう何年も使っていないような寂れようだった。日本の港なら、岸壁脇にぎっしりと停泊する漁船も見あたらない。船を見送るようにに舞うカモメの姿も少なかった。北の港は、いまがいちばん賑《にぎ》わっていいはずなのだが、音ひとつしない静けさだった。フェリーはそのなかを、汽笛も鳴らさずに間宮海峡に滑りでていった。

はじめて乗った船だから、それが決まりごとのように船内探索に歩く。『レストラン』、『サロン』といった日本語表示があった。船名も、『サハリン7号』と日本語で書かれていた。急な階段を下り、客室をまわり、再び階段をのぼって甲板に出た。そこに『Ｆｉｒｅ Ｂｏｘ』と示された消火器入れがあったのだが、その下に刻まれた文字が赤いペンキで上塗りされていた。よく見ると、それは中国語だった。

「日本の船がいったん中国に売られ、再度、ロシアに売られたってこと？」

その文字の前で首を捻《ひね》った。この船は、それほどの老朽船なのだろうか。

後で調べてみると、この船の経歴はまた別のものだった。元々、この航路を航行するために旧ソ連でつくられたのだが、その後、サハリンのコルサコフと稚内を結ぶフェリーになった。日本語の表示はそのときのもののようだ。そして再び、ホルムスクとワニノを結ぶフェリーに戻っていた。中国製の消火器は、どこかの時点でとりつけられたようだ。

甲板には、することもない乗客が集まってきていた。ひとりの青年が英語を喋《しゃべ》った。なんでも以前、中古車を仕入れる仕事で、北海道にいたのだという。

「この船は日本船の中古だけど、買ったのは中国からなの?」

「中国?」

「そう。あそこに中国語があるんだよ」

「本当かい?」

青年の瞳《ひとみ》が曇った。

「中国製はとんでもないものが多いからな。北海道で聞いたんだけど、日本人は中国人が嫌いなんだって?」

「………。君はどうなの?」

「嫌いさ。サハリンにも、商売でよくやってくるけどな。やっぱり日本がいいよ。だいたいサハリンじゃ、日本車以外は怖くて乗れないんだよ。冬、もし故障したら、命とりだからね。とにかくトヨタ車さ」

サハリンのユジノサハリンスクの空港から、ホルムスクまで運んでくれた車を思いだした。乗りこむなり、阿部氏が声をあげた。

「これ、トヨタのレクサスですよ。エンブレムはレクサス……いや、待てよ、ちょっと変だな。これ、トヨタのランドクルーザーの改造車かもしれない」

僕は免許もないから、車の種類についてはとんと疎《うと》い。レクサスとかランドクルーザーといわれてもピンとこないのだ。

「たぶん、ランドクルーザーの中古ですね。そこにレクサスのマークをとりつけたんでしょう」

「いくらぐらいの車なの？」

「中古はわからないけど、ランドクルーザーの新車なら、五、六百万円ってとこじゃないですか」

「五、六百万円！」

本を一冊書き、一万部が印刷された場合の初刷り印税は百万円そこそこなのだ。いや、そういう話ではない。いくら中古車といっても、状態がよければ、三、四百万円はするはずである。そんな車がサハリンを走っていたのだ。

冬場の気温は、マイナス二十度、三十度にもなる土地である。そのなかを走るのだから、エンジンが動かなくなったら大変なことになる。そのなかでトヨタ車は、かなり信頼されていた。

ホルムスクの街を走っている車も、日本車が目立った。ランドクルーザーとはいかないまでも、車体に日本の会社名を残した車が多かった。サハリンは、圧倒的な日本車世界だった。

日本製品びいきの言葉を耳にし、なにかこそばゆいような感覚を抱くのは久しぶりである。僕はアジアに出向くことが多いが、日本製品への評価は、少しずつ下がってきている。「日本製品の質はいいけど高い」という言葉の背景には、「韓国製のレベルも上がってきているし、中国製もそこそこ使える」といったニュアンスが含まれるようになった。かつて、頂点に君臨したような日本製品の威信が揺らいできている。そこへいくと、サハリンでは、まだ日本ブランドが生きている空気があった。とくに車は百パーセントの信頼を得ていた。

フェリーはのんびりと大陸に向けて進んでいた。夕暮れどきになり、港に着く時刻が気になりはじめた。通路で再び、英語を話す青年に出会った。

「そうだな。午前一時か二時ってところじゃないかな。このまま進んで」

「で、どうなるんです。朝までこの船のベッドで寝かせてくれないのかな」

「それは絶対にないね。だってこの船の職員はワニノに住んでるんだから。港に着く前に、掃除まですませて、乗客より先に船を降りるのがロシアだからね。今晩はどうする予定なの?」

「わかんないな」

「俺は友だちが車で迎えにくるけど……」

……青年のいう通りにことは運んでいった。

午前一時、ベッドでうとうとしていると、

「ポルト」

という声で起こされた。ポルトとは港のことらしい。目の前に、百キロを軽く超えるまでに太ってしまったおばさんスタッフが、新しいシーツを手に立っていた。おばさんは大儀そうに息をハーハー吐きながらシーツを替え、部屋の掃除を終えて出ていった。

それから一時間――。窓にオレンジ色のライトが見えてきた。ワニノの港だった。大型の貨物船や同じ航路を運航する『サハリン5号』も停泊していた。乗客たちは皆、荷物をまとめて甲板に集まってきた。僕らも倣《なら》い、甲板に出る。

この船は不思議なつくりになっていた。甲板から狭い階段を下って、ようやく船外への出口に出る構造なのだ。なにげなく、そこを見ていると、船のスタッフたちが先に降りていった。そのなかには、部屋の掃除にきたおばさんもいた。はちきれんばかりの体を包んだセーターがきつそうだった。

気温十八度――。

ワニノの駅舎内の宿泊所の窓から、駅のホームが見渡せた。前日のサハリンとは、うって変わった快晴で、明るい日射しが降り注いでいた。ホームの電光掲示板には、極東時刻と、それより七時間遅いモスクワ時刻、そして気温が交互に表示されていた。身じたくをし、再び掲示板を見ると、二十一度にあがっていた。今日は暖くなりそうだった。

ワニノは港から続く斜面に広がる小ぶりな街だった。人口はそれほど多くはなさそうだった。駅を背に直角に延びる坂道がメイン通りらしい。坂道をのぼりきった所には、灯台を模したモニュメントが建っていた。

一瞬の夏を、街の人々は謳歌しているかのようだった。ロシアの街らしく、斜面に沿って団地が建てられていたが、建物の間には白樺が植えられ、その日だまりで、女の子たちがままごとをしていた。スラブ系の女の子たちの肌は、まるで天使のように白い。街をタンクトップにミニスカート姿で歩く二十歳前後の女性たちは妖精のようにも映る。世界の国々で、さまざまな女性たちを見てきたが、スラブ系の若い女性たちの可憐さはトップレベルだと思う。

しかし彼女たちの細胞には、悲しい遺伝子が組み込まれているのか、子供を産み、三十歳をすぎた頃から、急に太りはじめる。四十歳を超えると、若い頃の面影すら、皮下脂肪のなかに埋もれていってしまう。日本人の場合、いくら年をとっても、どこかしら若い頃の容姿が残っているものだが、スラブ系の女性は、ある体重を境に別人になってしまう。

「ああなっちゃうと、若い頃を知っていても、誰なのかわからないと思うよ」

僕らは団地の間にあるレーニン広場にいた。大仰な名前だが、日本でいったら児童公園ほどの広さしかない。赤ちゃん連れの母親のスタイルはよかったが、小学生の娘と一緒に日射しを浴びる母親は、すでに百キロ級である。

「女性に比べると、男の体格が貧相なんですよ。女性ばっかり太ってく」

阿部氏がいった。

「男は酒の飲みすぎかな。ロシアにはそういうジョークがあるらしい。『おまえがこんなにも太らなかったら、夜に飲むウォッカの量がひと壜《びん》減っていた』——。若い頃の容姿に騙《だま》されたって嘆きながらロシアの男はウォッカを呷《あお》るらしい。詐欺みたいなもんだってぶつぶつ呟きながらグラスを重ねる……」

「詐欺ですか。たしかに、あの若い女性の可憐な姿を見ると、詐欺に思えるかも。でも、皆、どこで食事してるんでしょうね。このあたりじゃ、あの店しかなさそうだし……。家で食べるんでしょうかね」

「本当にロシアって食堂が少ないんだよ」

ロシアに来るたびに思うことだった。とくにアジアと比べると、食事をする場所が圧倒的に少ない。アジアの繁華街へ行くと食べ物屋が軒を連ね、路上はそばや定食の屋台で埋まっている。ところがロシアの街では、気軽に食事ができる店が本当に少ない。

首都のモスクワでもそうだ。以前、真冬のモスクワで昼食に苦労したことがあった。繁華街の雪道をいくら歩いても、食事ができる店がみつからないのだ。コートやセーターを着たマネキンがショーウインドーに並ぶブティックや貴金属を売る店は連なっているというのに、さっと入ることのできる店がない。寒さと空腹をかかえ、やっと見つけたのが、路上に停められたワゴン車のホットドッグ屋だった。椅子に座り、スープで体を温めたかったのだが、結局は、路上で寒さに震えながら、ホットドッグをかじるしかなかった。いまはマクドナルドなどのチェーン店も進出していると聞くから、だいぶ違うのかもしれないが、ロシアでは、食事のできる店をみつけたら、とにかく食べておこう、と当時は思ったほどだった。

その感覚を今日も味わった。朝食をとろうと入った駅近くの店に食べ物はなく、男たちは朝からビールで酔っぱらっていた。結局、僕らが口にしたのは、駅の売店風の店に置いてあった一個三十五ルーブル、百円ほどのサモサだった。道を歩く人に身振り手振りで尋ね、昼は一軒のレストランに入った。カフェテリア方式で、肉料理、ボルシチ、パンなどを選んでひとり四百円ほどだったが、そこで同じフェリーに乗り、夕方発の列車に乗る人たちと次々に会った。駅周辺で食事ができる店は、ここしかなかったのだ。

「でも、僕らは街に食堂がなくても心配しなくていいんだよ。今日からロシアを抜けるまでの四日間、ずっと列車のなかだろ。食堂に入ろうと思ってもできないわけさ」

始発駅のソヴィエツカヤ・ガヴァニ操車場駅はログハウス風。これからユーラシア大陸を横断……その意気ごみが、のんびりとした空気のなかで空まわりする

そういいながら、自分でも侘《わび》しくなってきた。阿部氏の浮かない面もちも気にかかる。高い運賃とビザ代を払ってロシアまできた。いくらロシアの極東とはいえ、ロシア料理を食べる機会はこれが最初で最後なのかもしれない。

僕は列車の時刻表をとりだした。

「まてよ、予定通りに着けば、ウラジオストクで昼食がある」

「もう一回だけ？」

「そう」

しかしそれは杞憂だった。これを杞憂といっていいものかと思うのだが、この先、ロシアを出るまで僕らは三回もレストランを探しまわることになる。

ワニノから日本で手配してもらった

車で向かったソヴィエツカヤ・ガヴァニ操車場駅は、丸太を組んだ小さな駅だった。周囲には針葉樹の林が広がる、高原駅のような趣だった。

駅前のあき地を横切り、そこにあった小さなスーパーマーケットに入った。列車のなかの食糧を用意しなくてはならなかった。これからウラジオストクまでは二泊三日の列車旅である。食堂車が連結されているのかもわからなかった。途中駅のホームで、食べ物が手に入らないかもしれなかった。

スーパーマーケットといっても、雑貨屋の品ぞろえを少し増やしたような店だった。肉や魚、野菜などを買ったところで列車旅には無用だから、僕らにはちょうどよかった。パン、チーズ、サラミ、クッキー、紅茶、水……と買い進めながら、棚に積まれた容器に目が止まった。

「あれ、カップ麺じゃないですか」

「そう見えるよな」

ロシアにカップ麺があれば、列車内の食事が一気に充実してくる。朝は紅茶とクッキーですませたとしても、カップ麺がないと、昼と夕食がパンにチーズかサラミを挟んだサンドイッチだけになってしまう。二泊三日といえども、これはやはり寂しい。

「でも、お湯ってあるんでしたっけ」

僕らが乗るのはロシア製の車両に違いなかった。昔の記憶を辿ってみる。以前、中国の北京からモスクワ経由でベルリンまで列車に揺られた。モスクワまでは中国製の車両だったが、そこで乗り換えてベルリンまで向かった車両はロシア製だった気がする。しかしそこに給湯設備があったのか、どうか……。さっぱり覚えていなかった。

もうひとつ気になったのはビールだった。酒飲み大国のロシアである。しかしあまりに増えてしまったアルコール依存症を防ぐために、「ウォッカを飲むのはやめよう」キャンペーンが敷かれたと聞いたことがある。だからというわけなのかはわからないが、ガラスケース型の冷蔵庫には、ぎっしりとビールが並んでいた。しかしその量が半端ではなかった。ほとんどがペットボトルで、一・五リットル、二リットルといったサイズなのである。こんなに大量のビールを飲んだら、ウォッカを飲むのと大差はないのではないか。なにを考えているのだろうか。

「どうします?」

「一・五リットル入りのビールなんて、飲んだことがない」

だが、買ってしまった。カップ麺と一・五リットルのビールでずっしりと重いビニール袋を手に駅への道を歩いた。林の間に、くすんだ緑色の車両が入線していた。

コラム

自由な旅を実現させたビザの発給システム

ユーラシア大陸を列車で横断というこの旅に出たのは二〇一〇年である。当時といまを比べたとき、大きく違うのはロシアの旅のスタイルだ。本章でも触れているが、当時は旅行会社と相談してルートや日程を決め、その交通費や宿代をすべて支払い、そのバウチャーがないとビザを手に入れることができなかった。

ところがその後、このシステムが大幅に変わった。いや、変わったというより、抜け道ができたといったほうが正確だろう。そのおかげで、ロシアの自由旅行が実現したわけだ。パッケージツアーに参加したり、旅の手配を旅行会社に依頼するタイプの旅行者には大差がないかもしれないが、僕のように自分で手配し、勝手気ままに旅をするタイプにしたら、ロシアの旅は百八十度変わったといってもよかった。

旅の費用も、唐突に、小躍りするほど安くなった。それまでは、用意されるホテルのランクも高く、日本語ガイドもついた。そこに日本とロシアの旅行会社の手数料が加わる。それが一気になくなってしまったのだ。僕の感覚では、旅の費用は三分の一ぐらいになった気がする。

ロシアには、外国人は現地の人よりホテル代や列車の運賃を高く設定するという外国人価格の発想が希薄だった。すべてパッケージ化されていたから、その必要もなかった。

その状態で自由な旅が実現したわけだ。加えてロシアのルーブルの価値が、暴落といってもいいほど安くなっていた。外国人旅行者にとってはいいことずくめだったのだ。

外国人旅行者のロシア自由旅が実現した背景には、このルーブル安もあったように思う。目減りする外貨を観光収入から……と政府が目論んだ気もする。

ルールが変わり、旅行者は自分でホテルを探し、駅の切符売り場で切符を買うことができるようになった。ロシアの旅がようやく自分たちの手中に収まるようになったといってもいい。

二〇二〇年現在、ビザ取得の流れはこうなっている。

まずバウチャーを取得することになる。バウチャーにはふたつの種類がある。ひとつは十年前の旅で僕が取得した本物のバウチャー。ホテルや交通機関を予約し、代金を支払った証明として旅行会社が発行するもの。

もうひとつは、俗に空《から》バウチャーと呼ばれるものだ。これは日程や宿泊ホテルはすべて仮のもの。予約もせず、代金も払わない。その状態でも、手数料を払えば、バウチャーを発行してくれる旅行会社がある。

ロシア旅行が自由になったポイントはここにある。空バウチャーでビザが取得できれば、自由旅が実現するわけだ。

ロシア政府は、ビザ取得にはバウチャーが必要というルールは変えずに、バウチャーを形骸化したわけだ。

この旅以降も、僕は何回かロシアにでかけた。そのたびにトラベルロシアというロシアにある旅行会社のサイトにアクセスし、千五百円程度の手数料を払い、空バウチャーをメールで送ってもらっている。

最近は日本にある旅行会社も、この空バウチャーを発行してくれるようになったようだ。トラベルロシアは、バウチャーがなかなか届かないことや、クレジットカードを使った支払いがうまくいかないことがある……などネット上のトラブルがたまにあった。そのたびに電話で問い合わせなくてはならなかった。会話は英語だ。それを考えれば、日本の旅行会社のほうが手数料は高くなるが、スムーズかもしれない。

バウチャーを手に入れたら、ビザの申請用紙とパスポートを持参して、ロシア大使館に出向くことになる。申請が電子化されたり、大使館で申請する時間をネットで予約するようになったりなど、申請システムはころころ変わるが、基本的に、この流れに乗れば、ビザを受けとることができる。

ビザさえ手に入れてしまえば、もうこちらのものである。空バウチャーのことなどさっぱり忘れ、好きな街からロシアに入り、自由に動くことができる。

第二章　シベリアのおばさん車掌

十両を超える長い編成だった。ソヴィエツカヤ・ガヴァニ操車場駅のホームは、線路脇にコンクリートを敷いた通路があるだけの簡素さだった。列車はそのホームより長く、後ろの車両に乗る人は、線路の上から乗り込まなくてはならなかった。

切符に書かれているのはロシアのキリル文字ばかりで、さっぱりわからなかったが、ところどころに数字が記されている。

「351は列車番号かな。ここにあるのは列車に乗る日と発車時刻……」

といった感じに数字だけを追いかけていく。阿部氏の切符と番号の違うところがベッド番号のようだった。各車両の乗降口には女性の車掌が立っていた。

クペーと呼ばれる四つベッドのコンパートメントだった。通路側の窓から眺めると、多くの見送り客がホームを埋めていた。ウラジオストクまで二泊三日。途中で乗り換えてイルクーツクやモスクワ方面に向かう人もいるのかもしれない。しばらく会えない人も多いのだろう。日本では、列車の見送り風景などめったに目にしなくなってしまった。別に僕らを見送ってくれるわけではないのだが、ホームから手を振られると、なんとなく気分がたかまってくる。ユーラシア大陸を列車で横断する旅がようやくはじまるのだ。

列車は連結器のがたんという音を残して発車した。現地時刻で午後五時四分、時刻表に示されたモスクワ時刻で午前十時四分。定刻の発車だった。

突然、列車は車軸の軋《きし》みを残して、大きなカーブを曲がりはじめた。進行方向が百八十度変わるようなカーブだった。ワニノまでは二十分ほどの時間だったが、こんなカーブが次々に現われる。そのたびに車窓に映る風景が海から森へ、森から港へと変わっていった。みごとなリアス式の地形だった。湾は深く切れ込み、最も深い部分は沼のようになっている。線路は湾に沿うように敷かれていた。

古く頑丈そうなロシア製の車両だった。窓は上下に分かれていて、上側部分を引き下げて開けることができた。阿部氏がそこから身を乗りだすようにしてカメラを構える。カーブを曲がるときに、列車の先頭まで見えるからだった。コンパートメントにほかの乗客がいなかったからできたことだが、そのとき、通路を僕らの車両担当のおばさん車掌が通りかかった。阿部氏の姿を見ると、咳《せき》払いをした。僕らが振り返ると、

「ニィエット」

といって人差し指を左右に振った。

ソヴィエツカヤ・ガヴァニ操車場駅を出発した列車は、急カーブを進む。うっとりとするシベリアの森が続く

それほどの威圧感はなかった。「危いからやめてね」といった感じだった。列車の車掌というと、つい中国の列車を思いだしてしまう悪い癖が僕にはある。いまはそれほどでもないが、かつての中国列車の車掌は本当に怖かった。通路に座る乗客を居丈高にどなることは珍しくなかった。そんなイメージがトラウマのようになっていて、旧社会主義国の列車に乗ると、身のこなしがついぎこちなくなり、車掌の動きに過剰反応してしまう。この車両でも、「ニィエット」といわれたときは、つい体を硬くしてしまったが、その語調は柔らかく、車掌はすっと立ち去ってしまった。

このおばさん車掌には、この列車でずいぶん世話になる。ときに厳しいこともあったが、どこかシベリアの母のような包容力が伝わってきた。

いくつかのカーブを曲がった列車は、やがてコンテナの並ぶ港に沿って進み、今朝までそこにいたワニノの駅に入線した。ホームはかなりの人で埋まっていた。そのなかには、サハリンからのフェリーで一緒だった人も何人かいた。

ワニノを出発した列車は、しだいに海から離れていった。二十分ほど走ると、乗降客もいない小さな駅に停まった。そこから先も、小さな駅に、ひとつ、ひとつ停まっていく。どうもこの列車は各駅停車らしい。丘陵地帯を抜けると、一本の川筋に沿って走りはじめた。川は北に向かって流れているから、アムール川の支流のようだった。

北緯五〇度近いこの一帯の夏の日は長い。極東時刻で午後八時になっても、まだ明るかった。その日の夕食は食堂車でとってみることにした。列車に乗り込むときに、食堂車が連結されていることがわかったのだ。これからいったい何日、いや一カ月、二カ月と続く列車旅である。最初の食事ぐらいは……と、テーブルクロスが敷かれたテーブルについた。シベリアの辺境を走る列車の食堂車とは思えない重厚な内装だった。

車窓を眺めていると、川に沿って立つ男たちの姿がときどき見えた。手には釣り竿《ざお》が握られていた。いかにもマスを狙いたくなる流れだった。白樺の林を縫うように流れる川の幅はそれほど広くない。十メートルほどだろうか。水深も浅そうだ。カナダやアラスカのアウトドア雑誌を飾るような川筋だった。水面を羽虫が舞い、そこをフライフィ

ワニノ駅。バイカル・アムール鉄道本線の東端駅である。僕らはこのホームの右手にある駅舎内に泊まった

日が長い。夕暮れどきのシベリアの森の眺めに、ついぼんやり。列車旅がはじまった

ッシングの釣り糸が交差するように動く。西日が髭面《ひげづら》の男たちを照らしだす。その光景をそっくりここに置いてもおかしくない川だった。日本の渓流釣りファンは、アメリカ大陸の北緯五〇度あたりに目がいってしまうが、日本に近いシベリアに、彼らを満足させる川があったのだ。もっともここまでやってくる時間を考えれば、アメリカやカナダのほうがずっと近いのかもしれないが。

釣り竿を握る男たちも、シベリアだから貧相である。ジーンズにジャンパーといったような姿の男が多かった。

「やっぱり、マスかサーモンですかね」

メニューには英語もあった。発車祝いというか、ようやく列車旅がスタートしたお祝いでウォッカを二百グラム頼んでみた。ロシアのレストランでは、ウォッカを量り売りする。ビーカーのようなガラスの器に二百グラム分のウォッカを入れてくれる。それを小さなグラスに注ぎ、一気にグイッとやる。喉《のど》や胃が熱を帯び、すぐに酔いが体中をめぐりはじめる。この酒を一杯飲んだとき、いつも白旗を揚げたくなる。この酒を延々と飲み続けるロシアの男は、別の生き物のような気にもなるのだ。

列車は川に沿った小さな駅に、ひとつ、またひとつと丁寧に停まっていく。駅のホームは二両分ほどの長さしかない駅が多く、列車の大部分ははみだしてしまう。

ひとつの駅に停まった。たまたま僕らがいる食堂車がホームのところに停まった。す

食堂車の職員が、途中の駅で釣り竿を握る男からマスを仕入れた。自給自足のシベリア列車。いいですなぁ

ると、ホームからカーキ色のジャンパーを羽織ったおじさんが乗り込み、食堂車に入ってきた。手にはビニール袋をさげていた。

「……?」

「あれ、マスですよ」

「この川で獲《と》れた?」

「たぶん」

すると食堂車の厨房から、百キロ級に太ったおばちゃんが出てきた。彼女がこの食堂車のコックなのだろうか。手には中サイズのクーラーボックスを持っていた。それをテーブル脇に置くと、おじさんは手にしたビニール袋をそのままクーラーボックスに入れたのだった。

「……仕入れたってこと?」

「たぶん」

「ってことは、僕らがいま、食べているマ

スは、この川で釣られたってこと？」

「そういうことですよね」

カメラマンの阿部氏が、マスの写真を撮ってきた。それは数匹の手頃なサイズだったという。食堂車がその沿線で食材を調達しながら進んでいく……。僕らはなんだかものすごいワイルドな列車に乗っているのかもしれなかった。


コムソモリスクで目が覚めた。正式にはコムソモリスク・ナ・アムーレというが、人々はコムソモリスクと呼んでいた。七時半だった。始発のソヴィエツカヤ・ガヴァニ操車場駅から五百三キロを十四時間半かけて走ったことになる。時速を計算してみた。

「三四・七……」

時速四十キロにも達していなかった。数年ぶりに乗ったロシア製車両だった。その頑丈そうなつくりは頼もしく、アムール川の支流に沿った線路を力強く進んでくれているような気になっていた。車窓に広がるのはシベリアの圧倒的な森林地帯である。家があるのは駅周辺だけだった。それも小さな畑に囲まれた小屋のようなつくりで、家々を結ぶ広い道路もない。走る車などほとんど目にしないから、速度の比較もできなかった。もし、線路に沿って道が延び、車が頻繁に走っていたら、この列車は次々に追い越されていたのだろう。

そうとも知らずに、僕は心地いい列車の揺れに身をまかせ、それほど広くもないベッドで熟睡してしまった。しかしその間も、一時間に三十四キロほどの速度でしか進んでいなかったのだ。

この遅さだというのに、コムソモリスクの駅に一時間以上停車するのだという。こういう時間をたっぷりと組んでいるせいか、列車のスケジュールに遅れはないのだが、それを喜んでもいられない気になる。サハリンからのフェリーといい、この列車といい、余裕をもったスケジュールの「余裕」の時間単位が違うようにも思うのだ。

ホームに降りると、その冷気に思わず襟元を押さえた。たぶん十度を下まわっている。これがコムソモリスクの真夏の朝のようだった。

ここが大きな街であることは、ホームから見える灰色のビル群からもわかる。駅前広場は路面電車のターミナルにもなっていた。アムール川に沿ったこの街は、極東の中心都市のひとつでもあるのだ。

ホームの向こうのほうから、僕らの車両のおばさん車掌が、両手にビニール袋をさげて歩いてきた。その姿は、スーパーマーケットからの買い物帰りのようで、とても車掌とは思えなかった。近づくと、おばさん車掌は、袋のなかからジュースのパックをとりだして、

「これがおいしいから、買いなさい」

といったそぶりで一軒のキオスクを指差した。昨夜以来、僕らは完全におばさん車掌の支配下に置かれてしまっていた。

「こんなに寒いんだから、温かい紅茶かコーヒーにしたいんだ」

などとはいい返せない雰囲気をおばさん車掌は体から発していた。

昨夜の十時頃だったろうか。コンパートメントに戻り、ソヴィエツカヤ・ガヴァニ操車場駅で買った一・五リットルのビールを飲んでいた。ベッドは下段のふたつで、上段にはワニノ駅から乗ってきた青年とおじさんがいた。彼らはすでに寝入っていた。

「ちょうどおばさん車掌が通った。僕らのコンパートメントの前で足を止め、横目でこちらを見た。一瞥《いちべつ》するという感じでもなく、かといって注意する視線でもなかった。

「なに？　あの視線」

「小声で話していたからうるさいわけじゃないし、それほど問題じゃないと思いますけど」

「隣のコンパートメントのロシア人なんか、もう大騒ぎじゃない。ウォッカがはじまっちゃってるもんな」

それからもビールを飲んだ。なにしろ一・五リットルなのだ。そう簡単に終わらないのだ。そのビールが終わりかけた頃、トイレに行った。そろそろ寝ようかとも思っていた。列車の揺れにまかせて、ゆっくり飲んでいたせいか、酔っているわけでもない。な

列車が発車するときは、車掌が乗降口から旗を出して安全確認をする。でも、ときどき忘れる

んとなく、もう一杯ぐらいは飲みたい気分でもあった。

トイレは車両の両側にあった。車掌室があるほうのトイレに向かった。車掌室の前を通りかかると呼びとめられた。

「注意されるんだろうか」

するとおばさん車掌は、棚の戸を開け、そこからビールの缶をとりだしたのだった。日本の五百ミリリットルサイズのような缶だった。おばさん車掌の目が優しかった。

「もうちょっと飲みたいんじゃない？」

そう目が語っている。その視線に引き込まれるように頷《うなず》いてしまった。

「はい、ひと缶百ルーブル」

おばさん車掌は財布から百ルーブル札を出して説明した。

——そういうことだったか……。

僕はなんだかおかしくなってしまった。通路からちらっと見たとき、僕らが飲むペットボトルに入ったビールが目に入ったのだろう。きっとおばさん車掌の夫は、普通のロシア人のように大酒飲みなのかもしれない。男ふたりが一・五リットルではとても足りないと読んだのだ。

「これでちょっと小づかいが稼げる」

あの目つきは、そういうことだったのだろうか。実際、ひと缶百ルーブルは、けっこう高かった。銘柄によって値段が違うのかもしれないが、確実に二、三十ルーブルは高い気がする。それに棚に入っていたから冷えていない。

それとも僕の顔から、「もうちょっと飲みたい」気分を読みとり、酒飲み夫を見つめる妻のような心境になったのだろうか。いや、ロシアの女性は、夫の酒にはかなり苦労しているだろうから、そんな優しさは爪《つめ》の先ほどもないだろう。

「飲み足りないんじゃない」

そうか。あれは飲み屋のママの眼差しだったか。包容力のある女の優しさを装って、店の売り上げをあげる……。

そして僕は、その術中にすっかりはまってしまった。僕はふた缶のビールを手にコンパートメントに戻った。

「それがさ、車掌のおばさんがビールを出してきたんだよ。で、ね……」

阿部氏にうまく説明できなかった。あの絶妙な呼吸のようなものは、車掌室の前に立ってみないとわからないのだ。

そのときから、おばさん車掌にからめとられてしまった。なんだか逆らうことができないのだ。その態度に威圧感があるわけではない。会話はあまり通じないが、おばさんは動じる気配ひとつ見せず、笑顔をつくる。

僕は朝のコムソモリスクのホームで、キオスクに並ぶ品をガラス越しにのぞいていた。

ホームを隈《くま》なく歩いたが、店を開いているキオスクは四軒しかなかった。しかも商品を店の前に並べているところは一軒もない。「あれはなに?」というロシア語も知らない。仮に知っていても、返ってくる言葉がわからないだろう。

おばさん車掌が教えてくれたジュースはすぐにみつかった。しかしこの気温のなかでは触手が伸びない。温かい飲み物を探すのだが、それを置いてある気配がない。棚に置かれた品をガラス越しで眺めてもよくわからない。結局、すぐにわかるパンだけを買って車両に戻った。

そこでまたおばさん車掌と目があった。僕が手にするビニール袋を見ると、またあの目つきをした。

「どうしてオレンジジュースを買わないの」

そういう目つきではなかった。

「これは、なにかある……」

はたしてコンパートメントに戻ると、おばさん車掌が現われた。手には紅茶のパックとガラスのグラスに金属製のとっ手がついた器があった。

朝の温かい紅茶が飲みたかったのだ。

すっかり見透かされていた。

「はい、一杯二十ルーブルね」

おばさん車掌は、飲み屋のママ顔をつくった。

おばさん車掌の後をついて、車両の端にある給湯器に向かった。そこで彼女はお湯を入れてくれた。砂糖もふたつずつ持たされてコンパートメントに戻った。

このおばさん車掌から逃げられそうもなかった。

コムソモリスクを出発した列車は、あい変わらず時速四十キロにも達しないスピードでとろとろと西に向かって進んでいた。すべての駅に停車していく各駅停車である。なかなか距離を稼げないのだ。

午後になり、ようやく日が出てきた。白樺の森にも日が差しこみはじめた。夏らしい森に少しずつ変わっていく。

「でもね、緑が薄いんですよ。日本の木々に比べるとね」

ぼんやりと車窓を眺めていた阿部氏が呟《つぶや》くようにいった。そういわれて眺めると、たしかに薄い緑だった。木々の葉は多いのだが、その緑のなかに黄が混じっているような緑なのだ。こうして日に照らされると、緑の薄さが際《きわ》だってくる。

ときどき森や林が途切れ、沼地が出現する。その周りの草原は花畑のようだ。しかしその花の色もどこかはかなげである。黄やピンクの色彩はあるのだが、その発色が弱い。どこか夏の北アルプスに広がる色あいにも似ていた。

しかしこれが、シベリアの精いっぱいの夏なのだ。丸太小屋のような家の周りで、子犬と遊ぶ少年はTシャツ姿だった。白い腕が短い夏を受けとめている。途中の駅から、もの売りおばさんも乗り込んできた。ビニールで編んだようなかごのなかには、野イチゴが入っていた。日本のイチゴの五分の一もないような小さな粒で、見るからに酸《す》っぱそうな色なのだが、これも夏のシベリアの味なのだろう。

列車は三十〜四十分間隔で現われる駅に、ひとつ、ひとつ停まっていく。どの駅も森のなかの小さな駅で、周囲の家は多くない。柵で囲まれた家の間に、ぬかるんだ道が一本ある程度だ。それでも二、三人の乗客が乗り降りしていく。

途中、駅でもないところで、列車が急に停車したことがあった。なにごとかと通路側の窓ごしに眺めていると、線路脇に、足の悪い老人が奥さんに支えられながら立っていた。三人の男性客が線路に降り、ひとりが老人を背負い、ふたりが後ろから押すようにして老人は隣の車両に乗り込んだ。ロシア製車両は車高が高く、線路から乗りこもうとすると、手すりをつかんでよじのぼるような格好になる。足の悪い老人の乗車は大変だった。

病院へでもいくのだろうか。奥さんが線路脇に立ち、列車を停めたのだろう。周囲に道はなく、どうやって線路脇までやってきたのか不思議ですらあった。僕は時速四十キロにも達しない各駅停車にげんなりもしていた。二泊三日も走る長距離列車なのだから、もう少しスピードを出しても……という思いもあった。しかし沿線に暮らす人々にしたら、この路線は生活路線でもあったのだ。

しだいに平原が広がり、いく筋もの川を渡った。氾濫《はんらん》湖も多い。西日を受けながら、列車は西に向けて進んでいく。ハバロフスクに着いたのは午後七時頃だった。これまで見たこともなかった大きな駅だった。ホームが何本もある。

「七時半までには必ず戻ってきなさい」

とおばさん車掌から念を押された。僕らは母親から注意された子供のように、「はい」と返事をして駅舎に向かった。大きい駅だから店も多いだろうという期待は、薄暗い駅の待合室に入ったとたんに消えてしまった。キオスクは四軒しかない。そのうち三軒は、新聞や雑誌、おもちゃの類《たぐい》が中心だった。食品を置いている唯一の店の前に立ったが、店員はみごとなほどにやる気がなかった。

なんとか買うことができた冷たいハンバーガーもどきを手にホームに戻った。サハリンから一緒だった人たちの多くが、ホームに荷物を置いていた。言葉は通じないが、互いに笑顔を送る。

「モスコー？」

と訊くと、ひとりが頷いた。彼らの多くはモスクワまで行くようだった。ハバロフスクは、ソヴィエツカヤ・ガヴァニから延びるバイカル・アムール鉄道から、モスクワへ向かうシベリア鉄道の乗り換え駅になっていた。サハリンを出発してから丸三日がすぎている。モスクワまではあと四、五日。首都に列車で向かうのに一週間以上かかることになる。

まるで心を入れ替えたような走りだった。ハバロフスクを定刻に発車した列車は、舞台にのぼった役者のように背筋を伸ばし、軽快に走りだした。小さな駅は通過した。列車はハバロフスクから急行に昇格したようだった。駅のつくりや、そこに掲げられたマークも変わった。鉄路の管轄も変わったようだった。バイカル・アムール鉄道を、のんびりと走ってきた列車だったが、ここからはシベリア鉄道に入った。幹線という表舞台に躍りでたことになる。

「ちょっとスピードがあがった気がしない？」

「小さな駅は停まりませんしね」

「ひょっとしたら、電気機関車が引っぱっているのかもしれない」

「電化？」

「そう」

時刻表をとりだし、終点のウラジオストクまでの七百六十六キロを、所要時間で割ってみた。約三十九キロ。そんなもんか……と思える速度だが、たしかにスピードアップ

右側が僕らの車両のおばさん車掌。お世話になりました。これからも車掌の指示には従います。一応

している。帰国後に調べてみると、やはりこの路線は電化されていた。シベリア鉄道は二〇〇二年に、全線が電化されていた。その工事は一九五三年にはじまったという。四十九年もかかったことになる。

ハバロフスクからは南下の旅になる。二日目の夜が明けると、列車は大粒の雨のなかを走っていた。気温もだいぶあがってきた気がする。この列車に乗りこんだとき、各ベッドに、枕カバー、シーツ、布が配られた。最初の晩は、布一枚では少し寒い気がしたが、昨夜はまったく気にならなかった。

車窓の風景もみごとに変わった。広大な小麦の畑が出現したのだ。ソヴィエツカヤ・ガヴァニ操車場駅で乗車して以来、目にした畑は、家の周りにつくられた家庭菜園のような畑ばかりだった。自分たちが食べる野菜をつくる程度だったのだ。

白樺の林も消えた。開墾が進んでいるのだ。線路沿いや畑にある灌木《かんぼく》の緑も、心なしか濃くなったような気がしないでもない。

南下した実感はあったが、それはこれまでの沿線との比較にすぎない。日本の夏に比べれば、その夏は脆弱《ぜいじゃく》で、空は重い雲に覆われ、どこか心寂しくもなる。ウラジオストク手前には、入りくんだ湾に沿って海水浴場が続いていたが、砂浜にテントを張った海の家こそあるものの、泳いでいる人はもちろん、海岸で遊ぶ人すらいなかった。太陽が出なければ、海に行く気にもならない夏なのである。

ウラジオストクの街も、冷たい小雨に濡れていた。

ぼんやりと天井のステンドグラスを見あげていた。豪華なシャンデリアは、鉄道駅にはそぐわない気もした。ウラジオストクの駅には、どこかヨーロッパの駅にいるような歴史が漂っていた。

昼少し前、半島の先端にあるこの駅に列車は静かに入線した。おばさん車掌が先にホームに降り、ステップを降りる僕らに視線を送ってくる。

「いろいろ面倒をかけてすいません」

そんな心境で頭をさげた。シベリアの母のような存在感のあるおばさん車掌だった。ホームから駅舎に入り、暗い階段を上がって待合室に出た。

四十二時間二十分——。

列車は千六百五十七キロを走り抜いた。

約五時間後に発車する、中国のハルビン行き列車に乗ることになっていた。

街に出てみることにした。久しぶりの都会だった。駅前からトロリーが走り、道路は車が埋めていた。街は半島の突先の斜面に広がっていた。どこか宮崎アニメの『魔女の宅急便』を思いだした。石づくりの街や石畳の道は、ここが極東にあることを忘れさせてしまう。良港を求めて進出してきたロシアは、この半島の街を完璧なヨーロッパロシア風の街に仕立てあげていた。

ジャンパーのフードを被《かぶ》り、急な傾斜の坂道を上った。丘の上までマンションが建てられていたが、息を整えるように振り返ると、建物の間に、港に寄り添うようにウラジオストク駅が建っていた。二階建ての駅舎は、ビルに埋もれるように建っていたが、そこから放たれる威厳に思わず息を呑んだ。

ロシアが北京条約を経て、清《しん》からこの港を獲得したのは一八六〇年である。ロシアにとっては、ようやく手に入れた不凍港だった。年によっては砕氷船が出ることもあるようだが、一年を通して使うことができる数少ない港だった。その後、この港は貿易港というより軍港としての役割を背負うことになる。ロシアはこの港に、「東方を支配せよ」という意味のウラジオストクという名前をつけたのだ。日清戦争後の三国干渉を経て、ロシアは清の東北部に鉄道を敷く権利を得る。そして東清《とうしん》鉄道をつくるのだが、これもモスクワとウラジオストクを結ぶことが目的だった。日露戦争、太平洋戦争と、やがてこのエリアは戦争の舞台に躍りでていく。ウラジオストクは、そのなかで、常に軍事拠点であり続けた。

東方を支配せよ——。

その象徴がウラジオストク駅でもあった。ロシアはこの駅建設に、その力を誇示するかのように資金を投入した。港に面したこの駅には、多くの兵士が降りたったのだろう。そしてホームに隣接した埠頭から駆逐艦や潜水艦に乗り込んでいったのに違いなかった。いまは周囲に背の高いビルも建ち、その存在感も薄れつつある。しかしビルの谷間の駅舎には、周囲のエネルギーを吸いこんでしまうような歴史の重さが宿っていた。

その力に吸い込まれるように坂をおりた。駅前のスーパーマーケットで、食糧を買い足した。ロシアの列車車両には給湯器が備えつけられていることがわかった。カップ麺を何種類も買った。旅に出て以来、はじめてちゃんとしたスーパーマーケットだった。しかし車内で調理はできないから、結局はパン、チーズ、ハム類などになってしまう。紅茶と果物も買った。プラスチック製のカップもレジ脇でみつけた。これでハルビンま

ウラジオストクに到着した。目の前にヨーロッパロシア風の街並みが広がった。車の渋滞がひどいことが難

ウラジオストク駅。不凍港を求めたロシアの歴史が宿る。しかし、いまは酒のにおいのする男たちの溜まり場。ロシアの現実

では乗り切れそうだった。

両手に重いビニール袋をさげ、ホームで列車を待った。十六時二十二分発、N959という列車である。僕らの車両は二十一号車だった。駅員に切符を見せ、何回も確認してホームに立っていた。発車三十分ほど前、十両以上の長い編成の列車が入線した。乗車する車両を探したがなかなかみつからない。行き先表示はロシアのキリル文字だからまったく読めないのだ。

「なにか変じゃないですか。この列車」

阿部氏が首を傾《かし》げた。僕も同じことを思っていた。乗り込む客車すべてがハルビン行きだと思っていた。しかし車両によって、行き先表示が違うのだ。キリル文字は読めないが、この文字のなかにはアルファベットと同じ型のものがあるから想像がつく。長いホームを歩き続けた。ついに先頭の客車まできてしまった。

「あった」

思わず声をあげてしまった。キリル文字を想像力たくましく読むと、ハルビンのような気がする。比較的若いふたりの女性車掌がデッキに立っていた。切符を見せ「ハルビン？」と訊いてみた。しっかり頷く車掌の顔を見ながら乗り込んだ。しかし、そこでまた首を捻《ひね》ることになる。ホームは乗客で賑《にぎ》わっているというのに、乗り込んだ車内は湖の底のように静まり返っていたのだ。車両は古かったが、通路には絨毯が敷かれていた。

その上を車掌に案内されて、ひとつのコンパートメントに入った。

「ほかに乗客はいないんだろうか」

「発車まではもう少し時間があるから、これから乗り込んでくるのかもしれない」

「それにしても静かですよね」

「なんか妙なんだ。この車両だけしか英語の表示はなかったし……絨毯も敷いてあるし。これは外国人専用車両なのかもしれない。ロシア人と別々にしているのかも」

しばらくすると、ひとりの乗客が乗り込んできた。欧米人風の老人で、隣のコンパートメントに入った。

結局、この三十六もベッドがある車両に乗ったのは、僕らを含めて三人だけだった。どうもこの車両は、外国人専用のようだった。ロシアならありそうなことである。外国人観光客を隔離する方法は、社会主義系の国のお家芸でもあった。

どことなく釈然としない僕らを乗せて、列車は定刻に発車した。しばらくウラジオストク湾に沿ってシベリア鉄道を北上していった。一時間ほど走ったときだっただろうか。女性車掌がふたり連れでコンパートメントに現われた。そしてベッドの上に座り、あまりうまくない英語でこう説明したのだった。

「あと一時間ほどでウスリースクに着きます。そこでひと晩すごします」

「………?」

なにをいっているのかわからなかった。何回か確認した。

「ひと晩……」

「このベッドで寝ていていいです」

そういうことではなかった。なにかのトラブルがあって、ひと晩停車するのだろうか。中国との国境で、問題が発生したのだろうか。しかし、そんな疑問を英語で伝えても、ふたりの車掌には理解してもらえなかった。

「列車から降りてもかまいません」

いや、そういうことではないのだ。困って隣のコンパートメントにいる老人に訊いてみた。彼もひと晩停車すると伝えられただけだった。

僕は中国の列車の時刻表をもっていた。それをとりだして確認してみた。

ウスリースクは、乌苏里斯克だろう。その到着時刻と出発時刻はこう書かれていた。

14：10
02：40
もちろんこの旅に出る前、この時刻表も見ていた。しかし表示がロシアの極東時刻なのか、モスクワ時刻なのかの表記がわかりづらかった。夏時刻と冬時刻の違いもある。そしてこの先になると中国時刻になる。この列車を手配してもらった旅行会社から受けとった日程表は、ウラジオストクを十六時二十二分発、モスクワ時刻で九時二十二分と書かれていた。さまざまな時刻が錯綜し、なにが正しいのかよくわからなかったのだ。僕がもっていた時刻表は、その年の一月に発行されたものという問題もあった。ひょっとしたら、運行時間が変わっているのかもしれなかった。そんな事情もあり、念入りに時刻表をチェックもしなかった。

しかしいまになって、改めて見てみると、たしかにウスリースクに十二時間半ほど停車している。つまり、この停車は最初から決まっていたことになる……。

それならばなぜ、もっと遅い時刻にウラジオストクを発車しないのだろうか……という疑問が湧いてくる。半日も早くウラジオストクを出発し、二時間後のウスリースクにひと晩、停車する理由がみつからないのだ。

しかしその疑問を訊く相手がいないまま列車は進み、ウスリースクに着いてしまった。ところがこの駅で、不可解なことが起きた。到着してしばらくすると、ガタッという連結器をはずすような音が車内に響いた。なにごとかと通路に出、先頭方向のデッキに行くと、妙に明るい西日が差し込んでいた。僕らの車両は、長い編成の先頭に組み込まれていた。つまり、前にはディーゼル機関車が連結されていた。しかしデッキに出ると、ここまで牽引《けんいん》していた機関車の姿がなかった。

どういうこと……？

すると再び、車内にガタッという振動が響いた。反対側のデッキに行くと、そこに機関車が連結されていた。

進行方向が変わるだけのことか。

コンパートメントに戻ろうとして、足が止まった。

「待てよ……。あそこには十両近い客車が連結されていたはずだ」

なにが起きているのか、さっぱりわからなかった。通路に立ち、ぼんやりと反対側のホームを眺めていた。

「……ん？」

見覚えのある女性がホームに立って煙草を喫《す》っていた。あれはたしか、ウラジオストクのホームだった。三個ほどの大きな荷物を脇に置き、やはり煙草を喫っていた。あれだけの大荷物を、どうやって車内に入れるんだろう……そんなことを考えながら、その脇を通ったことを思いだした。……ということは、反対側に停まっているのは、僕らの車両の後ろに連結されていた客車である。いつの間にか、僕らの車両から切り離され、反対側のホームに移動していたのだ。いや、僕らの車両だけがとり残されたと考えたほうがいい情況だった。

ほどなくすると、反対側のホームに降りていた乗客たちが、ぞろぞろと車両に乗り込んでいった。そして、その長い編成の列車は発車してしまった。

「………」

そういうことだったのか――。

溜息混じりにベッドに座った。N959という番号が振られた列車は、この一両だけだったのだ。おそらく以前は、もっと乗客も多かったのだろう。しかし、その後、ウラジオストクとハルビンを結ぶ飛行機の路線が開設されたのかもしれない。外国人客は飛行機を利用するようになり、この列車は年を追うごとに短い編成になっていったのだ。しかしせっかくの国際列車を廃止するのも忍びないと、一両だけ残しているような気がする。だが、この一両だけのために、機関車を連結させるのは効率が悪い。そこで目的地の違う列車に、小判鮫《こばんざめ》のようについて牽引してもらう。そこで組まれたタイムテーブルだった。だから次にくっつく列車が来るまで、ひと晩、ウスリースクに停車するということなのだ。客車一両では動くことができないのだから、こういうことになってしまう。僕らが乗り込んだこの列車は、国際列車とは名ばかりの小判鮫列車だったのである。

しかし、僕の推測は、少し違っていたことを、翌朝になって知らされる。目を覚ますと、僕らの車両の後ろに、もう一両の客車が連結されていた。外に出て眺めると、ハバロフスク発ハルビン行きの車両だった。もう一両の小判鮫列車があったのである。

こういうことのようだった。

ロシア極東と中国のハルビンを結ぶ国際列車は、ふたつの路線がある。ひとつはウラジオストクとハルビン、そしてもうひとつがハバロフスクとハルビンである。それぞれウラジオストクとハバロフスクを出発した列車は、このウスリースクで連結され、ハルビンへ向かった。かつては利用客も多く、独自の運行スケジュールを組んでいたのだろうが、徐々に乗客が減り、それぞれ一両を残すだけになっていた。そのため、どちらも別の目的地に向かう列車につないでウスリースクまで運ぶことになる。その接続の関係で、僕らが乗ったウラジオストク発がウスリースクでひと晩停車になってしまった……。

ウスリースクの駅に停まってしまった時点で、僕はそこまでの憶測はできなかった。ただ、あまりに大胆なタイムテーブルの発想に、呆然としていたようなところがあった。これまでも、アジアで揺られたバスや列車が、故障で半日近く停車したことはあった。しかし今回は、最初から組み込まれたひと晩停車だったのだ。

そんなことを考えていると、車両が急に動きはじめた。デッキに出てみると、オレンジ色の蛍光色の筋が入った上着を着た男が乗り込み、旗を振っていた。目が合うと笑顔を送ってくる。車両は少し進むと、いったん停車し、今度はバックをはじめ、一本の引き込み線に入っていった。そしてホームから離れた車両区の隅に停車した。旗を手にした男がデッキからおり、機関車と車両を結ぶ連結器をはずした。そして機関車はゆっくりと離れていった。

「………」

客車一両だけが、車両区の片隅に放置されてしまった。もう、前にも後ろにも動くこ

ウスリースク駅の車両区の片隅に、ぽつんと放置された我らがN959。ここでひと晩……

とはない。

この列車がひと晩、停車することを伝えられたとき、ひとつの注意も受けていた。それは停車中、トイレが使えなくなることだった。ソヴィエツカヤ・ガヴァニから乗った列車もそうだったのだが、トイレはたれ流しスタイルだった。つまり水と一緒に線路上に落ちてしまうのだ。走行中なら飛び散るのかもしれないが、停車中はそうもいかなかった。

それがひと晩続く。

列車は停車してしまったから、もうトイレを使うことはできなくなった。駅のトイレに行きがてら、街に出てみることにした。乗降口の扉を開けてもらい、線路上に飛び降りた。少し離れて車両を眺めた。引き込み線の車止めぎりぎりのところに、一両だけぽつんと置きざりにされた車両は、いかにも寂しげだった。

レンガづくりの倉庫のような建物の間を縫うように進むと駅舎の脇に出た。駅前が閑散とした広場になっていた。バス停のところだけ、人が集まっている。ときどきやってくるバスに人が吸い込まれていく。ちょうど仕事帰りの時間帯だった。

街なかでレストランを探すことにした。ソヴィエツカヤ・ガヴァニを出発してから四日間、僕らは食事のほとんどが列車のなかという日程のはずだった。ハルビンまでの列車旅に備えて、ウラジオストク駅前のスーパーマーケットでたっぷりの食糧を買い込んでいたのだが、それから三時間ほどしか経っていないというのに、僕らはまた街なかに立っていたのである。

しかしレストランはみつからなかった。駅前広場に面して、二軒のスーパーマーケットがあった。しかしそこに入っても、レストランはなかった。スーパーマーケットにレストランがあるはずはなかったが、あまりに店が少なく、店の片隅に軽食コーナーでもあるかもしれないと淡い期待を抱いたのだが、当然のように裏切られてしまった。幅の広い道路に沿ってしばらく歩いてみたが、五分も行くと、畑が広がりはじめてしまった。ウスリースクは人口が十六万人ほどの街である。中国からウラジオストクに向かう鉄道とシベリア鉄道が交わる街である。そこに商店街ひとつなく、スーパーマーケットが二軒だけで足りるのだろうか。いや、それ以前に、レストランがない。

ウラジオストクでも、昼食を出す店がなかなかみつからなかった。大きな街だから商店街はあるのだが、ブティックや電気製品、宝石店といった店ばかりなのだ。レストランの看板を見つけても営業は夕方からという店が多かった。何軒かのカフェはあったが、食べ物はケーキの類しかない。

ロシア人は昼食をとらないんだろうか。そんなはずはなかった。かつて強い社会主義体制が敷かれていた頃、昼食は職場の食堂でとるものだったらしい。もちろん無料だった。そのためだろうか……などとも考えてみる。繁華街でようやくカフェテリア式の店をみつけたが、それはウラジオストクだからであって、ウスリースクとなると、レストランどころか、商店すら数えるほどしかなかった。

あの車両に戻ってカップ麺か……と考えはじめた。しかし給湯器も使えないかもしれない。ウラジオストク駅には、簡単な食事もとれるカフェがあったことを思いだし、駅構内を歩いてみたが、カフェどころか、売店すらなかった。

駅前にベニヤ板を組み立てたような貧相な建物があった。入口にはすっぱな感じのおばさんが、煙草を喫いながら座っていた。いかがわしい雰囲気だったが、その種の店が駅前一等地で店を開くだろうか……と首を傾げた。入口からなかをのぞいてみた。薄暗く、はっきりとは見えなかったが、ビリヤード台のようなテーブルも見える。入ってみた。カフェテリア式のレストランだった。客がひとりいて、ビールを飲んでいた。空いたスペースに無造作にテーブルを置いた感じで、やる気のなさそうな従業員がぼんやりと座っていた。ビリヤード台に見えたのは、ただのテーブルだった。

「こんなけだるさでいいんだろうか」

不安になるような店だった。つまりは需要がないのだ。もっと探せば、別の店もあるのかもしれないが、日本でいったら、各駅停車しか停まらない駅の前にある食堂の趣なのである。

僕らはサラダ、水餃子、魚のフライ、パンなどを指差し式で頼んだ。近くのテーブルでおじさんが飲んでいるビールが気になった。給水器のようなサーバーから注いだもので、どうも生ビールのようだった。

「列車のトイレが使えないんだよな」

阿部氏は残念そうな口ぶりである。

「でも、この街じゃ行くところもないしなぁ。列車に戻るしかないでしょ」

「一杯だけにしますか」

結局、僕らは二杯ずつのビールを飲んでしまった。

動かない列車――。それは不思議な乗り物だった。列車に戻り、ベッドに座る。車窓からさして多くないライトに照らしだされた車両区を眺めていると、いまにも列車が動きだしそうな気になる。しかしいつまで経っても風景は動かないのだ。することもないので、ベッドに横になる。動く列車のなかで寝ることに体が慣れてしまっているのか、いっこうに眠気がやってこない。

夜中に何度も目が覚めた。いまはどのあたりを走っているだろうか……と車窓を眺め、それが錯覚であることに気づく。列車というものは、走っていないと眠ることができない乗り物のようなのだ。そのうちにトイレに行きたくなってくる。しかしトイレは閉まっている。ビールを飲まなければよかったと反省するのだがもう遅い。気になりはじめると、よけいに尿意が増してくる。外に出ることもできなかった。乗降口の扉は閉められ、鍵をもった車掌は寝入っている。

しかたなくあき缶を手にデッキまで向かった。なにしろこの車両には、車掌を含めて五人しか乗っていない。デッキの隅で、あき缶に向けておしっこをした。黄を帯びた液体は、静まり返るデッキでしゃーという音を残してあき缶に溜まっていく。幸い、車両隅の窓が少しだけ開いていた。悪いとは思ったが、そこから缶を出して、線路の上におしっこを捨てた。そしてベッドに戻るのだが、やはりよく眠ることはできなかった。列車は動かないのだから、ホテルのベッドと同じはずなのだが、妙に落ち着かないのだった。

朝七時、車掌のひとりがコンパートメントに現われた。九時に出発するという。ウスリースクに十四時間近く停車したことになる。もうタイムテーブルもなにもなかった。車掌の口ぶりは、「牽引するディーゼル機関車の手配がついた」といっているようにも聞こえた。僕らはトイレに行くために列車から飛び降りた。そのとき、後ろにもう一両、ハバロフスクからなにかの列車にくっついて運ばれてきた国際列車の車両が連結されていたのだった。

ほどなくして、ディーゼル機関車が連結された。なぜかわからないが機関車が二両もつなげられた。これから先、長い編成になるため、二両が必要なのかと思った。しかしウスリースクを出発して、牽引されるのはウラジオストクとハバロフスクから運ばれてきた客車二両だけだった。二両の客車に二両の機関車。これもなんだか妙な編成である。しかしいろいろ考えないことにした。だいたい、ウスリースクの車両区に十四時間も放置されたのだ。そのわけを必死に理解しようとした。それに比べれば、二両の客車に二両の機関車などとるに足らないことではないか。

二両の客車も行き来ができるようになった。連結部を渡ってハバロフスクから来た車両に入った。端まで通路を歩いてもコンパートメントの扉はすべて閉まっていた。

「…………」

乗客はひとりもいなかった。車掌もいなかった。ハバロフスクから無人の客車を運んできたのだ。ハバロフスク発ハルビン行きという列車の運行がはじまったのが、いつのことかは知らない。タイムテーブルに載っている以上、いくら客がいなくても走らせないわけにはいかないのだろう。困ったことに、この列車は外国人向けの国際列車である。ロシアの鉄道のプライドもあるだろう。東南アジアの某国のように、「今日はお客さんがいないので運行をやめます」というようなことはしない国なのだ。しかしこの列車のためだけに機関車をつけるのは効率が悪い。別路線の列車の小判鮫列車としてウスリースクまで運ばれてきたのだ。

しかしウスリースクから中国方面へは、くっつく別路線の列車もないのだろう。自分で進むしかなくなってしまったのだ。

列車は丘陵地帯に広がる小麦畑のなかをとことこ進んでいた。四両の短い編成である。走る姿を遠くから眺めたら、北海道の富良野や信州の野辺山高原を走る列車のように見えたかもしれない。二時間ほど走って国境駅に着いた。グロデコボという駅名だった。

車掌に促されて荷物をまとめ、ホームに隣接した建物の二階に上がった。広い待合室になっていた。そこから眺めると、ホームには中国のディーゼル機関車が停まっていた。これまで何回となく目にしてきた中国の車両だった。ここからは、この機関車に牽引されるのかもしれなかった。

ここで車両の台車の交換が行われるはずだった。ロシアと中国では軌間という線路の間隔が違っていた。ロシアの線路は、広軌と呼ばれる千五百二十ミリの幅があった。しかし中国は標準軌という千四百三十五ミリだった。その差は八十五ミリ、中国のほうが狭いのだ。

かつて中国の北京からロシアに向かったとき、この台車の交換を体験した。中国とモンゴルの国境で行われた。一、二時間かかった記憶がある。しかしその列車は十両を超えるような長い編成だった。しかし今回はたった二両である。一時間ほどですむ気がした。その間にロシアの出国手続きが終われば、出発は昼頃になる……。

しかし二時間が経っても、なんの動きもなかった。職員らしい人に訊いてみたが、「ここで待て」と繰り返すばかりだった。腹も減ってきた。たっぷりの食糧が袋のなかに入っていた。ウラジオストクからハルビンまでの間、すべて車内で食事というスケジュールだと思っていたのだ。ところがウスリースクで十四時間も停車し、僕らはなんとかみつけた駅前のレストランで食事をとった。買った食糧はあまり減っていなかった。しかしこの食糧は車内用でもある。

僕らはグロデコボの駅舎を出てみた。ウスリースクとは比べものにならない小さな街だった。駅前に未舗装の道が一本あり、そこに沿って家が建っていたが、商店は二軒しかなかった。壁に『酒』、『烟』という漢字が書かれていた。烟は中国語では煙草のことになる。のぞいてみたが、中国へ向かう人が買うのか、段ボールに入ったままの商品ばかりだった。五分ほど歩いて、レストラン探しは諦めた。

中国国境手前のグロデコボ駅。台車交換……で５時間待ち。この中国の機関車に牽引されて国境を越えた

三時間が経っても待合室は静かなままだった。食糧の入った袋からパンをとりだしてかじり、椅子にゴロンと横になる。いったい、この列車はいつ、ハルビンに向かって発車するのだろうか。前日の夕方、ウラジオストクを出発して以来、四時間ほどしか走っていないのだ。

イミグレーションが開いたのは午後の四時だった。結局、グロデコボの駅で五時間待ったことになる。これまでどこにいたのかわからないが、イミグレーションにはロシア人や中国人が列をつくっていた。中国人は運び屋風で、段ボールを二、三個、カートに乗せていた。

イミグレーションのホールに、中国語の時刻表が貼ってあった。そこに書かれていたのは、中国側の国境の街、綏芬河《すいふんが》からこのグロデコボに向けて出発する時刻だけだった。

車次４０２　09：30

車次３１０　13：10

綏芬河からこのグロデコボまでどのくらいの時間がかかるのかわからなかったが、だいたいの憶測はついた。なにしろ僕らが乗る車両は、なにかの列車にくっつかないと進むことができない小判鮫列車である。おそらく車次３１０という中国の列車が、グロデコボに到着しているはずだった。その列車に連結されて中国へ向かうような気がした。

持参していた中国の時刻表には、この二本の列車は掲載されていなかった。それほど辺境を走る列車なのかもしれない。しかし仮に時刻表で確認することができても、信じることなどもうできなかった。ウスリースクで十四時間停車し、そこから二時間進んだグロデコボで五時間も待たされたのだ。それはもう、時刻表の時刻がどうの……といった世界ではなかった。とにかく前へ進んでくれるだけで、涙が出るほどうれしいのだ。

ホームに出た。中国のディーゼル機関車の後ろに、中国製車両が四両、連結されていた。これが綏芬河からやってきた車次３１０の帰りの列車のような気がした。その後ろに、僕らが乗っていた二両がくっついていた。

グロデコボからの乗客は皆、中国製の四両の車両に乗り込んでいく。僕らの車両の客は、あい変わらず三人だけだった。乗降口に近づくと、ロシア人女性のふたりの車掌がそこに立っていた。五時間ぶりに会った車掌だが、なんだか懐かしくもあった。彼女らはこの車両のなかで、じっと待っていたのだろうか。

四時三十分。列車は発車した。まもなく深い山のなかに敷かれた線路を進むようになる。傾斜もきつく、スピードも出ない。ロシアと中国の国境は、山岳地帯に引かれているようだった。高さが五メートルほどの櫓《やぐら》があり、ロシアの歩哨《ほしょう》兵が暇そうに立っていた。しばらく進むと、『中国』と書かれた石づくりの標識が見えた。

僕らはやっと中国に入った。

コラム　移動する旅には向かない電子ビザ

ロシアのビザ取得は簡略化されつつある。以前は、すべての日程を決めて、代金を支払うと受けとることができるバウチャーが必要だった。手数料が加算されるから、ロシア旅は割高なものだった。このバウチャーが形骸化され、個人でもビザをとることが可能になった。自由にロシアを歩くことが可能になってきた。

ビザ緩和はさらに進む。二〇一七年、ウラジオストクのある沿海地方への旅が、電子ビザ申請だけで可能になった。大使館に出向く必要がなくなったのだ。ネットを通してビザを申請し、届いた内容を持参すれば、ウラジオストクに滞在することができるようになった。ウラジオストクでは自由に歩くことができる。

この電子ビザは、対象エリアが広がりつつある。極東ではハバロフスク地方やサハリン州、カムチャツカ地方。西部のカリーニングラード州やサンクトペテルブルクおよびその周辺州へも電子ビザで渡航できるようになった。

しかしこの電子ビザ、僕のような旅行者には使いづらい。本書で紹介している列車旅もこの電子ビザではだめ。列車に乗ることができないのだ。

たとえばウラジオストクで入国し、ハバロフスクから帰国するような旅ができない。つまり両都市は電子ビザに対応しているのだが、国内の移動は対象になっていないのだ。

り、ウラジオストクで入国したらウラジオストクから出国しなくてはならない。シベリア鉄道に乗ろうとしても、電子ビザに対応していないので乗ることができない。いってみれば一都市滞在型の旅に対してのビザである。

本書ではウラジオストクからウスリースクに出、そこから中国に入っている。ウスリースクも電子ビザの対象エリアだが、ウラジオストクから列車で訪ねることはできない。ましてや中国となると。

本書で紹介しているルートを辿るとなると、通常のビザが必要になってくる。電子ビザの有効期間は八日間である。その期間では、一都市滞在と考えているのだろうか。今後、このルールは変わっていく可能性もあるが。

二〇一九年、サハリンに滞在した。利用した飛行機はS7航空だった。ルートは成田空港からウラジオストク、そこで飛行機を乗り換えてサハリンのユジノサハリンスクというものだった。ウラジオストクとユジノサハリンスクはともに電子ビザの対象エリアである。成田空港からユジノサハリンスクへの直行便を利用すれば問題はないのだろうが、乗り換え便になるとどうなのだろうか。

少し調べ、問い合わせてもみたが、たぶん問題はない……というあやふやなものだった。移動が絡んでくると、急に霧がかかってきてしまうビザ制度なのだ。

心配だったので通常のビザにした。入国審査はウラジオストク空港の飛行機の乗り換え客専用のイミグレーションで行われた。サハリン州の電子ビザで、通常のイミグレーションに行くと、「このビザではウラジオストク滞在しかできません」と指摘されるのだろう。

ウラジオストクまでの便には、十人以上の日本人が乗っていた。ひとりに訊くと、滞在はウラジオストクだけで二泊三日の日程だという。この程度なら電子ビザでもなんの問題もない。この路線には日系航空会社も就航をはじめている。短期滞在の旅行者を想定している気がする。

第三章　中国は甘くない

国境から一時間半ほど走り、列車は綏芬河《すいふんが》の駅に到着した。ここで中国への入国審査が行われた。やけに厳しかった。中国は年に二、三回は訪ねている。いつもは北京や上海の空港から入国することが多い。最近はとくに問題もなく、入国スタンプを捺《お》してもらっていた。しかし綏芬河のイミグレーションは違った。僕のパスポートを何回も眺め、ページをめくり、そのパスポートは奥にいた年配の職員のところに渡されてしまった。ほかの乗客は次々に通過し、僕だけが残された。不安になった。実は十数年前、僕は五年間、中国に入国することができなかった。その過去が蘇《よみがえ》ってくる。担当の職員が訊いてくるが、中国語だからわからない。いったいなにが問題なのだろうか。

三十分ほど待たされた。

結局、チェックに手間どった理由もわからないまま、スタンプが捺されたパスポートが戻ってきた。

「ふーッ」

辺境の国境ゆえの厳しさなのだろうか。

イミグレーションで時刻を合わせた。極東時刻、列車のタイムテーブルに使われるモスクワ時刻、それにサマータイムなどがあり、ロシアではいまの時刻を知るのに苦労した。しかしこれからは中国である。全国一律の時刻で動いている。季節で時刻が変わることもない。列車が到着したのは、ロシアの極東時刻のサマータイムで午後六時だった。時差は三時間だから中国時刻で午後三時だった。

僕らはホームに停まっている車両に戻った。するとふたりの女性車掌が私服に着替えていた。

いやな予感がした。

ひとりの車掌がコンパートメントにやってきた。

「出発は午後九時すぎなので、九時に戻ってきてください」

「はッ？」

このまま列車が出発すると思っていた。それが夜の九時なのだという。

「九時ちょうどにこのホームに来てください」

「九時って中国時刻？」

「はい」

「………」

六時間以上あった。ウスリースクで十四時間待ち、グロデコボで五時間待たされた。そこから一時間半進み、またしても六時間……。走っているより停まっているほうがはるかに長いのだった。

天を仰ぐしかなかった。

もう、どうにでもしてくれといった心境である。

車掌たちも綏芬河の街に出るという。車両は鍵をかけるので、僕らにも出ろという。しかたなくホームに降りた。そこにはロシア人の女性が待っていた。車掌の友だちのようだった。僕らは車掌たちの後を追うようにホームを離れた。車掌たちは妙な出口へ向かった。ホームの脇に貨物車が停まっている車両区があり、そこに荷物を運び込むトラックの出入口があった。そこから街に出ていってしまったのだ。

ホームからいったん駅舎に入り、そこから街に出るものだと思っていた。しかしもう正式に中国に入国している。そして僕らはハルビンまでの切符も持っている。ウラジオストクを出発したとき、車掌がそれをチェックしていたから、あえて中国の駅で改札を通る必要もないのだろう。中国でも駅によっては、駅舎の入口で切符をチェックすることはあるが、基本的には各客車の車掌が検札をするシステムをとっていた。僕はさして気にもとめず、その出入口から街に出てしまった。これがその五時間後、ひとつのトラブルを生むとは考えてもみなかった。

出口の先で車掌たちが待っていた。車掌は、「夜の九時ね」と腕時計を示した。後になってわかったことだが、この九時という時刻が重要だった。しかし駅を出た僕らは、それを気にもしていなかった。

駅前から続く綏芬河の街は、もうどうしようもなく中国だった。この街のどこからもロシアの匂いは漂ってこなかった。駅から続く急な坂道を十分ほどのぼると、街の中心に出た。中央の広場の周りには、十数階建てのビルが並び、その多くにさまざまな店が入っていた。広場の地下も商店街になっていた。

物資が溢《あふ》れ返っていた。ロシアの街を眺めてきた身にしたら、その物量に目が眩《くら》みそうになる。こんなに多くの看板を目にしたのは、東京以来である。店に並ぶ品々は、中国製ばかりで、ロシアはその一画を占めることもできない雰囲気だった。

国境の街というものは、少なからず隣国の影響を受けるものである。駅から続く道を思い返してみる。そう、ひとつだけ、ロシアがあった。ロシア正教会風の教会。それだけである。あとは中国一色なのだ。中国という国の、とんでもないエネルギーが、国境ぎりぎりまで迫っているのだ。かつてはこの街にあったはずのロシアは、ものの見事に国境の向こうに追いやられてしまっていた。

僕らは駅前の銀行で、ロシアのルーブルを中国の元に両替しようとした。しかし三軒

国境の街、綏芬河。駅から急な坂道をのぼると、教会が現われた。街の中心街はこの先にあった

の銀行で訊いたが、端《はな》から断わられてしまった。両替を受けつけるのは、アメリカドルか日本円だけだという。ただし日本円は今日のレートがわからないともいわれた。つまりアメリカドルしか両替に応じてくれないのだ。ルーブルは、商店街のなかの闇両替店に行くしかないらしい。

綏芬河はそういう街だった。

そこかしこに食堂やファストフードの店があった。ロシアの街で、レストラン探しに苦労していたことが、別世界のできごとのように思えてくる。

中国の東北地方風の料理を出す店に入った。鍋と炒めものが中心といった感じの店だった。入口に肉や魚、野菜などをひとつのセットにして皿に盛ったものが

二、三十種類置かれていた。客はそれを指差し、調理法を伝えるというシステムだった。その食材の豊富さに圧倒された。冬には気温がマイナス三十度にも達するはずの辺境の街である。しかしここに、中国各地からさまざまな種類の食材が届く。客はビールを飲み、まるで食い散らすかのように料理に箸をつけている。ウラジオストクやウスリースクで食べた素朴でお腹に優しい味のロシア料理がいとおしく思えてしかたなかった。

坂道を下って駅の入口に戻った。七時半頃だった。強い雨が降りはじめ、シャッターをおろした銀行の前で雨宿りをしていると、ディエムが傘をさしながら、坂道を下ってくるのが見えた。僕らの車両にいるもうひとりの乗客だった。なにしろウラジオストクを出発して以来、遅々として前に進まない列車で、丸一日以上居あわせているのだ。停まってしまった列車のなかや、いつ出発するのかわからない待合室でさまざまな話をした。

七十二歳のオランダ人だった。アムステルダムを列車で出発し、シベリアを横断してウラジオストクに出、ハルビンを経て、北朝鮮まで行くのだという。

「ロシア、中国、北朝鮮……ネガティブな印象の国を、この目で見ておきたかったんだ」

彼は僕の前でこういった。そして、

「これが最後の旅かもしれない」

と続けた。小学校の教師だったという。退職してから旅が趣味になった。七十二歳のひとり旅――。コンパートメントにひとり座る姿に、僕の老後を重ねてみる。いつもタフな旅をしているように思われるが、僕はもう五十六歳である。いったいいつまで、旅の空を見つめていられるのか……と思うことがある。旅を仕事というものに売ってしまったから、もう趣味というわけにもいかないだろう。いや、僕の本がまったく売れなくなったとき、ようやく本来の旅を手に入れられるのだろうか。いや、それまでこの体がもつのだろうか。最近、病院で不整脈と診断された。鼓動は不規則なのだが、一分間で区切ると、その間隔は一定の規則になっているらしい。医師は固まってしまった不整脈という表現で説明してくれた。本格的な治療を施す必要もないらしいが、血栓や心筋梗《こう》塞《そく》を起こすと危険らしく、バイアスピリンという抗血小板薬を飲み続ける体になってしまった。いまもザックのなかには、錠剤が入っている。

ディエムと一緒に雑貨屋に入り、水を買った。ここにいてもしょうがない……と小降りになった雨のなかをホームに向かった。そこなら雨に濡れないはずだった。車両のドアが開いていれば、乗り込んでしまってもいい。駅から出たトラックの出入口を通ってホームに出た。

しかしホームには、一両の客車も停まっていなかった。僕らが乗ってきた二両は、また車両区の隅にでも追いやられているのかもしれなかった。

ホームで待つしかなかった。十分ぐらい待っていただろうか。駅舎から出てきた鉄道の職員が、険しい顔つきで近づいてきた。そして脅すような口調でまくしたてた。しかし中国語だからまったくわからない。どうも、

「おまえらはどこから入ってきたんだ」

といっているようなのだが、説明する言葉が僕らにはなかった。職員はトランシーバーでどこかに連絡をとった。すると別の職員や公安まで姿を現わし、僕らは四人ほどの男たちに囲まれてしまった。かなりまずいことをしでかしてしまったようだった。ディエムが脅《おび》えたような顔つきを僕に向けた。公安が、「切符」というようなしぐさをするので、バッグのなかからそれを差しだした。ディエムも切符を出した。しかしその切符には、ロシアのキリル文字しか印字されていない。僕らも読めないのだが、とり囲む中国人の職員らもとりつくしまがない。

公安がトランシーバーで叫び、別の公安が現われたのだが、やはり判読できなかった。

しかし不思議だった。僕らが乗る列車は、定期的にウラジオストクとハルビンの間を走っているはずだった。この駅で入国審査もあったというのに、ここに集まった男たちの誰もが、この列車の存在を知らないようなのだ。切符の文字が読めなくても、ロシア方面から中国の列車にくっついてやってくる二両の客車のことを知っていれば察しがつくはずだった。

公安のひとりが、駅舎へ行けと顎《あご》で示し、僕の腕をつかんで連れていこうとした。こういう公安の態度には、いつものことなのだがいやな思いをする。連行されることを拒んでいるわけでもないのに、すぐに腕をつかむのだ。僕は腕を振りほどいた。公安の表情が一変した。一瞬、険悪な空気が生まれた。しかし歩きはじめた僕らを見て、公安も踏みとどまった。

はじめは駅舎のなかの職員の詰め所のような部屋に入れられた。しばらくすると、鉄道の職員がやってきて、待合室に移るようにいわれた。

待合室はロシア人で溢れていた。これからハルビンに向かうらしい。その隅の席に座るように指示された。それから三十分ほどが経っただろうか。ホームで僕らを問い詰めた職員に連れられて、別の職員がやってきた。そしてロシア語で話しかけてきた。しかし申し訳ないが、僕らは日本人とオランダ人なのである。英語しかわからない。切符を渡した。ロシア語を話す職員がじっとその切符を見ている。別の職員たちも集まってきた。

彼ら同士でなにやら話しはじめた。すぐに表情が柔らかくなっていった。どうも僕らの切符が問題ないことがようやくわかったようだった。ロシア語を話す職員が片言の英語で説明してくれる。

「荷物をあの機械に通し、十五分前にホームに行ってください」

彼らが血相を変えた理由がようやくわかってきた。この駅では、混乱を防ぐために、発車十五分前にならないと、乗客をホームに入れないのだ。そして保安上の問題から、荷物はすべてX線のセキュリティーチェックを受けなければならなかった。ところが僕らは、トラックの出入口から入ってしまった。それがいけなかったようだ。それだけのことだった。いや、彼らにしたら大変なことなのだろうが。

ことがわかると職員の態度ががらりと変わった。彼らが僕らの荷物をもち、セキュリティーの機械に通してくれたのだ。この変わり身の早さもまた不快だった。しかし、それにしても頼りない国際列車である。これだけのごたごたがあって、ようやく列車とその乗客の存在が伝わるのだ。夜陰に紛れるように中国の列車の後ろについて綏芬河にやってきたようなものだった。

九時になり、僕らは改札に行くように指示された。待合室にいるロシア人や中国人たちも列をつくりはじめていた。僕らは優先客扱いである。職員に誘導されてまっ先にホームにおりた。職員が指差すほうを見ると、中国製車両の最後尾に、懐かしいロシア車両が二両、連結されていた。近づくとロシア人車掌が手を振っている。なんだか我が家に帰ったような安堵《あんど》感すらあった。

そのときになって、車掌が、「夜九時」と何回も念を押した理由をようやく理解することができた。その時刻にトラックの出入口からホームに入れば、誰に咎《とが》められることもなく、この車両に乗り込むことができるのだ。中国の駅のルールとは違うロシアの列車の世界に入り込むことができるというわけだ。

ほかの車両は、ロシア人や中国人でごった返しているというのに、僕らの車両は、相変わらず三人だけである。いつも車内は湖の底のように静まり返っている。

「この食糧、どうしましょうかね」

ウラジオストクを出発して以来、コンパートメントでとったのは一回の朝食だけだった。昼も夜も、いつも街に出ているのだ。乗りっ放しだと思っていた列車には、とんでもない運行スケジュールが仕組まれていた。買いそろえた食糧がいっこうに減らないのだ。

列車は綏芬河とハルビンを結ぶ中国の列車だった。K7024という番号がふられていた。その列車に牽《ひ》かれ、二両の国際列車は進むことになる。ロシアが国際列車へのこだわりを捨て、通常運行の列車を乗り継ぐ切符を発券してくれたら、もうハルビンに到着していただろう。いや、そういうことではない。僕らはウラジオストクからハルビンに向かう列車代にひとり二万四千八百円も払っていた。ロシアは国際列車を仕立てなければ、この運賃を得ることができない。

ただそれだけなのだ。

ただロシアのセコさに振りまわされているだけなのだ。

溜息が出てしまう。

列車は夜の九時二十一分に綏芬河を出発した。今晩は、先に進む列車のなかで眠ることができるのだろうか。

動く列車のなかで目が覚めた。車窓には樹木の少ない風景が広がっていた。レンガづくりの家々。その間を自転車で進む人々。緑に覆われたロシアからやってくると、その眺めは殺伐ですらある。

中国だった。

朝の七時十六分にハルビンに着いた。

ウラジオストクから中国の綏芬河までは二百三十キロほどである。そこを走るのに二十五時間もかかった。多くの時間を車両区や駅に停車していたのだが、綏芬河からハルビンまでは十時間しかかからなかった。その距離は五百四十八キロもある。中国の列車は頼もしいほど速かった。いや、これが普通なのだ。牽引《けんいん》する機関車を待つことがなければ、列車というものは、それなりに進むのである。

僕らはさらなるスピードアップを目論んだ。ウラジオストクからの列車の遅れをとり戻そうとしたわけではないが、ハルビンから北京まで、中国の動車組に乗ろうと思ったのだ。動車組というのは、中国の新幹線である。たまには時速二百キロを超える流れるような風景を見てもいいではないか。二〇一一年七月、この動車組が浙江省《せっこう》で大事故を起こす前のことだった。安全性の問題は隠され、ただそのスピードが、成長する中国経済の象徴のようにひとり歩きしている時期だった。

しかし中国は甘くない。ハルビン駅に着いた僕らは、動車組の切符売り場に向かった。中国はロシアのように、旅に出る前に列車の手配をすませる国とは違い、自分で切符を買うことができるのだが、そこには並みいる中国人をかき分けて切符を買うというしんどさが待ち構えていた。

動車組の切符売り場には長い列ができていた。この駅には外国人専用の窓口はなかった。人民と一緒に並ばなくてはならないのだ。頭上の電光掲示板には、残席数が示されていた。残りの席数は少なかったが、この数が正確なものなのかもわからない。とにかく列に並ぶしかない。

三十分ほどで列の先頭に近づいてきた。窓口の前には、はじめて見る回転バーがあった。観察していると、その画期的な装置に、つい頬が緩んでしまった。人がひとりしか窓口の前に立てない仕組みで、割り込みをみごとに防止していたのだ。

この割り込み防止回転バーの話に敏感に反応してしまう人は、これまで何回となく、中国の切符獲得戦争で辛酸《しんさん》をなめてきた暗い過去のもち主である。とにかく中国人は、列をつくることが苦手だ。人が並んでいるというのに、次々に体を入れてくる。気がつくと小さな窓口に手まで突っ込んでいて、大声で行き先を叫ぶのだ。その迫力に気圧《けお》され てしまうと、いつまでたっても切符が買えなかった。こちらも下腹に力を込め、喧嘩腰で窓口に立たなければならない。そこはもう戦場なのである。

そんな闘いを一気に解消してくれるのが、この回転バーだった。

窓口の上には北京までの動車組の運賃も出ていた。普通席にあたる二等座が二百八十元、グリーン車である一等座が三百五十一元。二等座と一等座の差があまりないことが気になったが、どちらにせよ、中国ではかなりの高額である。日本円で三千六百円ほどになる。駅前食堂の麺が五元、そこに貼ってあった求人広告には、月給七百元、八百元という金額が書き込まれていた。そのなかで二等座が二百八十元もするのだ。

「いくら残席が少なくたって、そう動車組の切符が売れるわけがないでしょう。一枚二百八十元もするんですよ」

「そりゃ、そうですよね。ミネラルウォーターが一本一元なんですから」

僕らはそんな会話を続けていた。回転バーがまわり、切符売り場の前のスペースに躍り出た。事前に用意しておいたメモを差しだした。

──明天　至北京　二等座二張

翌日の北京行きの列車の普通座席を二枚という意味だ。中国語を話すことができないから、筆談に頼ることになる。

動車組の切符売り場に割り込み防止回転バー。中国津々浦々まで普及させてほしい

「没有《メイヨー》（ありません）」

「はッ？」

窓口の職員は、コンピュータ画面をくるりとまわした。翌日、二便ある動車組は二等座はもちろん、一等座も満席だった。

結局、手に入れることができたのは、二日後の一等座だけだった。それも残り九枚のうちの二枚だった。

中国には、二百八十元もする切符を平気で買うことができる人がこんなにもいたのだ。とんでもないことだった。中国沿海部を中心にした急成長は、ハルビンにも波及していた。中国人は、想像する以上の金をもっていた。この列に並んでいるのは、貧しい人民ではなく、豊かさを享受している中国人たちだったのだ。

日本とロシア——。その残映は、ときに怪しげな姿で、ハルビンの街で顔をのぞかせた。駅前から鉄道の上に架けられた霽虹橋《せいこう》を渡り、ハルビンの中心街のひとつでもある中央大街に行ってみることにした。橋を渡りはじめるとすぐ、そのマークはみつかった。車輪の周りに天使の羽根のようなものがあしらわれた子供っぽいデザイン——東清《とうしん》鉄道のロゴだった。

東清鉄道は、ハルビンを通る鉄道を敷いたロシアの鉄道会社だった。昔はいたる所に、このロゴマークが掲げられていたのかもしれないが、いまはこの陸橋の欄干に残っている程度らしい。そう、この橋も昔はラドゥガ橋と呼ばれていたという。

日清戦争で勝利をおさめた日本は、下関で開かれた日清講和条約を経て、遼東《りょうとう》半島や台湾などを領土にしていく。しかし遼東半島の日本への割譲に対し、ロシア、ドイツ、フランスは清への返還を要求する。三国干渉である。日本はその圧力に逆らえず、遼東半島の領有を断念した。この一連の策動のなかで、ロシアは際《きわ》だった狡猾さをみせる。三国干渉の見返りに、清の東北部の鉄道敷設《ふせつ》権を得るのだ。ロシアと清の李鴻章《りこうしょう》との間で、鉄道を敷く権益をめぐる密約が先にあったといわれる。それがあったから、ロシアは三国干渉に動いた……と。

当時、ロシアはシベリア鉄道の建設を急いでいた。しかしハバロフスク手前など地形が厳しい区間があり、工事はなかなか進まなかった。そこでイルクーツクの東のチタか

東清鉄道のロゴがハルビン市内に。市民は気にもとめないが

ら南東に鉄路を延ばし、満洲里《まんしゅうり》で清の領土に入り、ハルビンを通って綏芬河からウスリースク、そしてウラジオストクに向かうルートが考えられた。このコースなら、ロシア領内を走るより、はるかに短い距離でウラジオストクを結ぶことができた。地形も平坦で、建設も容易だった。ロシアはすぐに建設をはじめ、一九〇三年には開通にこぎつけている。

モスクワとウラジオストクを結ぶシベリア鉄道といえば、このハルビンを通過する東清鉄道経由が一般的だった時代もあった。しかしこの鉄道はその後、日本とロシアのパワーバランスに巻き込まれていく。

東清鉄道の建設と同じ頃、ロシアは清との間で、旅順大連租借条約も結ぶ。遼東半島の不凍港がロシアの租借地になっていくのだ。同時にハルビンから大連、旅順に延びる鉄道敷設権も得、これが東清鉄道の支線になっていく。執念すら感じさせるロシアの南下政策である。

ロシアはこの鉄道敷設権の内容を拡大解釈し、鉄道や駅周辺に付属地を獲得していく。鉄道関係の土地という名目だが、実際には、そこに軍が駐屯し、ロシア人が住みはじめた。鉄道に沿って清の権限が及ばない租界のような土地が次々に誕生していったわけだ。乗降客の多い駅周辺の付属地の広さは、縦横数キロにも及び、そのなかにロシア風の街が生まれていった。大連、瀋陽《しんよう》といった街を歩くと、駅前から一本の道が延び、その先の中央道はそのロータリーから放射線状に広がっていく。モスクワの街と同じつくりである。それはここが東清鉄道の付属地だった証《あかし》なのだ。ロシアは鉄道に沿ってリトルモスクワを次々に建設していったわけだ。

それはもう、「やりたい放題」といってもよかった。弱体化した清は、ロシアの鉄道を突破口にした強引な手法に反抗することもできなかった。

ハルビンはその中心だった。モスクワからウラジオストクに向かう路線と、そこから分岐して大連、旅順に南下する支線が交差する街だった。付属地も広く、旧市街はすべてが付属地といってもいいほどだったという。

中央大街は、当時の建物が残る観光名所にもなっていた。中央の道は歩行者天国で、道に沿って歴史が刻まれた石づくりの建物が並ぶ。イー・グレビッチ商店跡、モデルンホテル跡、アゲロフ洋行跡……。建物にとりつけられたプレートが教えてくれる。

通りのなか頃だったろうか。ユダヤ銀行跡もあった。最も多いときで、ハルビンには約三万人のロシア人と約千五百人のユダヤ人がいたといわれる。ドイツでナチスが台頭するなか、ユダヤ人であることを隠していた人も多かったようだ。実際にはユダヤ人の割合は、もっと多かったという説もある。

ユダヤ人たちは、東清鉄道を使い、ヨーロッパの物資をウラジオストクや大連まで運び、そこから船で上海へもち込み、多くの富を得ていた。ヨーロッパから船で上海まで物資を運ぶより、はるかに速い輸送ルートだったのだ。東清鉄道は、ロシアが清に進出していく道具だったが、ユダヤ商人にとっても、ヨーロッパとアジアを結ぶ、重要な交易ルートだったのだ。

しかしこの東清鉄道は、その後、日本軍の圧力に晒《さら》されていくことになる。日露戦争だった。この戦争に勝った日本は、三国干渉によって手離した遼東半島を再び手にし、長春以南の東清鉄道支線を獲得した。そしてつくられたのが、南満洲鉄道会社、満鉄である。

満鉄は長春以南の東清鉄道利権のすべてを引き継いだ。つまり鉄道だけでなく、付属地もそっくり満鉄のものになった。大連、瀋陽などにできあがっていたロシア風の街に、日本人が住みはじめる。街なかには、日本の郵便局や銀行、ホテルや食堂がつくられていく。使われる通貨は、ロシアのそれから日本の紙幣や硬貨に変わっていった。

満鉄は単なる鉄道会社というより、日本が中国東北部に進出するための国策会社だった。そのひな型は、ロシアがつくった東清鉄道である。鉄道の付属地という名目で、植民地化を推し進める鉄道会社だったのだ。

そしてもうひとつ、東清鉄道から引き継いだものがある。それは、

〈ここではなんでもできる〉

という発想である。ひとつの条約を結んだら、それを拡大解釈し、強引にねじ曲げて

いく「やりたい放題」の手法である。それが帝国主義というものなのかもしれないが、その発想は日本の軍部の底を流れ、満鉄が実行していくという構図ができあがっていった。

もっとも、進出当初から満鉄はそんな強引な手法に走ったわけではない。鉄道を軸にした植民地経営にとり組み、インフラを整えていった。いまでも、中国東北部の人々の反日感情が、北京や上海に比べると弱いのは、そのためだという人もいる。しかしやがて満鉄は日本の軍部と歩調を合わせはじめる。それは東清鉄道をテキストにした鉄道会社の宿命だったという気がしないでもない。

長春以北の東清鉄道も、時代の波に浚《さら》われていく。中国では辛亥《しんがい》革命が起こり、中華民国が成立する。ロシア国内でもロシア革命が起き、ソビエト連邦が誕生した。東清鉄道は中東鉄路と名前を変えるが、その利権は新生ソビエト連邦に引き継がれた。

しかし日本は北進を続ける。そして満洲国が生まれた。中東鉄路は満洲国のものになり、その経営を任されたのは満鉄だった。ソ連が敷いた東清鉄道は、線路幅が千五百二十ミリという広軌である。満鉄はその線路を、ほかの中国の鉄道と同じ線路幅千四百三十五ミリの標準軌につけ替えていく。満鉄にとっては、〈なんでもできる〉エリアだったのだ。そしてそこには、やがて中国を侵略していくという日本軍部の野心が横たわっていた。

この鉄道は日本敗戦後、このエリアに侵攻していたソ連に戻された。一九〇〇年代初頭に敷かれた東清鉄道は、それから約五十年、この土地を代わる代わる席巻《せっけん》したロシアと日本の獲得合戦の対象になった。それはこの土地で両国が演じた歴史の結果でもあった。最終的にこの鉄道が中国に返還されたのは一九五二年だった。

七三一部隊の跡にも、あの時代の空気が漂っているかのようだった。ハルビンの南郊にあるその跡へはタクシーで向かった。市街地を離れ、大きな建物が目立つ工場地帯に入り込んでいく。夏のハルビンの天気は気まぐれだった。市街地を出たときは晴れていたが、その場所に着いたときは篠《しの》突く雨に包まれていた。『侵华日军第七三一部队遺址《いし》』と簡体字で書かれた石碑も雨に濡れていた。旧日本軍の七三一部隊の跡である。

かつてはだだっ広い平原のなかに建物があったはずだ。しかしいまは周囲を工場やアパートに囲まれ、公園のようでもあり、これから工場が建てられるさら地のようにも映る。しかしここは、悪霊が憑《つ》いた土地のように、中国も日本も手を出せない土地になっていた。

七三一部隊は、正式には、関東軍防疫給水部本部という日本陸軍の研究機関のひとつだった。防疫とは感染症の予防であり、給水は戦場での安全な水を確保する技術をさす。その研究をしていたのなら、なんの問題もないのだが、実は細菌を使った生物兵器の研

激しい雨のなかに七三一部隊の旧本部大楼が現われた。ドライバーはなかに入ろうとしなかった

究機関ではなかったのかといわれている。そのために人体実験が繰り返されていた場所だったと……。

はたして本当に、この場所で人体実験や生物兵器の研究が行われていたのかはさまざまな見解がある。敗戦直前、この部隊は建物をことごとく破壊し、証拠を隠滅して日本に撤退した。その行動から臭うものもあるのだが、決定的な証拠はみつかっていない。そして七三一部隊の関係者は、誰ひとり、戦後の東京裁判では裁かれなかった。そこでまたひとつの推測も生まれる。七三一部隊がもっていた資料が、日本に駐留したアメリカ軍を中心にしたGHQとの取引に使われたのではないか……と。そしてその資料は、「やりたい放題」の情況でなければできない人体実験のデータではなかったのか……。人体実験の犠牲者は三千人以上とする調査もある。中国はもちろん、ここが人体実験や生物兵器の研究の場であったとしている。ここに並べられているものは、その関連の資料だった。

こういう施設を訪ねるときは、やはり足どりがぎこちなくなる。かつて中国の南京にある『南京大虐殺記念館』を訪ねたときもそうだった。そこには日本軍がどれだけひどいことをしたかという記録が延々と展示されているのだが、僕の横には展示を見る中国人が立つのだ。中国人の多くは、この問題になると反日に傾くわけで、隣に立っているのが日本人だとわかったら……とつい身を硬くしてしまうのである。

幸い、中国人は七三一部隊の遺址への関心は薄いようだった。激しい雨のなか、旧日本部大楼という建物に足を踏み入れると、そこには、ガイドがついた数人の日本人団体客がいるだけだった。僕と阿部氏は、その団体の後を歩くようにして館内の展示室に入った。

そのとたん、背中に冷たいものが走った。霊といったものにはとんと疎《うと》い人間だが、なにかこのなかにはいいようのない薄気味悪さが漂っていた。展示室は理科室のようである。白いほうろうの膿盆《のうぼん》、ピンセット、ビーカー……。埃《ほこり》をかぶった毒ガス用のマスクもずらりと並んでいる。人間はどこまで寒さに耐えられるのか——という人体実験のジオラマが視界に入ってくる。僕らの集団には、職員がひとりついていた。電気を節約しているのか、僕らがひとつの展示室に入ると照明のスイッチを入れ、そこを出るとスイッチを切る。振り返ると、暗い展示室や廊下が背後に広がる。なにかが迫ってくるような気になるのだ。

最後には両側に、びっしりと中国人の名前のパネルがはめ込まれた通路を歩かされる。人体実験の犠牲になった人々の名前だった。そこをすぎるとドアがあり、開けると建物の裏側に出た。

「ふーッ」

肩の力を抜いた。

「息が詰まる……」

阿部氏が呟《つぶや》くようにいった。

僕らはハルビン駅前にある龍門大廈《ロンメンダーシャ》というホテルの貴賓楼に泊まっていた。名前はなにか高級そうだが、一泊ふたりで三百五十一元、日本円にすると四千五百円ほどの三ツ星ホテルだった。この宿を選んだ理由があった。満鉄が経営したヤマトホテルだったのだ。ロシアの東清鉄道は付属地のなかにホテルをつくっていった。このホテルの前身は東清鉄道ホテル。ロシアがつくった建物である。その後、このエリアが満洲国になると、その経営を満鉄が引き継ぎ、ハルビンヤマトホテルになった。

その夜、僕はなかなか寝つけなかった。目を閉じると、昼に見たビーカーや膿盆が脳《のう》裡《り》に浮かんでくる。展示された資料のなかにあった、生体解剖の記述が蘇ってくる。日本本土からやってきた関東軍の参謀たちは、ハルビンではこのホテルに泊まったはずである。ステンドグラスがはめられた広い廊下。大理石でつくられた階段……。ロシア風の建物だが、そのなかで、彼らは策略を練っていたのだ。『昭和史の謎を追う』（秦郁彦著、文春文庫）によると、七三一部隊には、当時の東京大学の予算に匹敵する年間二百万円という研究費が注ぎ込まれていたという。

「本当にやりたい放題だよな……」

暗い天井に向かって呟いてみる。

戦争というものが抱えもつ薄気味悪さが、梁《はり》や窓枠に染み込んでいるような気になってくる。当時とは内装も変わっているだろう。いまこのホテルに泊まる人々は、ロシア風の建築を味わっているのかもしれない。しかし仄《ほの》暗い廊下や大理石の磨《す》り減り具合のなかに、なにかとらえどころのない狂気が棲《す》みついているような気にもなる。

そういえば、伊藤博文が朝鮮人の手で暗殺されたのもこのハルビンだった。僕らが綏芬河から乗った列車が到着したハルビン駅のホームで殺された。彼はその日、このホテルに泊まることになっていたのかもしれなかった。

ハルビンを通る線路には、ロシアと日本の策謀が油のようにこびりついている。両国の策略は、ライトに照らされる線路の上で鈍く光っている。暗躍したロシア人、日本人、

北京行きの動車組の前で記念撮影。中国人は、こういう写真が大好きだ（ハルビン駅）

中国人、ユダヤ人……。その歴史は怪しげに線路の周りに漂っていた。

満席だった。北京までひとり三百五十一元という動車組の一等座がぎっしりと埋まっているのだ。この運賃は、ハルビンの若い労働者の月給の半分近くにもなる。それほど高いというのに、ひとつの空席もない。中国はその貧困も膨大かもしれないが、また富もはかり知れない。

空調の効いた車内。もちろん窓は開かない。車内の電光掲示板には、ときどき外気温と車内温度、列車のスピードがこれ見よがしに表示される。座席は中央の通路を挟んで左右二席ずつ。七十一元安い二等座は二席と三席になっていた。

日本の新幹線に乗っているような気分

である。ソヴィエツカヤ・ガヴァニからの列車は、四つベッドのコンパートメントだった。ベッドに座って車窓を眺め、横になって本を読む。それに飽きたら通路に出て、反対側の車窓を眺める。気分転換に給湯器から湯を注いで紅茶を飲む……。そんな日々を五日間も続けていた。それは日常生活にも近い列車旅だった。その空間から、椅子がずらりと並ぶ列車の車内に放り込まれると、することがなにもないような気になってくる。

実際、左右に椅子が並ぶ通路を歩いたところで、なにも面白くない。小ざっぱりとした服装の子供が小型のゲーム機に熱中している。ビジネスマン風の男は書類を開いている。この列車の客は、できるだけ早く目的地に着きたいとだけ考えている。旅ではないのだ。ぼんやりと電光掲示板を眺める。時速は『160公里／小時』と表示されていた。ハルビンを出発した列車は、長春、四平、瀋陽北と停車していく。ここまではかつての満鉄の路線である。ここから方向を南西に変え、一気に北京をめざす。

十二時少し前、制服を着た女性の販売員が、写真付きメニューを持参して昼食の弁当の注文をとりにきた。弁当は『紅焼牛肉套餐』という名前がつけられた一種類だった。そこにヨーグルトをつけるか、牛乳と搾菜《ザーサイ》をつけるかのセットを選ぶスタイル。どちらも三十五元。そばが五元というハルビンの物価よりもずいぶん高かった。しばらくすると、販売員が箱に入った弁当を抱えて現われ、注文した客に配りはじめた。電子レンジで箱ごと温められていた。僕らはそういう世界に入ってしまったようだった。

さしておいしくもない弁当を口に運びながら、ハルビンの食堂を思い出していた。ハルビンは物乞いの多い街だった。歩道にテーブルを出した安食堂でハルビンビールを飲みながら、ジャガイモと野菜、肉などを炒めた料理を食べていると、ひとりのおばさんが現われ、僕らの横で倒れるようにうずくまると、突然、大声で泣きはじめた。店員に、「あっちへ行け」と追い払われると、歩道の隅に移って、ますます大声で泣き叫ぶのだった。

泊まった宿の部屋から、歩道が見おろせた。そこにひとりの物乞いおじさんがいつもいた。松葉杖を横に置き、路上に腹ばいになっている。横に音の出るおもちゃを置き、通行人の関心を惹いていた。夜の七時になると、すくっと身を起こし、松葉杖を抱えて両足で歩いて帰宅する。

「あのおじさん、歩くことができるんだ」

ハルビンはそれほどまでに物乞いの競争が激しかった。まっとうに路上に座っていては、缶に小銭はたまらないのだ。夏はまだいいが、マイナス三十度にもなる冬のハルビンで、彼らはどうやって生きていくのだろうか。

しかし動車組の車内は別世界である。特急型の車内で、ただぼんやりするしかない。

瀋陽をすぎると、動車組は急にスピードをあげた。

186公里／小時

と時速があがっていく。車内の気温は二十三、四度に保たれているが、外の気温もあがっていった。葫芦島《ころとう》北駅に停まった頃には二十七度になり、秦皇島《しんこうとう》駅では二十九度に上がり、速度も時速二百四十キロに達した。北京のスピード感覚に列車も合わせているかのようである。

210公里／小時

これまで時速三十キロ、四十キロといった列車旅を続けてきた身には、とんでもないスピードなのだが、車内ではなにもすることがない。通路を挟んだ隣の席では、若い女性がパソコンを出して映画を見はじめた。

北京には定刻より十分ほど遅れて到着した。といっても八時間二十分ほどで着いてしまったことになる。ハルビンから北京までは千二百八十八キロもある。

ソヴィエツカヤ・ガヴァニ操車場駅からハルビンまでは二千四百キロほどの距離だった。僕らはその距離を進むのに五日間かかった。しかし今日、その半分ほどの距離を八時間二十分で進んでしまった。

これがユーラシア大陸の列車旅というものらしい。

北京は真夏の激しいスコールに見舞われていた。列車を降りたが、ホームの人がなかなか前に進まない。乗客は激しく雨が降る北京駅の出口で足を停めてしまっているようだった。

コラム　急速に路線が増えた中国版新幹線

ハルビンから北京まで、動車組という中国版新幹線に乗った。当時はまだ、富裕層が乗るもの──という感覚が強かった。それから十年。中国は確実に豊かになった。そして運賃も見直されたのではないかと思う。中国の新幹線は庶民の乗り物になりつつある。そしてその路線も急速に増えている。

中国の新幹線は中国鉄路高速と呼ばれる。英語表記は、China Railway High-speed。その頭文字をとって、ＣＲＨと表記されることも多い。

車両が同じため混同してしまいがちだが、中国の新幹線はふたつのタイプにわけられている。

ひとつは高鉄と呼ばれるもの。ガオティエと発音する。そのため、切符に記される列車番号のはじめにはＧがつけられる。日本人のなかにはＧ列車と呼ぶ人もいる。この高鉄は専用の線路を走り、最高速度は時速三百キロを超える。北京や上海、広州などの大都市を結んでいる。この高鉄が日本人の感覚の新幹線に近い。

もうひとつのタイプが動車組である。これはドンチェーズーと発音する。そのため、切符の列車番号はＤからはじまる。中国の列車番号のなかには、Ｃではじまるものもあるが、これも動車組に含めていいように思う。

車両は高鉄と同じものを使っているが、停車駅が多く、最高時速も二百キロ程度。日本の感覚では特急である。

この動車組がいま、急速に路線を増やしている。在来線と同じ線路を使うことができるため、ある意味、路線を増やしていくのに大きな工事が必要ではない。従来の駅も利用できると思うのだが、新しい駅舎をつくることが多い。

この動車組は運賃も安い。二〇一九年、四川省の宜賓から成都まで動車組に乗った。一時間四十分ほどの距離だったが、二等で運賃は百十元、日本円にすると、約千七百九十三円だった。これなら庶民も気楽に乗ることができる。

実際、車内を埋めているのは、野暮ったい感じの田舎の人が多かった。車両は高鉄と同じである。日本の新幹線によく似ている。その設備にはそぐわない、そう、いましがたまで畑で鍬《くわ》を手にしていたようなおじさんやおばさんが多かったが、この運賃を考えると当然のことのように思うのだ。

その車内を眺めながら、僕は不安に駆られていた。これまで中国の列車には苦労してきた。切符を買うときは、下腹に力を込め、喧嘩腰で向かわなくてはならなかった。混みあう夜行列車で、いかにして寝るか……。何回も経験するなかで、それなりのノウハウも身につけてきた。過酷な列車旅で会得した技が、無用の長物になっていく気がしたのだった。

宜賓に来る前、重慶に滞在していた。重慶まではバスを使ったのだが、到着したのは重慶東駅に近いバスターミナルだった。市内に向かうために路線バスを探した。重慶東駅に出ればバスがあるだろうと踏んで、駅に向かうおうとすると、その道がフェンスで閉鎖されていた。駅に出る道はどこにあるんだろう。うろうろしていると、ひとりの青年が道を歩いていた。重慶東駅までの道を訊いてみた。すると青年はこういったのだった。

「重慶東駅はなくなりましたよ」

「はッ？」

つい最近のことらしい。

重慶東駅は在来線の駅である。おそらく新幹線にシフトしていくなかで、従来の車両を連結した在来線への需要が減ってきたのだろう。その流れのなかで駅を閉鎖してしまったようだった。

中国はもうそういう時代なのか。

つらい列車旅を乗り切るノウハウを身につけた旅行者など、これからの中国では過去の遺物のようになっていくのかもしれない。中国列車の進化のスピードは、予想以上だった。

この旅では、北京からウルムチまで四十時間ほどで移動している。いま、新幹線を調べてみると、乗り継ぎは必要だが、二十一時間ほどで北京からウルムチに着くことになる。

中国はこの十年でそこまで変わった。

第四章　ダフ屋切符で中国横断

もう秋か……。

北京に到着した僕らは、いったん帰国した。この先、訪ねていく国のビザをとるためでもあったのだが、北京から先のウルムチに向かう列車がとんでもなく混んでいたことも理由のひとつだった。北京に着いたその足で切符を確保できるような状態ではなかったのだ。

北京在住の日本人に切符を依頼し、それから一カ月ほど経った八月の中旬、北京に戻ると、胡同《フートン》といわれる昔ながらの住宅地の一画にある共同トイレの隅から、リーンリーンという虫の声が響いてきたのだった。如家酒店《ルージャ》という、最近の中国では急速に軒数を増やしている格安チェーンホテルの部屋に荷を置き、窓を開けると、ひんやりとした夜気が流れ込み、もう北京の夏は終わったことを教えられるのだった。翌日は朝から雨だった。その雨足の弱さが、季節が変わっていくことを予感させた。

北京よりさらに北にあるハルビン、そしてワニノの街やサハリンは、もうすっかり秋の気配に包まれているだろう。シベリアの夏は短く、人々はもう、長くて厳しい冬の準備をはじめている気がした。

北京に着いたその夜、知人からウルムチまでの硬臥切符を二枚受けとった。硬臥というのは、三段のベッドが並ぶ二等寝台だった。この切符が手に入った経緯はメールで知らされていた。八方手をつくしたが結局はだめで、最後の手段であるダフ屋に頼らざるをえなかったのだ。

かつて中国の列車の切符は、外国人専用窓口で買うことができた。しかし中国の国内移動は空路という時代になりつつある。日本にも乗り入れた春秋航空などのLCCと呼ばれる格安エアラインにも勢いがある。外国人旅行者も、長い距離は飛行機を使う。列車の切符を外国人に販売する専用窓口の需要は激減し、閉鎖への道を歩みつつある。

そうなると中国人と同じ戦場に立たされてしまうのだ。一気に厳しくなる。とくに僕らが乗ろうとしていたT69という、北京とウルムチを結ぶ特快列車の切符獲得競争は熾《し》烈《れつ》だった。学生たちが夏休みに入る七、八月は、とくに大変だった。

「一日一便っていう列車の切符が難しいっていわれました。駅の窓口に訊いてもだめ。旅行会社や鉄道切符を手配してくれるホテルも一枚もないと……。一時は無理かと思いましたよ。もうひやひやもの。結局、ダフ屋です。一枚三百元の手数料をとられましたけどね。ただ政府もときどき、このダフ屋をとり締まっているから、そうおおっぴらな世界でもないんです」

ダフ屋というのは、自分で事前に切符を買い、ほしい客に高値で売る奴らだと思っていた。知人によると、そのスタイルのダフ屋は小物で、希望の切符が手に入らないことも多いのだという。大物のダフ屋というのは、駅の窓口職員と通じている場合が多い。ときに職員本人がダフ屋ということもあるらしい。職員は発売と同時に、乗客が多そうな列車を一気に押さえてしまう。そこは資本力がものをいう世界で、確実な儲けが期待できればより多くの切符を押さえることができる。つまりは列車の切符を媒介にした投機ビジネスなのだ。小豆を買い占め、値段をつりあげて売り抜ける手法となにも変わらなかった。中国のダフ屋は相場師とか投機筋といわれる人や会社と同じだった。だから乗客や小物ダフ屋が窓口に並んでも、切符は買えないのだ。

不動産からニンニクまで、なんでも投機対象にしてしまういまの中国人を、専門家は中国の金余り現象のように解説するが、昔から、この種の儲け話が、胡同の路地裏まではびこっていたのが中国社会のように思う。列車が走り、乗客が多いとみると、すぐに投機に走る。ときには勝手に買い占めて値段をつりあげることもある。T69という北京とウルムチを結ぶ列車が、その対象のひとつのようだった。

僕らが手にした切符は、上段が六百九元、下段が六百五十二元という値段だった。日本円にすると八千円前後である。そこに加えられたダフ屋の手数料は一枚三百元、三千九百円ほどである。この日の便で、ダフ屋はいったい何枚の切符を売りさばいたのかわからないが、一車両分だとしてもとんでもない額になる。

翌日の夕方、この列車が発車する北京西駅に向かった。北京西駅は比較的新しい駅で、荷物をX線に通し、パスポートのチェックを受けて待合室に入った。四、五百人は座ることができる待合室が左右に並び、中央コンコースには、飲食店やスーパーが入っていた。

「なんだ、この人たちは」

コンコースの入口で、しばし立ち竦《すく》んでしまった。左右に数部屋ずつある待合室から人が溢《あふ》れ、その人たちがコンコースに座り込み、歩くのもままならないほどの混雑ぶりだった。この駅には、五、六千人の人々がひしめいていることになる。こんな駅が世界にどれだけあるだろうか。北京にはまだ、北京駅、北京南駅、北京北駅がある。乗降客が多い駅は、北京駅と北京西駅だというが、いまこの時刻にも、二万人近い人々が列車を待っているのかもしれなかった。この混雑が上海や広州でも繰り広げられていると思うと、もう言葉が出ないのである。

中国の人口の多さに舌を巻くほど中国初心者ではない。前にも触れたが、僕は年に一、二回は中国を訪ねている。北京の地下鉄一号線の殺人的な混み具合とか、長江を上り下

出発は北京西駅だった。待合室は人で溢れ、通路も人で埋まる。いつも、いつも言葉を失う

りする船の甲板を埋める人々の密度も知っている。しかし改めて、この駅に立つと溜息が出てしまうのである。

コンコースにはマクドナルド、ケンタッキーフライドチキン、吉野家などのチェーン店が出店していた。出発まで時間があったので、マクドナルドに入ってみた。飲食スペースは上階にあるつくりで、そこにあがってみたが席はひとつも空いていなかった。しばらく待つとひとつのテーブルが空いた。阿部氏がそこに座って席を確保し、僕が下におりて買おうとした。しかし注文カウンターが人だかりになっていた。中国人は列をつくるのが苦手だから、皆カウンターになんとか近づこうとする。大声をだして注文を通そうとする人がいる。僕は人だかりに割り込むようにして半身の体勢でカウンターに近づこうとした。すると反対側から強く押し返される。おしくらまんじゅうなのである。その体勢のままどのくらい頑張っただろうか。五分で二、三十センチといった速度でカウンターににじり寄り、三十分ほどで声が届き、目が合うところまで近づいた。しかし店員は、面倒な外国人より……といった感じでなかなか注文を聞いてくれなかった。そこから十分、二十分……。僕はやっとの思いで二杯のコーヒーを手にすることができた。

ところが今度は、その人だかりから外に出ることができない。背をぐいと押され、体の向きを変えることすらできないのだ。両手でコーヒーを持った体勢のまま、少しずつ後退《あとじさ》りする。五十センチ、一メートル……。やっとのことで人の群れから解放されたときには、額にびっしりと汗をかいていた。

僕は昔の鉄道の切符売り場を思いだしていた。買うものが切符かコーヒーかというだけで、なにひとつ変わらないのだ。

列をつくれない――。それは悪習であることを中国人は知っている。二〇〇八年の北京オリンピックのときは、「列をつくろう」キャンペーンが行われ、バス停で列をつくって乗り込む政府広報映像が、テレビでしつこいぐらいに流れていた。最近では、切符売り場の窓口で、列をつくらずに割り込もうとする客を職員が注意する。ハルビン駅の窓口のように、回転バーをとりつけて、強制的に窓口にはひとりしか立てないようにしているところもある。

駅の窓口では、ようやく秩序らしきものはできあがってきたのだが、彼らの本質は変わっていないから、人が多くなると、当然のように無秩序窓口が出現してしまう。

中国はいつまでたっても疲れる国である。

ウルムチ行き列車に乗り込んだ。若者や大きな荷物を持った家族連れが次々に乗車してくる。僕らの車両は発車時にはすべてのベッドが埋まった。この乗客のほとんどが、ダフ屋から切符を買っているはずだった。大物のダフ屋は、いくつかの販売チャネルをもっている。旅行会社やホテルにも売っているという話だった。

切符を買ってくれた知人の会社には、その世界に顔がきく中国人社員がいるようだった。そのおかげで僕らは三百元ですんだのかもしれない。末端で買っていくと、さらにマージンが乗せられている可能性が高い。

列車はなにくわぬ顔で、雨の北京西駅を出発した。定刻である。しかしその車両には、いかにも中国的な利に聡《さと》い世界がぎっしり詰まっていた。きっと車内ではじめに交される会話は、「おたくはいくらで買いました？」なのだろう。

列車はまず南に向かった。石家荘、鄭州《ていしゅう》、洛陽としだいにその向きを西に変え、朝、目が覚めると西安の手前を走っていた。車両は比較的新しいタイプで、デッキに出る手前の電光掲示板にはいつも時速百五キロと出る。列車が駅に近づいてスピードを落としてもその速度は変わらないから、実際に走っている速度と連動はしていないようだったが、少なくとも時速百キロ前後のスピードで進んでいるようだった。

北京からウルムチまでは三千八百キロ近い距離がある。時刻表を見ると、そこを四十時間ほどで走り抜けることになっている。平均時速は九十四キロを超えているわけだ。

かつてこの路線は、七十時間以上かかっていた記憶がある。三泊四日の列車旅だった。一本の列車が走る距離でみると、世界でもトップクラスの長さである。やはり中国は高度経済成長の国なのだろう。日本でもその時代は、スピードアップが金科玉条のように唱えられ、東京オリンピックに合わせて新幹線が開通していった。中国でも新幹線にあたる動車組が走りはじめ、北京とウルムチを結ぶ列車も、時速にして四十キロも速くなった。

時速五十キロから九十キロへの加速……。それが高度経済成長そのものなのかもしれなかった。シベリアを走る列車は時速約四十キロだった。線路を敷き、ディーゼル機関車で牽引《けんいん》すれば、その程度のスピードは出るのかもしれない。しかしその列車を時速九十キロ台に押しあげるには、線路の複線化やパワーのある機関車の導入といった費用が必要になる。停車時間の短縮やタイムテーブルの組み変え、運行時間も厳しく管理しなくてはならない。そこには速い列車を望む声があるわけだ。白樺林に囲まれた小さな駅が続くシベリアの線路に、突然、速い列車を走らせても、煙草をくわえてマスを釣るお

じさんが、ひとこと、

「速くなったなぁ」

と呟《つぶや》くだけで終わってしまう。しかし中国には乗り物に速さを望む人々が急増し、放っておくと彼らは飛行機になびいていってしまう。列車もスピードをあげなければ客離れがおきてしまうのだ。中国はそんな時代のただなかにいた。

西安をすぎ、列車はしだいに乾燥地帯に入っていく。黄河の支流である渭河《いが》に沿って進み、やがて黄土高原を西へ、西へと進んでいく。樹木は姿を消し、土をさくさくと切ってつくったような段々畑が延々と続き、そこにトウモロコシが植えられていた。実はついていたが、折れそうなほど細い茎に厳しい気候が宿っていた。蘭州《らんしゅう》をすぎ、黄河を渡ると、その畑すらなくなった。乾いた土塊《つちくれ》や石が転がるだけの半砂漠のような地形のなかを列車は走っていた。

かつてはもう少しゆっくりと風景が変わっていった気がするが、今日一日で、樹木のある世界からない世界に移動したわけで、時速九十キロの列車旅を実感してしまう。

夕方からはトンネルばかりが続いた。沿海部から続く漢民族の世界が終わりかけていた。いまでこそ、彼らはこの先深くまで進出しているが、かつてはこのあたりにひとつの境界があった。河西《かせい》回廊と呼ばれる一帯だ。蘭州、武威、嘉峪関《かよくかん》といった駅が続くエリアである。もともとこのあたりは遊牧系の民族が住む一帯だった。しかし前漢の武帝が攻め入ったことから均衡が崩れていく。中原と呼ばれた漢民族エリアと西に広がるオアシス文化圏をつなぐシルクロードは整備されていったが、その利権をめぐって北方の遊牧系民族、南方のチベット系民族、そして西の漢民族が衝突することになる。唐の時代は漢民族の勢いが増し、この河西回廊一帯だけでなく、西域と呼ばれたさらに西側のエリアにもその勢力が及ぶ。インドに向かった玄奘《げんじょう》が残した『大唐西域記《だいとうさいいきき》』は、唐の西域支配を助ける資料にもなったという。

線路に沿って万里の長城や玉門関、陽関などの遺跡が点在している。これらは漢から唐の時代にかけての関所や砦《とりで》の跡なのだ。時代は下り、いまは再び漢民族が優位に立つ時代のただなかにいる。車窓に広がる街は漢民族の世界である。

車内のベッドを埋めているのも、漢民族が圧倒的に多い。北京を発車してから、誰ひとり列車を降りない。僕らの周りにいる客に筆談で訊くと全員の目的地がウルムチだった。

午後の車内は静かなものだった。空調が効いた車内は快適で、乗客はすることもないからベッドで昼寝と決め込んでいる。車両ごとに服務員がひとりいるのは昔と変わらないが、僕らの車両にいるのは若い女性服務員でいたっておとなしい。以前に比べると、服務員の威厳もなくなってきたような気がする。硬臥という二等寝台は完全な指定制である。「无座《むざ》」という座席がない切符をもつ人は乗り込んでこないということもあるの

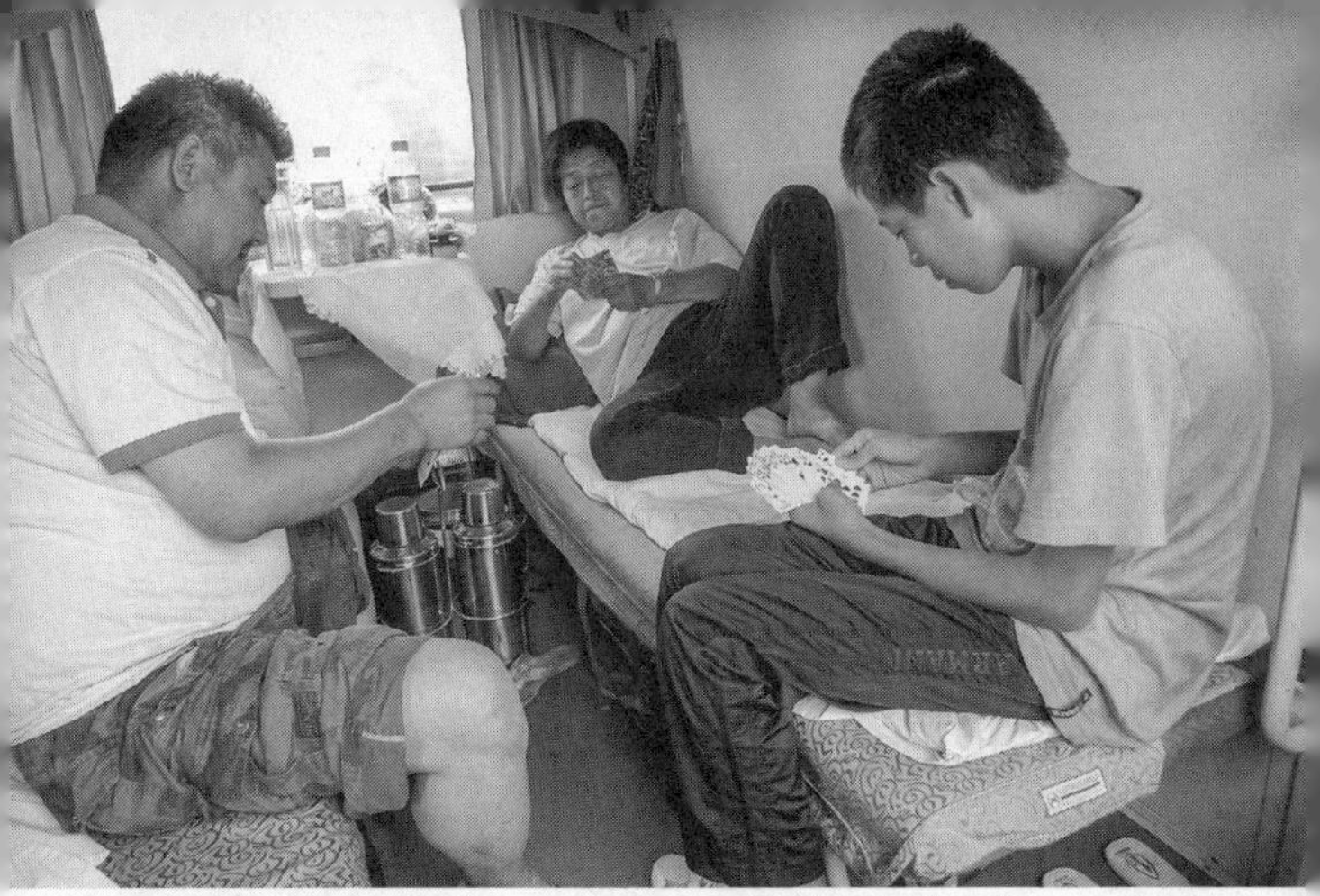

列車は黄土高原を西に進む。乗客はその風景に興味も示さずトランプ三昧。硬臥車両の静かな午後

だが、車内の空気はいたって穏やかである。服務員はときどきゴミを回収し、床をモップで拭くという仕事を淡々とこなしている。

以前の服務員は違った。床掃除のときに下段ベッドに座っていると、顎《あご》で足を浮かすように指示をした。服務員によっては、全員を通路に出させた。車内の空気はどこかささくれだっていて、歯向かうことなどとてもできそうもなかった。

僕らのベッドがある窓から、ときどき音がした。窓枠にはめてあるゴムの一部がはずれ、その先端が列車の揺れに合わせて、コツコツと窓ガラスにぶつかるのだ。さほど大きな音ではないから昼間は気にならないが、寝るときには耳障《ざわ》りだ。するとい朝、中段に寝ていたおじさんが、その件を服務員に伝えたのである。昔の乗客と服務員の関係ではありえないことだった。車内の環境がどんなにひどくても黙って耐える——。それが中国列車の不文律だったはずだ。

最近はどうも違うらしい。それを聞いた服務員は、しばらくすると作業着姿の男性を連れてきた。車内の修理担当らしい。結局、外からでないと直らないことになり、最後までコツコツという音は響いたのだが、一応、そういう力関係になってきたのだ。乗客が強くなったのか。服務員が弱くなったのか。とにかく中国の列車のなかに、あたり前のサービスというものが生まれつつあった。

柳園に停車したのは午前一時すぎだった。乗客が寝静まった車内で、読書灯をつけて地図を見る。もう少し行くと星星峡という甘粛省と新疆《しんきょう》ウイグル自治区の境界だった。昔から、この地名が気になっていた。

「星がきれいなところなのだろうか」

通路に出て、窓の外に目を凝《こ》らす。満月の明かりに照らしだされるのは砂と岩だけの世界である。星星峡と命名されてはいるが、中国のことだからトラックが騒音をまき散らして走り抜けるだけの境界かもしれない。しかし機会があれば、一度は訪ねてみたいと思う。

完全な砂漠地帯に入り、列車は心なしかスピードをあげているような気がする。武威に停車したとき、時刻表と比べると一時間近く遅れていた。それをとり戻そうとしているのだろうか。

星星峡がどこなのかもわからなかった。時計を見ると午前二時。おそらく列車は新疆ウイグル自治区に入ったはずだった。

ウルムチにはしばらく滞在した。隣国のカザフスタンのビザをとるためだった。ビザは取得する国によって、その条件が違うことがよくある。カザフスタンもそうだった。旅行会社に訊いてもらうと、東京にあるカザフスタン大使館でビザをとるには、すべての日程を決め、列車の切符を買い、ホテルを予約して支払いをすませないといけないということだった。ロシアと同じである。個人ではできないことだから、旅行会社に頼むことになる。当然、手数料を払わなくてはならない。列車やホテルにしても、外国人用の最高ランクになってしまう。そのシステムが空まわりしていたのが、僕らがウラジオストクからハルビンまで乗った国際列車だった。

だが僕らには、そういったビザシステム以前の問題があった。最終的なルートが決まっていなかったのだ。ウルムチからカザフスタンのアルマトイまで行くことは決めていた。問題はその先だった。アルマトイから先の列車がよくわからなかったのだ。

アルマトイからウズベキスタンのタシケントに出、そこからトルクメニスタンを通過してイランに抜けるコースもあった。しかしトルクメニスタンのビザがロシアと同じスタイルで面倒だった。そしてトルクメニスタンからイランに抜ける部分の列車が運行されていなかった。線路はあるのだが、客を乗せる列車が走っていないのだ。こういうルートは避けたかった。できれば列車だけでユーラシア大陸を横断したかった。トルクメニスタンからカスピ海をフェリーで横断するルートもあった。しかし列車ではない。

残されたルートは、カスピ海の北端を大きくまわるルートだった。しかしトーマスクックの時刻表やネットでの検索を進めても、この区間を走る列車の正確な情報はなかなか得られなかった。線路はつながっているのだが、そこを走る列車があるのか……。そもそもカザフスタンのアルマトイからウズベキスタンのタシケントまで列車で行けるのかどうかも不安だった。時刻表を探っても、アルマトイからタシケントまで向かう列車はみつからなかった。途中駅での乗り換えが必要だった。

困ってタシケントに住む知人に問い合わせてみた。彼の話では、週に何便かはあるという。しかしその切符がアルマトイで手に入るのかもわからなかった。

そんな情況だったのだ。ルートが決まらないのだから、日程など決めることは無理な話だった。

しかしウルムチまで行けば、日程を決めなくてもビザがとれるようだった。ウルムチにあるカザフスタン鉄道公司というところに出向けば、期間内なら自由に行動できる通常の観光ビザを発給してくれるらしい。

カザフスタンのビザにはつらい体験があった。以前、北京にあるカザフスタン大使館でビザをとったことがあった。バスを乗り継ぐ旅で、三日間のトランジットビザをとろうとした。朝、カザフスタン大使館に向かった。門の前に長い列ができていた。その先には中国の公安が直立不動の姿勢で立っていた。彼らが大使館に入る人を管理していたのだ。大使館の職員が鉄製の門のところまできて合図を送る。すると先頭のひとりが大使館内に入る許可が出る。そういうシステムになっていた。

どういうビザの申請かはわからなかったが、ひとりの手続きに三十分近くがかかる。それが終わって、次の人が大使館に……。僕の前には二、三十人の人が待っていた。受け付けは昼までだった。これではその日にビザの申請ができるわけがなかった。大使館員が門のところに出てきたときに相談しようと思った。しかし少しでも列を離れようとすると、公安が笛を鳴らし、すごい剣幕で怒るのである。どうすることもできなかった。しかし大使館の敷地内は治外法権で、ビザの発給はカザフスタン大使館職員の仕事だ。中国の公安がこんなに出しゃばっていいのだろうか。

結局、昼になってしまった。さすがに並んでいた中国人たちも苛だちを募らせていた。一斉になかに入り、同時に申請書を書けばもっと早くなる。誰でもそう考えるだろう。

その日の申請時間が終わったとき、一気に列が崩れた。公安は制止しようとしたが、これだけ人が多いとなかなか止められない。皆、門を挟んで大使館員に抗議した。しかし中国語が通じない。

「私たちだって一斉になかに入れてくれといってるんですが、中国の公安が許可してくれないんですよ」

大使館員は英語で釈明する。僕と目が合った。

「トランジットビザなんですけど」

「なに？　それを早くいいなさい。中国人たちは皆、ビジネスビザだから時間がかかるんです。トランジットビザならすぐなのに」

「でも公安が……」

「わかった。今日は無理だけど、明日の朝、私に手を振って合図してください。なかに入れるようにしますから」

こうして翌日、やっとビザを手にしたのだった。

ウルムチのカザフスタン鉄道公司も、同じような情況なのかもしれなかった。北京でビザをとったのはだいぶ前だが、中国の公安の体質は変わっていないはずだった。

ウルムチに着いた翌朝、カザフスタン鉄道公司に向かった。受け付けは九時からだったが、七時半には着いた。気分は戦闘態勢で建物の前に立った。あたりをそっと見まわす。

「いない」

肩の力が抜けていくのがわかった。建物前の路上に公安の姿はなかった。これで少しはスムーズにビザがとれるかもしれない。

入口には『哈薩克斯坦駐烏魯木斉签证処』というパネルが貼ってあった。「在ウルムチカザフスタンビザセンター」といった意味だろうか。考えてみれば鉄道公司がビザを発給するのも妙な話だったから、これでいいのだろう。

すでに数人の中国人とカザフスタン人がいた。皆、列をつくることもせず、歩道端のガードレールに腰をかけたりしている。少しずつ人が増えていった。しだいに入口近くに人が集まりはじめた。ここで後れをとってはいけない。少しずつ入口に近づき、扉の前のスペースに体を滑り込ませた。この扉が開けば、先頭グループで大使館に入ることができる。北京のカザフスタン大使館の一件がトラウマになっていた。

午前九時。門番のようなカザフスタン顔のおじさんが現われ、扉が開いた。といっても、人ひとり分しか開けない。僕らは三、四番目に建物の中庭に入った。階段を駆けのぼって、ビザオフィスに入った。

ここまでは順調だった。しかしカザフスタンという国も思うようにはいかない。僕らの後ろから次々に人が入ってきた。さほど広くないビザオフィスは人でいっぱいになった。窓口は四つあった。しかし申請書類を受けつける職員はひとりしかいなかったのだ。僕らはまず、申請書を書かなくてはいけなかった。これで後れをとった。書き終えた頃には、四つの窓口の前には、書類を手にした人が貼りついていた。先頭グループで飛び込んできたことはなんの意味もなかった。

オフィスを埋めている人の半分ぐらいはカザフスタン人だった。漢民族が少ない分、人を蹴《け》散らすような雰囲気がない。隣に立っていたのは、イスラム式のキャップを頭に乗せたカザフスタンからの留学生で、流暢な英語を口にした。

「ビザの種類で窓口が分かれてるんだけど、その表示がないから、皆、バラバラ。外国人の観光ビザは、いちばん端の窓口だよ。あそこに並んだほうがいい」

中国人にはない親切さだった。

いちばん端の窓口に立った。じりじりと体をねじ込んで窓口に近づく。そこからが長かった。仕立てのよさそうなスーツを着た職員は、ランダムに書類を受けとり、チェックをはじめる。中国人はビジネスビザを申請しているようで、その都度、インターネットで会社名を検索して確認していく。

「そういう審査は、後でするのが普通じゃない？」

などと毒づきたくもなる。

一時間ほど待っただろうか。ようやく僕らのパスポートや写真を受けとってくれた。さっと目を通した。

「ここの五日間のところを一カ月に直しなさい」

「はッ？」

列車に乗り続ける旅だから、滞在日数はそれほど長くない。二回、入国する可能性があったので、ダブルのビザを申請し、それぞれ余裕をもって五日間と書いた。まあ、長い期間のビザをくれるというのなら断る道理もない。素直に書き直すと、あっさりと受理されてしまった。受けとりは四日後の午後四時という引き換え証をくれた。

なんだか拍子抜けした。ビザオフィスを出、しばらく歩いていると、申請書に書き込んだ日程が間違っていたことに気づいた。慌ててビザオフィスに戻った。門の前は、朝にも増して混みあっていた。しかし門番のようなおじさんが僕らを覚えていてくれた。僕らだけなかに入れてくれた。再び窓口に向かい、そこで申請書を直した。するとそこに日本人の中年夫婦が中国人ガイドと一緒にビザをとりにきていた。申請書はすでに印字されていて、それを職員がチェックしていた。急に僕らも呼びだされ、ビザの受領が、この中年夫婦と同じ時刻になった。四日後の午前十一時。早くなったわけだから、なんの文句もなかった。

時計を見ると十一時をまわっていた。この時刻にきても間に合ったのだ。

四日後の十一時、ビザオフィスの窓口の前にいた。すると、職員が僕らの書類を手に現われた。そしてビザの回数の欄を指差した。

「どうしてダブルなんです」

ガクッときた。この三日間、おそらく彼はなにもしていなかったのだ。ビザを渡す段になって、ダブルのビザを申請していることに気づいたのに違いない。僕はカザフスタンからウズベキスタンに入り、再びカザフスタンに入ってロシアに抜けるというルートを説明した。はたしてそのルートの切符が買えるのかどうかもわからなかったが、そのときに備えたビザを用意しておきたかった。

「わかりました」

またしてもあっさりと受理されてしまった。そして今日の午後四時にまた来るようにといわれた。

どこまでいっても拍子抜けする世界だった。カザフスタンはこれでいいのか……と不安にもなる。それはいま、僕らが中国にいるからなのかもしれなかった。どうしてもテンションが高くなってしまう。頭のネジをふたまわりぐらい巻かないと、漢民族に負けてしまうような気になるのだ。アドレナリンが交感神経の隅々まで効いているような興奮状態でこのビザオフィスに立つと、その落差につんのめりそうになってしまうのである。

外を見ると、門の外は大変な騒ぎになっていた。この日は申請にきた人が多かったようで、まだなかに入ることができない人々が数十人いた。漢民族が多かった。門番のおじさんが時計を示し、十一時半になったら入れるから……と伝えているのだが、彼らのテンションは下がらず、先頭にいる男は鉄の扉をつかんでがたがたと鳴らしている。

「………」

漢民族の世界はどうしてこうも激しくなってしまうのだろうか。体から発散されるエネルギー量が多いのだ。もちろん声も大きい。これが人口圧というものかもしれないが、やはり疲れるのである。

このオフィスをはじめて訪ねた四日前の朝、僕はかなり緊張していた。「よし、行くぞ」と気合を入れて、ホテルを出た。僕のテンションは、漢民族並みに高かった気がする。

理由があった。ウルムチは、以前に訪ねたとき以上に漢民族が増えていた。そして北京や上海並みに厳しい街ではないか……という予感があったのだ。

ウルムチに列車が着いたのは午前十時五十分頃だった。ほぼ定刻だった。その足で、カザフスタンのビザオフィスに向かいたかった。かつて北京でのビザの件があったからだ。ウルムチのビザオフィスの様子を見ておきたかった。受け付けは昼の十二時までだろう。うまくいけば申請も間に合うかもしれない。

もし、今日、ビザの申請ができれば、パスポートを預ける可能性があった。となると、ホテルのチェックインが先になる。パスポートがなければ、チェックインでもめる予感がした。

ホテルでチェックインをして、カザフスタンのビザオフィスへ……。はたして十二時までに着くことができるだろうか。急ぎ足で駅舎を出、駅前でタクシーを拾おうとした。ふと見るとタクシーの看板がある。

「ここが乗り場だ」

十人ほどの人が待っていた。例によって彼らは列をつくらないから、なんとなくそのあたりに立っている。

一台のタクシーが入ってきた。ところがすでにひとりの客が乗っていた。タクシー乗り場に停まると、そこに待っていた三人が動いた。トランクを開けて荷物を入れている。次のタクシーが姿を見せた。しかしそこにもひとりの客が乗っていた。

「そういうことか……」

タクシーを待つ人のなかのひとりが先まで向かってつかまえていたのだ。倣《なら》うしかなかった。阿部氏に荷物を託し、僕はタクシーが入ってくる方向に歩きはじめた。タクシーの進入ルートはフェンスで仕切られていた。そこに沿って進むのだが、同じようにタクシーを待つ人が二、三メートルおきに立っている。一台のタクシーがスピードを落として入ってきた。横にはひとりの青年が走っていた。こういう確保の方法もあるのか……と眺めていると、僕の手前に立っていた女性が、やおらタクシーに近づき、ドアを開けて乗り込んでしまった。するとそこで口げんかがはじまった。青年が抗議する。女性はドアを閉めようとするのだが、そこに青年が手を入れて開けようとする。意味はわからないが、互いになじりあっていることぐらいはわかる。その間もタクシーは停まらずに進んでいくのだ。

「…………」

タクシー乗り場に現われた車には、必ずひとりの客が乗っている。彼らはなにくわぬ顔で助手席に座っていたが、誰もがこのタクシー獲得戦争を勝ち抜いた奴らだった。進入路に沿ってタクシーを待つ人はかなりの数だった。百人以上だろう。とすると、タクシー乗り場に立つのは、ほんの一部ということになる。乗り場の反対側やその先にも、多くの人がいた。彼らの多くは、先発組を放っていた。

ポイントは運動能力だった。動くタクシーの脇を走り、同じ速度に達したとき、サッとドアを開けて飛び乗るのである。

中国だった。

しかし動くタクシーに乗り込んだことなど一度もなかった。この技を身につけている人は中国人ぐらいかもしれない。それに僕はもう五十六歳なのである。若い中国人に勝つ自信はない。

諦めるしかなかった。

時計を見ると、十一時半になっていた。いま、ここでタクシーを拾うことができても、十二時までにカザフスタンのビザオフィスには着かないだろう。

ウルムチは大変そうだ……。その予感が、ビザオフィスを訪ねた朝の伏線だったのだ。

ウルムチには六日間滞在した。その間、このタクシー戦争には一回も勝てなかった。

この街の好景気は、北京や上海、そして広州をも凌《しの》いでいるような気がした。中国全体の高度経済成長の上に、石油産業の活況が乗っかっていた。郊外には石油新村という石油や天然ガス関連の仕事に就く人たちが暮らすニュータウンまでできていた。中心部には六車線の無料高速道路が走り、二十〜三十階建てのビルが林立する街がその周りに広がっていた。高速道路を車で走ると、ロサンゼルスのフリーウェイに迷い込んだような錯覚に包まれた。

だいぶ前、正確には十三年前にこの街を訪ねていた。そのときはウイグル人の多い地方都市の趣だったが、こんなにも変わってしまったとは思いもよらなかった。漢民族の割合は、すでに八割を超えていた。

オフィスで働く人々はバブリーだった。通勤にバスなど使わず、タクシー派という人

ウルムチはこんな街になっていた。無料の高速道路（右手）が、街の中央を貫く。呆然と眺めるしかない

ウルムチ郊外には、こんなニュータウンもあった。集合住宅が広がる

がかなりいた。この街でタクシーに乗るということは、豊かな漢民族と競いあうことだった。

とくに夕方以降、この街はタクシー不足に陥る。オフィス街の路上では、何人もの人がタクシーを待っていた。僕らもそのなかに立つことになる。十分、二十分と待ち続ける。路上にはそんな人めあての白タクもけっこう走っていて、勘のきく女性たちはさっさと乗り込んでいってしまう。しかし白タクは運賃交渉制で、ウルムチに詳しくない僕らはつい敬遠してしまう。ぼられることがわかっているのだ。

三十分、四十分と待ち続ける。運よく空車がやってきた。

「よし、あれだ」

とタクシーに近づくのだが、いかんせん僕らは中国語を話すことができない。行き先を地図で示すか、住所を書いたメモを手渡すしかない。運転手はそれに視線を落とすのだが、そのとき、後ろからドアが閉まる音がする。

「ん？」

振り返ると若い女性が後部座席に涼しい顔で座っている。

「そりゃ、ないだろ」

と日本語を口にしても通じるわけもなく、呆《あき》れて立ちつくす僕を無視して彼女は行き先を告げるのである。一瞬、困ったような表情をつくる運転手もいるが、女性の語気には、「バリバリのキャリアウーマンなのよ」といった強さがあり、その勢いには負けてしまうのだ。

いつまでたってもタクシーに乗ることができなかった。二日目、行く先など伝えずに、後部座席にどんと乗り込むことにしたが、今度は運転手から、「その方向には行かない」と断わられ、ウルムチの路上で空を見あげることになる。こみあげる無念に唇を嚙《か》むしかなかった。

市内バスを頻繁に使うようになった。ひと乗り一元。ウイグル人の割合が増える庶民の乗り物である。これなら僕らも乗ることができた。

夕食はいつも、ホテル近くにある安食堂だった。市街地に出るとタクシーに乗って帰ることが難しいこともあったが、この店の前でいつもケバブを焼くウイグル系のおじさんが気になったのだ。ケバブは羊肉を金串《かなぐし》に刺して焼いたものだが、ウイグルのそれは肉が小さく、たっぷりの香辛料を振りかけることが特徴である。はじめてこの店の前を通ったとき、おじさんは肉を焼く炭を熾《おこ》す最中だった。店の前に長方形のこんろをもちだし、炭をうちわであおいでいた。口髭《くちひげ》を生やした小柄なおじさんだった。

僕らはこんろの横にテーブルを出してもらい、ビールとケバブを頼んだ。

その日の天気は少し荒れていた。雲は少ないのだが、ときおり、舞いあがった砂で目を開けることができないほどの突風が吹いた。乾燥地帯の気候はなかなか激しい。僕らがケバブを食べていると、その突風がきた。慌ててテーブルやビール壜《びん》を押さえないと飛んでいってしまいそうな強さだった。

おじさんに促されて店のなかに移動した。客はひとりもいなかった。やる気のなさそうな漢民族の青年がメニューをもってきた。どこにでもある中国料理のほかに、大盘鸡《ダーパンジー》や拌面《バンミエン》といったウイグル料理もあった。おじさんが外からケバブとビールを運んできた。そしてケバブ代は十元だと、両手を開いた。

おじさんは賃料を払って店の前のスペースを借りているようだった。ケバブは別会計なのだ。しばらくすると、おじさんもこんろを外に残したまま店内に移ってきた。今日は突風で商売にならないらしい。おじさんは店員に混じってテレビを観ていた。

漢字のメニューを眺め、豚肉入りの野菜炒めでも頼もうと思った。しかしいくら合図を送っても、店員たちはテレビに夢中で気づいてくれない。ようやく目が合ったのはおじさんだった。

メニューを指差し、ついでにビールも一本頼んだ。おじさんはまず冷蔵庫からビールを出してきた。壜を触って、

「オーケー」

といって人なつっこい笑みをつくった。十分に冷えていた。そして僕らが指差したメ

ニューを手にして、テレビを観る漢民族の店員に伝えた。

「あのおじさん、漢字、読めないんじゃないかな」

「ウイグル人だから？」

「漢民族の店員に伝えるときも、メニューを指差してたんだよ。上から何番目って覚えるのかもしれない」

「本当は漢民族の店員がすることでしょ」

たしかにそうだった。

夜も八時をすぎ、少しずつ客も姿をみせるようになった。中国はロシアと違って国内に時差がない。しかし広い中国では無理もある。ウルムチの夏は、夜八時といっても、まだ空は明るい。夕方の六時、七時ぐらいの感覚なのだ。ウルムチの人々は、北京より二時間遅いウイグル時間で動く人が多かった。列車や役所などの公的なところは北京に時刻を合わせていたが、一般の店はウイグル時間の営業だった。北京からやってきた僕らは、北京の時間で動いてしまった。
三、四組の客がテーブルを埋めていた。ところが注文をとったり、皿を並べたりするのは、おじさんひとりだった。漢民族の店員は、いくら声がかかってもテレビの前から動こうとしない。
「おじさんは普通、外でケバブを焼いてるわけでしょ。横に大きな鍋もあったから、羊肉の焼き飯もつくるのかもしれない。今日は突風で休んでるけど」

阿部氏に話しかけた。

「そうなんですよ。注文をとって料理を運ぶのはおじさんの仕事じゃないんですよ」

「彼はサービスでやってるってことかな」

「店の前を借りてるから？」

翌日もこの店に入った。外でケバブを焼いていたが、それが途切れると店内に入り、ウエイター役をこなす。店には三人の漢民族の店員がいたが、おじさんがいないときだけ、面倒臭そうに席を立つ。

その日は、せっかくだからと、ウルムチ名物の大盘鸡を頼んでみた。四十元もする鉄鍋料理だ。鶏肉にタマネギ、ピーマン、ジャガイモなどを入れ、赤トウガラシと山椒をたっぷりと入れたかなり辛い料理だ。油も多く、食べ進んでいくと、鍋のなかはラー油の海のようになる。辛さもどんどん増していく。するとおじさんが、皿に盛られた平打ち麺を持って現われた。

「これを入れるか？」

とジェスチャーで示した。気がきく店員は彼だけだった。いや、彼は店員ではない可能性が高かった。

そういうことだった。

二〇〇九年、ウルムチで暴動がおきた。きっかけは、はるか南東、広東《カントン》省の工場で働くウイグル人と漢民族が衝突し、二人が死亡したことだった。このトラブルがあっという間にウルムチに飛び火してしまった。ウイグル人の不満に火がつき、怒った漢民族グループがこん棒を手に街なかを走りまわった。中国のことだから、その詳細ははっきりしないが、死者は百五十人を超えたともいわれている。

あのとき、おじさんはどうしていただろうか……と思う。ひょうひょうとした面もちでケバブを焼き、客の注文をとっていたのだろうか。いや、あのときは、さすがに休んだのかもしれない。

ウイグル族とチベット族の存在は、中国が抱える大きな民族問題だった。独立運動は根強い。中国政府の懐柔策も目につくが、反抗する分子へのとり締まりは厳しい。とくにウイグル人はイスラム教徒で、一部の過激派はアルカイダとのつながりもあるといわれている。彼らの動きが、中国政府のとり締まり強化に口実を与えてしまう。

ウイグル人の目には、中国政府は漢民族の政府に映り、彼らのウイグル人政策は差別に塗り込められているという認識がある。経済的な格差は明らかで、漢民族が優位に立つ構造は、ウルムチの街を眺めているとあまりに露骨である。漢民族はタクシーで通勤し、ウイグル人は混みあうバスしか乗ることができないのだ。支配されている……という感覚は、ウイグル人の共通認識だった。

それを呑み込まなければ、ウイグル人は中国という国で生きることはできなかった。しかしその前で、若者たちは無念を嚙みしめることになる。ウルムチの暴動は、その緊張度の高さを物語っていた。

昼、ウイグル人居住区にある新疆国際大バザールに行ってみた。モスクをかたどったバザールは、ウイグル人たちで賑わっていた。表通りに出ると、迷彩服を着た十人ほどのウイグル人青年が隊列を組んで歩いていた。暴動以降、ウイグル人が自主的にはじめたパトロールだという。ウイグル人の指導者たちは、こうすることで漢民族の機嫌をとっているのかもしれないが、駆りだされる青年の思いは複雑だろう。

ケバブ焼きのおじさんは、そんな構図には深入りせず、テーブルで笑顔をふりまく。漢字が読めないのに注文をとり、料理を運ぶのだ。それが彼が会得した処世術であり、そうでもしないと、店の前でケバブを売ることもできないのだ。その姿を見ることは、やはり切ないことだった。同情したところで、なにひとつ変わるわけではない。僕らができるのは、おじさんが焼いたケバブを食べることだけだった。

カザフスタンのアルマトイ行き列車は、夜の十一時五十八分という、あと二分遅らせればすっきりするという時刻に発車した。八両の編成だった。すべてがコンパートメント式の新型寝台車両で、各個室のベッドは上下二段で四つという仕様だった。中国国内

バザールでは、ウイグル人青年の自警団がパトロール中。足並みはそろわない。やる気のなさがありあり

では、軟臥という一等寝台に相当した。

以前、北京からモスクワに向かう国際列車に乗ったことがあった。その列車もすべて一等寝台だった。国際列車を一等寝台車両で編成するのは、この国の方針なのかもしれなかった。

乗客の荷物は多かった。そのひとつ、ひとつもかなり重そうだった。駅のコンコースまでは台車でもち込めたが、ホームにのぼる階段は人手に頼るしかない。仲間の男たちが三人がかりで段ボール箱を運びあげていた。若い女性が、ぎっしりと詰まった布製の袋を、一段一段ひきずりあげる。段ボールは液晶テレビや洗濯機などの中国製家電が多かった。布袋の中身は衣類だろうか。

それらが僕らが乗り込んだコンパート

メントには運び込まれていた。僕らのベッドは上段だったが、下段には若い中国人カップルがいて、彼らの荷物はドアの上の荷物棚はもちろん、ベッドの間や上まで積みあげられていた。どうやって眠るつもりだろうかと首を傾《かし》げてしまう。コンパートメントは貨物室のようだった。出発してから、荷物をかき分けるようにして通路に出、ほかのコンパートメントを眺めたが、どこもぎっしりと荷物が詰まっている。乗客のカザフスタン人や中国人は、これらをアルマトイで売りさばくのだろう。この列車は、週二便の運び屋専用便と化していた。

これだけ人と荷物で埋まる列車の切符がよくとれたものだった。

この列車の切符は、出発当日の朝に買った。

その前日の午後四時に、ビザを受けとった。ダブルになっていることを確認して駅に急いだ。この列車の切符は、ビザを提示しないと買うことができなかったのだ。しかし切符は駅の窓口では販売していなかった。隣にある亜欧酒店というホテルの一階にある専用窓口に行けといわれた。

だが、その窓口は閉まっていた。ホテルのスタッフに訊くと、今日は休みだという。翌日の朝九時に、切符売り場に並んだ。すでに二十人ほどが待っていた。窓口が開くのは朝の十時である。窓口では英語が通じず、筆談になってしまったが、比較的スムーズに買えたから、かなりすいているのではないかと思った。なにしろ運賃が高いのだ。七

どう調べたのかよくわからない「アジア大陸中心」。ウルムチ郊外にある中国人好みの観光名所だ

百七十六元もする。そこに五十元という発券手数料も加わって八百二十六元もしたのだ。日本円にすると一万七百円ほどだ。ウルムチからアルマトイまでは千三百七十四キロである。北京からウルムチまでは、その約二・七倍の距離で八千円ほどなのだ。しかし僕らが手にしたのは、残り何枚かの二枚だったようだ。

列車は新しく、冷房が寒いぐらいに効いていた。夜なかの出発だから、なにも見えない。おそらく茫漠《ぼうばく》とした乾燥地帯を進んでいるのだろう。

——このあたりだろうか。

ベッドの上で思い描いてみる。

ウルムチ滞在中、アジア大陸の中心という場所に行ってみた。観光名所にはあまり触手が伸びない旅行者だが、今回はユーラシア大陸を横断する列車旅である。アジアの中心だというポイントは意味があるような気がした。

入口でひとり三十元もの入場料をとられたが、肩透かしをくらったような観光地だった。仰々しくはつくってあるが、つまりは地理上のポイントにすぎない。アジア大陸の海岸線はさまざまな形に入り組んでいる。どうやって中心を割りだしたのかもよくわからない。しかし中国人の感性にはぴったり合うのだろう。なにしろアジア大陸の中心が中国にあるのだ。それは暗に、アジアの中心は中国だといいたげな観光地にも映る。

アジア大陸中心には立派なモニュメントが建っていた。その周りを石碑が囲む。そこには国ごとの説明や国旗の由来が書き込まれたパネルが貼られていた。そのなかには日本もあった。日の丸を訳した太阳旗という文字は削られ、その上には膏葯旗《ガオイヤオチー》という落書きがされていた。膏葯旗とは、丸い薬を塗った旗という意味になるようで、中国では一般に日本の国旗を貶《おとし》める用語として使われていた。

アジア大陸中心のほかに、ユーラシア大陸中心というポイントもあるらしい。それはウルムチより西のカザフスタン国境に近い場所だという。そこを通過すれば、ユーラシア大陸の半分を走破したことになる。

本当に半分まで来たのだろうか。

朝八時。列車は中国側の国境駅である阿拉山口《あらさんこう》駅に到着した。

コラム　中国の列車の切符はネットで買う

この旅をした十年前、列車の切符をネットで買うことができたかどうか……。はっきりとした記憶はない。当時、ウルムチまでの列車の切符を手に入れるために、何人もの人に問い合わせた。そのなかでネットという話は出てこなかった。一般的ではなかった気がする。

その後、年に一、二回は中国を訪ねている。五年ほど前からだろうか。気がつくと、多くの中国人が、食堂やコンビニで代金を支払うとき、スマホでバーコードを読みとり、それで支払うようになっていた。この時期、中国のネット社会は一気に広まっていったように思う。

中国のネット社会化が進んだ背後には犯罪があったことはたしかだと思う。中国はにせ札がかなり出まわった社会である。いまでも最高額の紙幣は百元。千元札をつくらないのは、にせ札問題があるからだといわれている。

習近平が推し進めた反腐敗運動もネット普及を後押しした。たとえば僕が利用したダフ屋にしても、皆がネットで列車の切符を買うようにすれば、仕事がしにくくなる。

しかし中国は共産党政権に対する大忖度《そんたく》社会である。政権にとってネットの導入で、一見、ダフ屋行為が減ることを見せることが必要だが、人口に対して列車の切符が不足しているという情況が変わったわけではない。ネット化はそういう現状にふたをしたようなもので、本質が変わったわけではない。中国のダフ屋行為はより巧妙になっただけのように思う。

しかし中国社会の暗部に接することが少ない旅行者にとって、列車の切符が海外からもネットで確保できることは朗報だった。

「列車の切符はネットで予約できますよ」

そんな話は、中国在住日本人の間からしばしば聞こえてきた。しかしなかなか利用できなかった。日本から予約し、もし、受けとることができなかったら……という不安が先に立ってしまった。

二〇一七年、チベット自治区のラサへ列車で向かうことになった。チベット自治区に入域するには特別な許可が必要だった。申請のためには旅の日程も決めなくてはならず、列車の切符を確保しなくてはならなかった。ネットで予約を入れることもできるといわれたが、踏み切れず、上海の切符売り場に出向いた。

翌二〇一八年にも中国を歩いていた。甘粛省の柳園から列車で西安まで向かうことになった。その手前で、ネットでその切符を予約した。

柳園駅に着き、切符売り場で予約番号の控えとパスポートを渡した。職員は顔色ひとつ変えずに受けとると、キーボードをカタカタと打った。そして、切符をひょいと渡してくれた。

「買えた……」

若干の手数料をとられるが、これからはこの方法のほうがいいかもしれない……と思った。

中国の列車の予約は、上海で立ちあがったネット系の旅行会社を通す。Trip.com である。すべての路線の切符の予約ができるわけではないが、主だった路線はカバーしている。予約を入れると、予約番号が送られてくる。それをプリントして持参し、パスポートと一緒に提示する。運賃は窓口で払うシステムだ。

中国人は駅にある専用機械で支払いまですませることができるようだが、外国人は利用できない。窓口に並ばなくてはならないが。

混みあう時期はどうなるかなど、まだ使いこなしてはいないが、今後、列車の切符予約はこの方法が軸になるような気がしている。

第五章　中央アジアの炎熱列車

「牛が歩いている……」

木陰に座って、ホームと駅舎の間に植えられた木立のなかで草を食《は》む牛を眺めていた。三頭の牛は、突然、ホームに降りたった乗客を警戒する風でもない。しばらく前、マウンテンバイクにまたがった少年たちがホームで遊んでいた。駅舎に向かう数段の石段を巧みに降りていった。

ドストゥク駅——。

カザフスタンに入国し、最初に長時間、停車した駅だった。

ふと見ると、二本線路のそれぞれに、数センチの間隔で補助レールのような線路が敷かれていた。

ぴんときた。この駅で列車の台車を標準軌から広軌につけ替えるようだった。

「中国側から列車が入ってくる。この駅で乗客を全員、降ろして、そのまま車両工場に進む。そして台車をつけ替えて、今度はレール幅が広い組み合わせで駅に戻ってくるわけだろうな」

線路に飛び降りてみた。中国だったら、鉄道の職員や公安が血相を変えて飛んでくるところだろうが、ここはカザフスタンなのである。鉄道の周りには、ゆるい空気が流れている。

巻尺をもっていないことを悔んだ。しかたないので、ホームに落ちていたひもを拾ってきて、レールとレールの間隔を測ってみる。中国の線路幅が千四百三十五ミリの標準軌である。カザフスタンは、旧ソ連時代に鉄道網が整備されたから、ロシアと同じ千五百二十ミリの広軌のはずだった。四本のレールをさまざまな組み合わせで測ってみる。差が八十五ミリになる組み合わせがあるはずだ。

ふと見ると、ホームに立つカザフスタン人が不審げに見つめていた。

彼らは駅舎のなかにあるレストランで朝食をとっていた。パンに卵に紅茶……。カザフスタンは旧ソ連時代、ロシアの影響を強く受けているから、食生活は欧米風なのだろう。ようやく自国に戻り、包子《バオズ》とか粥《かゆ》といった中国の朝食から解放された安堵《あんど》が、日射しの明るいレストランに溢《あふ》れていた。彼らは朝食を終え、ホームに戻りつつあった。

列車に染まるようにして西に進む僕らにとって、線路の軌間が変わることは重要なことだった。二カ月ほど前、ロシアのグロデコボの駅で、広軌から標準軌への台車のとり

カザフスタンに入国した。ドストゥク駅で台車をつけ替える。僕にも鉄ちゃんの血が入ってきた？

替えが行われた。そこから西に約六千キロ進み、再び千五百二十ミリの幅に敷かれた線路上を走ることになるのだ。

「ほら、こんなに差があるでしょ」

とカザフスタン人に伝えても、

「だからなんなんだ」

といわれそうなことはわかっていたが。

このドストゥク駅に着く前、国境の緩衝地帯が終わったところにあるマラシュンコという駅に停車した。午前九時半頃だった。しかしそこは、カザフスタン軍の前線基地があるだけで、兵士以外の人の乗り降りはできない。この駅で、カザフスタンへの入国審査が行われた。しかし乗客が列車を降り、イミグレーションの列に並ぶ方式ではなかった。一車両にふたりもいる服務員がパスポートと入国カード、税関への申告書を回収していった。どこかで審査をするらしい。乗客はそれらが戻ってくるのを、それぞれのコンパートメントで待てばよかった。乗客が移動しなくていいわけだから、これはイミグレーションの乗客へのサービスともいえるのだが、入国スタンプが捺《お》されて戻ってくるまでの間は、心中穏やかならざるものがあった。

昔からこの入国審査では、さまざまなトラブルに巻き込まれてきた。ときにイミグレーションのカウンターでねちねちと質問を浴びせられる。イスラム圏への入国記録が多いから、イギリスやアメリカに入国するのには時間がかかる。国によっては取材活動をするのではないかと疑われる。実際に取材をするわけだが、あくまでも観光目的である……と主張し続けなくてはならない。スムーズに通過するために、職業や滞在期間をごまかしつつ、審査官の顔つきや態度を読みとりながら、どうにかこなしてきた。

しかし、その場に立ち会うこともなく、審査は別室で行われるのだ。僕のパスポートだけ、スタンプが捺されずに戻ってくるのではないか……そんな不安が脳裡《のうり》をよぎる。

しかし、することはなにもなかった。デッキに出ると、若い兵士がふたり、ホーム上で警備にあたっているのが見えた。目が合うと、背の低いほうの兵士が笑顔を送ってきた。しばらくすると、隊列を組んで進んでくる三十人ほどの兵士たちが現われた。足並みは乱れ、「それでも兵隊か！」と叫びたくなるほどだるんだ隊列だった。僕に向かって、次々に手を振る。彼らはやがて、ホームからグラウンドに降り、二チームに分かれてサッカーをはじめた。威厳などどこにもない。これで国境が守れるのだろうか……と不安になってくる。国境駅というと、どうしても緊張してしまうのだが、こういうゆい光景を目《ま》のあたりにすると、国境を前に張り詰めていた糸がぷつりッと切れてしまうのだ。

そう、三十分前まで、僕らは兵士と目が合わないようにと、おそるおそる窓からホームを眺めていたのだ。

中国側の国境駅である阿拉山口《あらさんこう》駅のホームに列車ががたんという音を残して停車した。コンパートメントから通路に出、ホームを眺めると、四、五十人の兵士が横一列になって立っていた。そのひきしまった面もちに、ここが国境駅であることを教えられた。おそらくこの駅で中国の出国審査が行われる。

しかし十分が経ち、二十分が経っても、なんの動きもなかった。そのうちにトイレに行きたくなってきた。人間の体は目覚めると、尿意を催すものだ。しかし列車はホームに停まっている。ひょっとしたら、と思ってトイレに行ってみたが、ドアには鍵がかかっていた。ロシアのウスリースクを思いだした。またしても駅でのトイレ閉鎖に遭ってしまった。あたりはすでに明るく、乗客も多いから、空き缶にオシッコ作戦も使えない。トイレに行きたいのは誰しも一緒だった。通路で会ったカザフスタン人三人と一緒に、服務員にかけあいにいった。しかし、「NO」と繰り返すだけで、とりあおうともしない。そのうちに目を覚ました中国人もトイレに行きたい様子で服務員室に向かったが、追い返されてきた。そのなかには、淡いピンク色のパジャマ姿の若い女性もいた。

これは困った。発車すればトイレを開けてくれるだろうが、出国審査をする気配もない。気になりはじめると、よけいに尿意が増してくる。と、そのとき、若い服務員が、中国語でなにやら伝えながら、通路を歩いた。中国人たちが通路に出て、外に出ようとしている。どうもトイレに行くためにホームに降りていいらしい。

救われた。

急いで靴を履いてホームに降りた。と、そこで、目を疑うような光景が飛び込んできた。兵士が降りた乗客を一列に並ばせていたのだ。どうなるかわからなかったが、とにかく列についた。こっちは早くオシッコをしたいのだ。数十人の列ができただろうか。兵士は列を乱そうとする乗客に、銃の先で、「まっすぐ並べ」と指示を出す。たかだかトイレに行くだけなのだ。どうしてここまでするのだろうか。しかし皆、トイレに行きたいから、足をもじもじさせながら列をつくる。フリルのついたパジャマ姿の女性も、灰色のジャージを着たカザフスタン人も列をつくる。

ようやく列が整うと、先頭にいた兵士がくるりと向きを変え、なにやらかけ声をかけた。乗客の列の横には、数メートルおきに銃を手にした兵士が立った。そして、再びかけ声がかかり、列が進みはじめたのだ。

トイレに行くために、列をつくって行進をするのである。広いホームを、手にティッシュを持った女性やスリッパ履きの男性の列が進んでいく。駅舎に向かう石段をひと筋の列が移動していく。朝日がその姿を映しだす。さすがに、「歩調を合わせろ」とはいわなかったが、

「オシッコが漏れそうだから走らせてくれ!」

なんてことを口にできる雰囲気ではなかった。

てっきり駅舎のなかにあるトイレに向かっていると思っていた。しかし先頭の兵士は、そこで九十度向きを変え、駅舎横の雑木林の前で止まった。

「…………?」

先頭にいるカザフスタン人の男が、さかんに林に向かって指を差している。

トイレとはここだったのだ。

列は一気に乱れ、乗客は雑木林のなかに走り込んでいく。僕も彼らに倣《なら》い、高さが三メートルほどの木の根元で用を足した。やっとひと息ついた。冷静になって考えてみると、ひどい話である。僕は男で、オシッコだったから、さしたる問題はなかったが、乗客のなかには若い女性もいれば、大のほうの人もいるのだ。駅舎のなかにはトイレがあるはずなのだが、なぜか使わせてはくれない。

雑木林から出てくると、兵士が銃を構えて待っていた。そしてまた列をつくれという。

「そこまでやるか……」

しかし兵士の前では、反抗的な態度はとれなかった。なにしろ彼らは銃をもっているのだ。

この駅には二時間ほど停車していた。中国という国は、最後の最後まで鬱陶《うっとう》しい国だった。

カザフスタンの平原を列車は進んでいた。乾いた大地に、一メートルほどに伸びた草がまばらにはえている。枯れ草のような色なのだが、わずかに緑の筋が見える。これがステップといわれる乾燥型の草原というもののようだった。周囲に家はもちろん、羊や馬の姿もない。電柱すらない。カザフスタンは、旧ソ連から独立した国々のなかではロシア寄りの位置を保っている。ロシアとの関係は、ときに兄弟にもたとえられる。もちろんロシアが兄で、カザフスタンが弟である。国の言葉はカザフ語だが、実際にはロシア語を使う人のほうが多い気がする。そんな関係からか、ロシアの宇宙ロケット発射基地はカザフスタン領内にある。人の気配のない広大な土地があるから、宇宙基地も可能なのだろう。基地はアラル海に近いから、いま列車が走る草原地帯よりだいぶ西にある。土地はもっと乾いているのかもしれない。

もっともそれは、国レベルの話であって、民間の商売となるとそうもいえないらしい。ドストゥク駅に着き、駅舎のなかにあった両替所の窓口の前に立った。いくら待っても窓口が開く気配がなかった。周りには両替屋が何人もいて、声をかけてくる。彼らの世話になるしかないか……と、余っていたロシアのルーブルをさしだした。

「だめだね。両替できるのは、中国元とアメリカドルだけだ」

と鼻であしらわれてしまった。いまの経済成長を考えれば、ロシアより中国なのだ。銀行へ行けばルーブルも両替に応じてくれるのだろうが、個人の両替商レベルでのロシアはこんなものだった。

風景が変わり、駅から中国式の威圧感は消えたが、僕らのコンパートメントは相変わらず中国が支配していた。四つベッドの下段には若い中国人カップルがいた。はじめこそ、あいさつを交したが、それ以降に会話はなかった。僕らが出入りすると、その都度、彼らは部屋の鍵を内側から閉めた。ドストゥク駅では、乗客全員が列車から降りたが、そのときも、彼らは服務員にいって、部屋のドアを外側から閉めさせていた。コンパートメントのドアは、乗客が内側から閉めることしかできなかったのだ。乗客が皆、コンパートメントから出たとき、ドアをロックできるのは服務員だけだった。よほど高価なものをアルマトイまで運ぶのだろうか。

コンパートメントという空間は、下段のほうが使い勝手がいい。とくにカップ麺を啜《すす》るときはテーブルを使うことができる。上段の客が食事をするときは、下段の人が気を遣う。言葉が通じなくても、「ここで食べろ」と席をあけてくれるのだ。ロシアから中国へと進んだコンパートメントでは常にそうだった。北京からウルムチの間もそうだった。しかし下段の若いカップルには、そんな気遣いは爪《つめ》の先ほどもなかった。パソコンを荷物の上に置き、ずっとＤＶＤを見続けている。それが終わると携帯電話でメールを送る。中国のひとりっ子世代だった。小皇帝とか我がままなどといわれるが、つまりは空気を読めない若者たちなのだ。そんな若者が、億単位でいるわけで、それはまた鬱陶しい話だった。

草原を走っていた列車は、やがて湖の南端を走っていた。一時間走っても途切れない巨大な湖だった。アラコリ湖という淡水湖だった。地図を眺めると、北西にはサスイコリ湖という塩水湖がある。そしてその西には、バルハシ湖という巨大な湖があった。この湖は、西半分が淡水湖で、東半分が塩水湖という不思議な湖だった。アラル海が小さくなっているなか、中央アジアで最も大きい湖に躍りでていた。

列車はそんな湖畔の南側を進んでいく。中国国境から北西に向かい、しだいに南西に進路を変えていく。その方向を変えるところにあるのがアクトガイ駅だった。ロシアのノボシビルスクとカザフスタンのアルマトイを結ぶ幹線にある駅である。中国国境からアクトガイまでは、カザフスタンの線路網では支線にあたっていた。

ナマズ顔の魚の薫製。でかい。売り歩くおばさんから乗客の男が借りて記念撮影。でも誰も買わなかった

アクトガイ駅は大きな駅だった。反対側には、アルマトイからノボシビルスクに向かう列車が停車していた。駅に到着したのは夕方の七時だったが、まだ日は高く、ホームにはたくさんの物売りがいた。中国のそれのように画一化された感じではなく、皆がてんでばらばらに売り歩いていた。この自由さが心地よかった。かごのなかにピロシキを入れて売り歩くおばさん、三リットル入りの水のペットボトルを抱きかかえるように売り歩く少女……。ひとりのおばさんは、体長が一メートルを超える魚の薫《くん》製《せい》を背負ってホームを歩いていた。最初は、コートを背にかけた人が練り歩いているのかと思った。魚はナマズのような顔をしていた。湖で獲《と》れたようだった。乗客たちはその魚の横に立って記念撮影をしていたが、

誰も財布に手は伸びなかった。そりゃ、そうである。こんな大きな魚の薫製をどうやってもち帰れというのだろうか。コンパートメントにもち込んだら、ベッドに置いて添い寝するしかない。それでも、売れると思ってホームに運んできたおばさんは、なんだかすごいのである。

列車は再び、人の気配のないステップ地帯に迷い込んでいた。幹線に入り、スピードをあげたのか、横揺れが激しくなった。カップに入れたお茶がこぼれないか心配になるほどだ。カザフスタンに入り、線路の幅は広くなったのだが、老朽化が進んでいるのかもしれない。

太陽が地平線に向けて、ゆっくりと沈んでいく。見渡すかぎりの草原が、しだいに茜色《あかねいろ》に染まっていく。ステップ地帯の夕暮れは壮大である。

雲がない。アルマトイI駅の三階にあるホテルのテラスで洗濯物を干しながら、上空を見あげる。雪をかぶった天山山脈の山々の上に広がる空は、怖いぐらいに青い。この旅に出て、これほどの青空に包まれたのははじめてかもしれない。シベリアの空も明るかったが青味に欠けた。ウルムチの空はいつも雲に覆われていた。

しかし暑い。ウルムチからそれほど南下したわけではないのだが、気温は五度以上高くなった気がする。空気も乾いている。駅のホームを眺めながら干した衣類が、みる間に乾いていくのがわかる。二、三時間もすれば、洗濯物はパリパリに乾いているのだろう。

到着したのはアルマトイⅡ駅だった。朝七時。すぐに切符売り場の窓口に向かった。前章でもお話ししたように、アルマトイから先の列車に不安があった。タシケントに向かうつもりだったが、トーマスクックの時刻表を見ても、直通の列車はなかった。かつて、この路線の列車に乗った日本人は、途中でモスクワからタシケントに向かう列車に乗り換えるしかないといわれたという。しかしタシケントに住む知人は、週二便ぐらい直通列車が走っているというメールを送ってきていた。もし、うまくいかなかったら、タシケントには向かわず、カザフスタン領内を走ってロシアに抜けることも考えていた。

切符売り場はホールのようになっていた。その入口にインフォメーションがあった。しかし英語はまったく通じなかった。カレンダーを指差し、「タシケント」、「タシケント」と繰り返す。インフォメーションの女性が、六日後の数字を指差す。六日間もこの街で待たないといけないのか……。するとひとりの青年が近づいてきた。「メイ・アイ・ヘルプ・ユー？」。助かった。これでなんとかなる。

六日後の列車は、途中駅での乗り換えが必要だった。ところが翌日、タシケント行きがあるという。ただしアルマトイⅠ駅発だという。アルマトイⅠ駅とⅡ駅はどれほど離れているのかわからなかったが、そんなことは問題ではなかった。タシケントに行くことができればいいのだ。

青年と一緒に窓口に立った。

でっぷりと太った女性職員がカタカタとキーボードを叩く。あまりにあっけなく、僕らは切符を受けとることができた。切符に印字されたのはキリル文字でまったくわからなかったが、青年が数字の部分の意味を教えてくれる。出発は明朝の四時四十六分。七号車でベッドの番号は……。朝、早すぎるのが難だったが、そんなことより先に進むことである。

運賃はそれほど安くはなかった。ひとり一万二千九百八十三テンゲ、日本円で八千円ほどになる。翌朝にはタシケントに着くというから、ほぼ二十四時間揺られて八千円。しかたない。とにかく先に進むことである。

翌朝の早さを考え、アルマトイI駅近くに泊まることにした。アルマトイII駅からは車で十五分ほどの距離だった。しかしそのI駅で、僕らは警察署に連行されてしまう。

一応、駅のなかを確認しておこうと駅舎に入った。するとすぐに警察が近づいてきた。日本でいえば職務質問の感じだった。パスポートと買ったばかりの切符を提示する。すると警官は、ひと通り眺め、それらを返すと立ち去ってしまった。僕らが列車案内の電光掲示板を眺めていると、今度は少し年輩の警官が近づいてきた。同じようにパスポートと切符を提示したのだが、今度は立ち去らなかった。後についてこい、というしぐさ

アルマトイⅡ駅に着いた。私服警官が目を光らせている。阿部氏が撮った構内の写真は、すぐに注意され、消去させられた

駅舎の宿に泊まってしまいました。ホームを眺めながら、洗濯物を干す。列車に染まってますなぁ

をした。パスポートと切符を渡している以上、従わないわけにもいかない。連れていかれたのは、駅舎内にある警察オフィスだった。

なにも悪いことはしていない……はずだった。ビザもきちんととった。入国スタンプも捺されている。だいたいアルマトイに着いて二時間ほどしか経っていない。悪さをする時間もない。ただ、外国人登録は気がかりだった。ウルムチのカザフスタン大使館のビザ窓口には、「三日以内に登記が必要」といった意味の中国語が書いてあった。英語表記がないということは、ビジネスビザでカザフスタンに入国することが多い中国人向けのような気もしていた。

外国人登録は、社会主義系の国ではやっかいな問題だった。東西冷戦時代、外国人登録は徹底して行われていた気がする。僕がこれらの国々を歩くようになったのは九〇年代からだが、まだ多くの国でこの制度が残っていた。ラオスを移動したときは、町の境界にさしかかるたびに、バスを降り、そこにある警察の詰め所で、台帳に名前や国籍、パスポート番号などを書き込まなければならなかった。これらの国々の多くはその後、自由に旅ができるようになったが、この制度がなくなったかというと、そうでもない。中国にしても、旅行者個人が出向く必要はないので気づかないが、各ホテルは宿泊者の記録を公安に渡さなければならない。ロシアやカザフスタンなども同じだった。ロシアは個人旅行者でも、事前に交通費や宿代を払わなくてはいけないので、それほど問題はないのかもしれない。そうでなければ、僕らのように、ソヴィエツカヤ・ガヴァニからグロデコボまでホテルに一泊もせずに来た旅行者は、出国審査で面倒なことになる。

「この四日間、どこに泊まったんです？」

「ずっと列車です」

ということになってしまうのだ。もっともこのロシアの制度も、それなりに抜け穴があることを、これから二週間ほど後に知ることになるのだが……。

問題は中央アジアだった。時期や地域によって、情況がころころ変わるのだ。観光目的の短期滞在の場合は、外国人登録の必要がないと聞いたこともあった。すでに形骸化しているという人もいる。しかし、この登録は、そのときの政情にも左右され、ときに警官の賄賂《わいろ》要求の材料にされてしまうから、なかなか厄介なのだ。

警察オフィスの所長の横に座らせられた。所長は僕らのパスポートをぱらぱらとめくりはじめたが、表情はそれほど険しくはなかった。大丈夫そうな予感がしたが、どんな難癖をつけてくるのかわからなかった。オフィスには次々に人が現われた。もち場から戻ってきた警官もいれば、所長と顔みしりのような一般人風の男もいた。所長は会話を交し、顔みしりとは冗談でもいっているのか、笑い声が起こる。そのたびにパスポートは閉じられ、話が終わるとまた開く。それが何回となく続いた。ようやく、引き出しから大きな台帳をとりだした。僕らの名前を書き込むらしい。やはり外国人登録のようだった。しかしその最中にも人が現われる。またしても、何回となくパスポートは閉じられてしまう。いったいいつになったら登録は終わるのだろうか。この部屋に連れてこられてから、もう一時間は経っている気がする。その間、ずっと所長の横に座っているのだ。

〈人がきて、握手をして、話をするのはいいけど、そのとき、パスポートをひっくり返して置けばいいじゃない。閉じて開くから、いっこうに登録が進まない……〉

内心、そう思うのだが、口には出せない。日本語でそういったところで、なにも通じないのだが……。ただ待つしかなかった。

するど、ひとりの警官が三人の男たちを連れてきた。大きな荷物を持った男たちで、褐色の肌をしていた。いま、この駅に到着したばかりのような雰囲気である。中東系の男たちだろうか。いや、あの肌の色からしてアフリカの男たちかもしれない……と考えていると、なにを思ったのか、所長は僕らのパスポートを返してきたのだった。

「はッ?」

「オッケー、オッケー」

なにが「オッケー」なのだろうか。僕らの登録は終わっていない。台帳には一文字も書かれていないのだ。ちゃんと僕らのビザをチェックしたのだろうか。

おそらく、僕らより面倒な外国人が三人現われたということなのだろう。しかし、わざわざ警察オフィスまで連れ込んで、登録ひとつしないというのもおかしいではないか。

これが形骸化というものらしい。

「で、僕らの登録はなくていいんでしょうか」

阿部氏が口を開く。僕らはオフィスを追いだされていた。

「登録はなくていいってことだよな」

「でも……」

「これで出国のときにもめたりするんだよ」

明日の夜中の国境を想像し、気分は滅入ってくるのだった。

旅には〝けがの功名〟というものもあるらしい。いや、そう思える極楽トンボだから旅が続けられるのか……。警察オフィスを出たところで、ベッドのマークをみつけた。矢印が上を向いている。この駅舎の上階に、宿があるのかもしれなかった。駅構内の宿は、シベリアのワニノで経験していた。カザフスタンはかつてはソ連領だった。その伝統を引き継いでいるのかもしれなかった。

明朝は朝の四時四十六分という列車である。駅構内ホテルなら、こんなに楽なことはない。外国人登録も気になっていた。もし、登録がないことで断わられたら、また警察オフィスに戻ればいい。

ホテルは簡単にみつかった。ツインで五千テンゲ、三千百円ほどである。ベッドは揺れないが、今晩も列車の音を耳にしながら眠ることになりそうだった。

路線バスに乗って市街地に出てみた。日向《ひなた》を歩くことが辛いほどの暑さだったが、人の顔はもちろん、服装や食べ物……とおよそすべてが中国とは違う世界に入ったことが伝わってきた。

市場の入口にあるガーデンレストランに入った。木陰にテーブルクロスが敷かれたテーブルが置かれていた。白いブラウスと黒いスカート姿のウエイトレスがメニューを手に注文をとりにくる。

サラダ風にアレンジされた羊肉とパンを頼んでみた。カザフスタン人の大多数はイスラム教徒だから、羊肉と鶏肉の世界になる。運ばれてきた料理は文化圏の違いを教えてくれる。大きめの皿の中央に盛られたサラダには、オリーブやパプリカがたっぷりと入っていた。それをパンと一緒に食べながら、炭酸入りの水を飲むと、気分はもう、ヨーロッパなのである。食べ終わる頃になると、またウエイトレスがやってきて、

「コーヒー？　アイスクリーム？」

と笑顔を送ってくるのだ。

久しぶりにしっかりとした味のコーヒーを啜りながら、

「世界が変わったなぁ」

と、つい呟《つぶや》いてしまうのだった。

二カ月ほど前にウラジオストクから乗った列車が中国の綏芬河《すいふんが》の街に停車した。あのときも世界は劇的に変わったが、それはロシアから中国へという変化だった。僕は日本人だから、ロシアから日本に近づいているような感覚もあった。しかし今回は、一日でアジアからヨーロッパに入ってしまったような違いだった。この列車旅も、ようやくアジアを脱出した……そんな気になるのだ。

それにしても、ロシアと中国、中国とカザフスタンという国境は、どうしてこれほどまでに人や文化が劇的に変わってしまうのだろう。これまで、いくつもの国境を陸路で越えてきた。その多くが、グラデーションのように変わる道筋だった。肌の色や目の色が少しずつ変わり、料理も混じりあいながら気がつくと別の味わいになっているような国境が多かった。国境という線が引かれる前から人が住んでいたのだから、それは当然のことだった。

中国からカザフスタンにかけても、昔はそうだったのに違いない。ウイグル人の土地からカザフ人の土地へは、きっとグラデーションのように変わっていったのだ。遊牧系の民族たちは混じりあうように草原を移動していたのだろう。

しかしそのふたつの土地は、中国とロシアという大国に組み込まれてしまう。ウイグルの土地には、漢民族が入植し、漢民族の文化が我がもの顔で通りを埋めていく。カザフスタンを支配したロシア人は、街並みを変え、モスクワを中心にしたヨーロッパロシアの文化を植えつけていった。やはり、それぞれの国が大きすぎたのだろう。辺境の民族の文化は、大国のそれに塗り変えられてしまった。そこを歩く旅行者の目には、北京からモスクワに移動したような錯覚を覚えるのだ。

パンフィロフ将軍が率いた二十八人の兵士を記念してつくられたという公園を歩いてみる。この二十八人の兵士は、第二次世界大戦のドイツとの戦いで、モスクワを守ったことで知られていた。旧ソ連が崩壊し、カザフスタンとして独立したいま、「モスクワを守った」といわれても……とは思う。木々が生い繁る公園のなかには、ロシア正教のゼンコフ教会がこれみよがしに建っている。イスラム色の強いカザフスタンではどうもしっくりとこない。しかしそれがカザフスタンという国だった。

ローラースケートで遊ぶ青年やベンチを埋めるカップルのファッションは垢抜《あか》け、モスクワのアルバート通りにいるような気にもなる。僕らはそんな中央アジアの国々を進んでいくことになるのだ。

もう半月か……。暗いアルマトイI駅のホームから空を見あげた。北京では満月だっ

アルマトイ市の中心街にあるパンフィロフ戦士公園で。きんぴかのロシア正教会

た月は、半分に欠けていた。

午前四時十分に列車は入線した。車内でひと眠りし、目を覚ますと、列車は広い牧草地のなかをとことこと走っていた。

ウズベキスタンの列車だった。ウズベキスタンのタシケントと、ロシアのノボシビルスクを往復していた。通路に貼りだしてあった時刻表を見ると、片道に二泊三日がかかっていた。車内は賑やかだった。ウルムチからアルマトイまで乗った列車とはずいぶん違う。途中駅から物売りが次々に乗り込んできたのだ。しかし彼らが売り歩くものは、首をひねるようなものばかりだった。おもちゃというのはなんとなくわかる。家族や訪ねる先への土産だろうか。しかし質の悪そうなズボンやジャージ、シャツとなるとわからなくなる。どう見ても普段着のようで、こんな安物をわざわざ列車のなかで買う客がいるのだろうか。

車両は古い旧ソ連製で、エアコンはなかった。大きな窓ははめ殺し式で開けることはできない。車内の気温を下げるには、大きな窓の上にある小さな窓を開けて風を入れるしかなかった。しかし三センチほど窓が傾くだけのことだ。日が高くなるにつれ、気温はどんどんあがっていく。四十度は超えたであろう室内の暑さに耐えきれず、通路に立つと、帽子売りが現われた。自ら毛皮の帽子をかぶり、ふさふさとした毛並みの帽子を手にいくつも持って、ニッと笑った。

「どう、ひとつ買わない?」

見るだけで暑くなる。

重そうな布袋を提げたおじさんも現われた。なかをのぞくと、札束がぎっしり入っていた。カザフスタンのテンゲ、ウズベキスタンのスム、ロシアのルーブル、アメリカドル、ユーロ。そのなかから、ウズベキスタンのスムの札束をふた束も差しだして、ひと懐《なつ》こい笑みをつくった。これほどの札束を、野菜や卵でも入れるような袋に突っ込み、持ち歩いていいんだろうか。

手ぶらで乗り込んできたようなおばさんもいた。不審気に眺めていると、僕らのコンパートメントに入り込み、ベッドに座ると、ポケットからカードの束をとり出した。トランプ? よく見ると、携帯電話のSIMカードだった。こんなものまで売りにくるの

アルマトイの繁華街の路上は自由で賑やかだ。携帯電話のSIMカードやチャージ用カード売りが一番多い

か。

アルマトイの市街地を思いだしていた。歩道の両側は露店商で埋まっていた。なかには売り物を置く台もなく、売る衣類を腕や肩にかけただけの男や女もいた。

……そうなのだ。この列車の物売りが手にするものは、路上の露店商が扱う品そっくりだった。安物の衣類、おもちゃ、両替、携帯電話カード……。違っていたのは朝、食堂車のスタッフが売り歩いていた包子だけだった。彼らはいつも、街の路上にいるのだが、

「あまり売れないから、今日は列車で売り歩いてみるか」

といったノリでやってきたのかもしれなかった。いや、どこかに行く用事ができ、そのついでに車内で売っているのだ

ろうか。それなら安物のジャージというのも、なんとなく納得できる。

しかし中国の列車にはないこの自由さはありがたかった。車掌の姿からも威圧感が消えていた。中国の列車の服務員は、制服姿で、男性はネクタイを締めていた。しかしこの車両の車掌はおばさんで、青い菜っ葉服のような制服を着ていた。暑さもあるだろうが、ぺらぺらの素材なのだ。シュ、タラズ……といった駅に停まっていったが、おばさん車掌は、ホームに降りて、ぼんやりと煙草を喫《す》っているだけだった。乗客のことなど、なにも気にはしていないといった雰囲気を漂わせていた。

前日に切符を買ったせいか、僕らのベッドは上段だった。下段にいたのは若い女性で、ひとりは日本人のような顔をしていた。

訊くと朝鮮系のウズベキスタン人だった。

「生まれはノボシビルスクの近くなんです。いま、兄がそこにいるから、訪ねた帰り」

なかなか英語もうまかった。

両親は朝鮮が南北に分断される前に、旧ソ連に渡った。そして崩壊と同時にウズベキスタンに移ったのだという。

「タシケントは朝鮮系のウズベキスタン人が多いんです」

「どのくらい？」

「たぶん、ロシア人と同じぐらいいるんじゃないかな。朝鮮料理屋もずいぶんあるし、市場ではキムチも売ってる。言葉？　カタコトしか話せません。一度、両親と一緒にソウルへ行ったんです。すごく発展した街だった。ソウルに比べると、タシケントはずいぶん田舎ですよ」

乗客の多くが通路に出ていた。コンパートメントのなかは、午後になると気温があがり、眠ることすらできなくなっていた。四十度は軽く超えているのだろう。乗客たちは、少し風が流れる通路に出るしかなかったのだ。しかし中国の寝台車と違い、ロシア車両は通路側に椅子がない。皆、立ったまま、窓の外を眺めたり、本を読んだりしている。

「日本にも朝鮮系の人はいっぱいいるんだ」

「そう。行ってみたいなぁ。でも、ずいぶん物価が高いんでしょ」

「最近はそれほどでもない」

名前をナタリーといった。

なかなか頼れる存在だった。上段の天板がはずれている話をすると、すぐに車掌にかけあって、ねじまわしを借りてきてくれた。駅の売店でサラミを買おうとすると、店員に強い口調で伝え、とり換えさせた。

「あんなに乾いたサラミはだめ。カザフスタン人は、すぐにこういうことをするから」

中央アジアの女性にはない強さがあった。二十代の半ばのような年齢に映るが、車掌と話す姿は堂々としていた。

不安があった。今晩、カザフスタンとウズベキスタンの国境を通過する。以前、このルートをバスで移動したことがあった。そのとき、カザフスタンの税関職員に三百ドルを抜きとられてしまった。あの質《たち》の悪い税関をどうかいくぐるか……。この列車に乗り込んだときから思いめぐらしていた。英語が通じ、どこか釜山《プサン》の魚市場のおばさんのような押しの強さをもつナタリーがいれば、うまくいくかもしれない……。

だが、そうはいかなかった。日が落ち、列車がシムケントに到着する三十分ほど前、おばさん車掌が現われた。なにやら話をすると、ナタリーは慌てて荷物をまとめはじめた。

「発券ミスで私たちの切符はシムケントまでになっているみたい」

「このまま乗って、差額を車掌に払えないの？」

「車掌はそういうこと、できないのよ」

彼女と同じ理由で列車を降りた客が六人もいた。もっともシムケントからタシケントまではそう遠くない。列車はいったん北上し、モスクワとタシケントを結ぶ幹線を南下するため時間がかかる。バスに乗れば、列車より早くタシケントに着くことができるはずだった。

もともとこの駅で降りる客もかなりいた。

五人——。シムケントを発車した四十人乗りの車両に残ったのは、これだけだった。

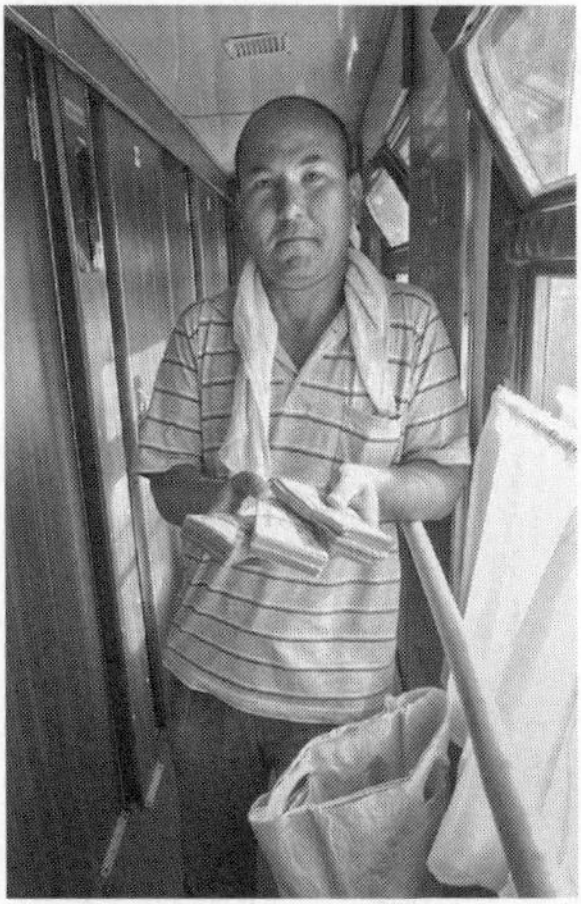

車内を札束持参で歩く両替屋。大金に見えるが、インフレが進む中央アジアでは、たいした額ではない

所持金の算段をはじめた。もっている総額の提示を求められる可能性があった。前回、税関職員は、それを数えながら、金を抜きとった。防ぐためには、できるだけ数えやすい額にすることだった。僕はこれから続く旅のために、千ドルを超えるアメリカドルと千二百ユーロ、そして若干の日本円という外貨をもっていた。そこから百ドル札を五枚だけ抜きだし、残りはザックのなかに入っている資料の間に隠した。財布のなかにはカザフスタンの通貨テンゲとルーブルだけにし、抜きだした五百ドルは手持ち鞄のなかにいれた。阿部氏は財布のなかにテンゲと日本円を三万円入れることにした。

カザフスタンの税関職員はテンゲやルーブルには興味がないはずだった。少額紙幣も含まれているが、仮に抜きとられたとしても、二、三千円の被害ですむだろう。この先の予定を訊かれたら、「タシケントから飛行機で日本に帰る」と答えるつもりだった。それを考えると、ある程度の現金がないと不自然だった。そこで五百ドルと阿部氏が三万円。この提示を求められても、枚数が少ないから、目を皿のようにして税関職員の手の動きに注意を払えば……。

「そんなことで、うまくすり抜けられますかねェ」

阿部氏が口を開く。

「カザフスタンの職員も、だいぶおとなしくなってきたらしいし……。いい奴ならいいんだけどな」

列車は国境駅に向けてゆっくりと進んでいた。

車掌がドアをノックする音で、無理やり起こされた。時計を見ると、午前一時四十分だった。列車は停まっていた。カザフスタンの出国審査のあるサリアガシュ駅のようだった。時刻表を見ると二時間停車になっていた。

通路に出てみた。天井の板が等間隔ではずされていた。デッキに出ると、脇の物入れの扉も開けられていた。こういう状態で税関のチェックを受けるらしい。麻薬類や銃のほか、課税対象になるものなどを隠していないかどうか……職員は天井裏までチェックするようだった。

最初に税関の職員が乗り込んできた。しっかりと制服を着込み、視線も険しい。まず、コンパートメントから通路に出された。ベッド下の物入れをチェックする。そこに入っているザックには、アメリカドルやユーロの大金が入っている。幸い、「それを開けろ」とはいわれなかった。続いて乗客がひとりずつコンパートメントに入る。阿部氏が先に呼ばれた。パスポートをチェックし、職員はロシア語を口にした。英語を話すことはできないようだった。すると、親指と人差し指をこするようなしぐさをとった。

「きた」

所持金を見せろという要求である。阿部氏が財布をとりだす。職員はじっと眺め、一万円札を一枚手にし、薄暗い室内灯にかざした。そしてなにもいわずに、阿部氏に返した。

続いて僕が呼ばれる。財布を差しだした。そこに入っているテンゲとルーブルを一瞥《いちべつ》すると、財布を返してきた。コンパートメントの入口に立っていたおばさん車掌になにやらいうと腰をあげた。

「ふーッ」

終わった。

なんとか税関チェックをすり抜けた。

続いてイミグレーションの職員が現われた。彼は列車の端からパスポートを回収しているようで、十冊以上を手にしていた。オフィスに持ち帰り、まとめてチェックをするらしい。これも不安だった。入国のときもそうだったが、見えないところでチェックされるというのは落ち着かない。しかし出国審査は、さほど問題はないはずだった。ビザもあるし、滞在日数は四日ほどである。いや、外国人登録の件があった。曖昧なまま出国ポイントまで来てしまった。

急にトイレに行きたくなってきた。しかし列車は駅に停車しているから、トイレのドアは閉められている。それに眠い。なにしろ午前一時四十分に起こされたのだ。時計を見ると午前二時半。発車まではあと一時間以上ある。

パスポートに出国印が捺されて戻ってくるまで、少し眠ろうとしたが、オシッコが気になってじっとしているのが難しかった。しかたがないので、通路を歩いてみる。足には軽い筋肉痛が残っていた。

思いあたる節はなかった……いや、昨日の昼間か。コンパートメントの暑さに耐えかねて、ずっと通路に立っていた。しかし、そんなことで筋肉痛になるだろうか。列車ばかりに乗っていると、筋肉が弱ってしまうのかもしれなかった。

気を紛らそうとするが、尿意が下腹部から這いあがってくる。夜中の列車で味わう、出入国の不安と眠け、そして尿意。僕はこれを列車越境の三重苦と呼ぶことにした。これは見出しに使える……と思うはしから、尿意に体を硬くしてしまう。

パスポートが戻ってきたのは三時すぎだった。問題なく出国スタンプが捺されていた。発車まであと三十分……時刻表を睨《にら》みつける。サリアガシュを発車するのは午前三時四十二分。次のケレス駅が、ウズベキスタンの入国ポイントで、三時二分に到着することになっている。カザフスタンとウズベキスタンの間には、時差が一時間あるから、列車は二十分ほど走ることになる。その間、トイレが開放されるはずだ。そこまで我慢できるだろうか。

午前三時四十分。連結器ががたんと鳴った。僕は急いで車掌室に向かった。鍵を開けるジェスチャーを繰り返しながら、「トイレ、トイレ」と訴える。おばさん車掌は、「わかった。わかった」といった態度でのろのろと腰をあげた。ドアが開くのももどかしく、トイレに駆け込んだ。

「ふーッ」

間にあった。

便器の底には弁がついていて、一定量のオシッコが溜まると開くようになっていた。列車は僕のオシッコを撒《ま》き散らしながら国境を越えた。

ウズベキスタンのビザは、事前に東京でとってあった。入国カードと税関への書類は、前日の昼頃に渡されていた。ロシアのキリル文字だけでまったくわからなかったが、ナタリーが手伝ってくれた。最初はカザフスタンの出国書類かと思っていたわけだから、彼女がいなかったら、僕らはずいぶん混乱していたかもしれない。

キリアス駅に停車すると、軍服姿の男が乗り込んできた。パスポートと入国カードを渡した。また落ち着かない時間がはじまった。しかし列車越境の三重苦のうち、尿意が消えているから、心はずいぶんと穏やかだった。三十分ほどするとパスポートが戻ってきた。それからしばらくすると、疲れた感じの女性職員が現われ、税関用の書類を回収していった。時刻はウズベキスタン時間で午前四時近い。こちらも眠いが、イミグレーションの職員も辛いに違いない。

税関用の書類には所持金を書く欄があった。ウズベキスタンの出入国で、書き込んだ金額について問い質《ただ》されるのかどうかはわからなかった。しかしカザフスタン出国と口裏を合わせたほうがいいような気がした。僕は五百ドルのアメリカドルとテンゲ、ルーブル……と同じ金額を書き込んでいった。

二十分ほどして、その書類が戻ってきた。金額欄の上には、わからない文字が書き込まれ、スタンプが捺されていた。

嫌な予感がした。

「出国するとき、この書類を出せってことですよね」

独立記念日の朝、タシケント駅に到着した。「独立」――駅名がラテン文字表記なのはその象徴？

「そうらしい。金額の上に文字が書かれているってことは、書き直すのを防いでいるのかもしれない。その横に空欄があるじゃない。これは出国時に書き込むんだと思う」

「つまりウズベキスタンで使って、額が減っていないと……」

「もめるかもしれない」

新たな工作が必要だった。

列車は朝五時十分、タシケント駅に到着した。

九月一日――。とくにこの日をめざしてウズベキスタンに入ったわけではなかった。たまたま偶然のように日づけが合った独立記念日だった。そういえば二日前の夜、アルマトイI駅の階上にある宿に戻ると、フロントのおばさんがテレビに映しだされた軍事パレードを見ていた。独立記念日に前後して、さまざまな催しがあるのだろう。中央アジアの国々の独立記念日は、このあたりに決められている。それは旧ソ連から突きつけられた最後通牒の日付でもある。いや、満足な交渉すらなかったと聞くから、押しつけられた独立のようなものだった。

「独立ってどういうことなんだ」

多くの人々がその情況を計りかねていたという。しかしそのうちに、ルーブルで貯めていた口座が凍結され、やがて消えた。

「あなたたちはゼロからスタートしなさい」

といわれたようなもので、独立しても、いいことはなにもなかったのである。

それから十九年である。

カザフスタンはロシアに擦り寄り、タジキスタンやキルギスの人々はロシアへの出稼ぎでしのいでいた。以前、タジキスタンのホジャンドを訪ねたとき、一軒の民家に案内された。ブドウ棚のある家にいたのは、老夫婦とあとは女性と子供ばかりだった。男たちは皆、モスクワで働いているといった。

厳しい中央アジアの国々のなかで、なんとなく国らしくなってきたのがこのウズベキスタンだろうか。サマルカンドやブハラといった世界文化遺産を訪ねる観光客も多い。

ウズベキスタンは、ロシアのキリル文字に頼る中央アジア諸国のなかで、ローマ字表記、つまりラテン文字への切り替えをめざしている。人口の四十パーセントが十六歳以下という若い国の小学校ではラテン文字を教えているのだ。カリモフ大統領は一時、イスラム急進派とも対立していたこともあったが、なんとかここまで発展させてきた。大統領としての求心力はまだ失っていない。ウズベキスタンにとって、独立記念日は特別な日なのだ。

しかし、列車の切符を買いながら西へと進もうとする旅行者には、独立記念日など、いいことはなにもなかった。早朝に駅に着いたが、両替をしてくれる銀行は休日で閉まっていた。しかたなく闇両替のおじさんの世話になるしかなかった。この先の切符がどうなるのかという不安もあったから、切符売り場に向かったが、入口にいた駅の職員は、

「今日はいつ頃開くかなぁ。独立記念日だからね」

などと心もとないことをいう。

しかたなくホテルに入った。入口に無料インターネットと書いてあるので訊くと、

「今日は独立記念日だからサーバーがダウンしている」

などとわけのわからないことをいうのだった。

時刻を見計って駅の窓口に立った。英語がわかる職員は独立記念日で休みだといわれた。しかたなく、地図を開き、ルートを書き込み、ロシアのビザまで見せての悪戦苦闘

がはじまった。カザフスタンのアルマトイからタシケントまでは、思っていた以上にスムーズに辿り着いた。しかし、ここから先で躓《つまず》くと、計画の練り直しが必要になってくる。

僕らは九月七日にロシアのアストラハンを出発し、アゼルバイジャンのバクーに向かう切符の引換券をもっていた。ロシアのビザは、余裕をもって九月四日から九月十一日までの期間でとった。

今日は九月一日である。なんとか九月六日までにアストラハンに着きたかった。

事前にトーマスクックの時刻表やネットで調べてはいた。しかしタシケントからアストラハンまで直通列車はないようだった。いくつかの街で列車を乗り換えていくしかなかった。接続を考えてルートをつくってもみたが、時刻表やネットに掲載されている列車が変更になっていることは珍しくなかった。タシケント駅の職員が頼りだったのだ。

おばさん職員は、僕らの意図をなんとか理解したようだった。カタカタとキーボードを叩き、キリル文字が印字された紙をボールペンで示しながら説明してくれた。

「二日後の九月三日にタシケントを出発する列車が、九月五日にアトゥラウに着きます」

「アトゥラウ？」

地図に視線を落とす。カスピ海の北端にある街だった。

「アトゥラウからアストラハンまでは？」

「アトゥラウで買うことになります」

再び地図を眺める。アトゥラウからアストラハンまではそう遠くない。これまでの経験からすれば、半日ほど列車に乗れば着きそうな距離だった。うまく列車があれば、九月六日、つまりバクー行きの列車が出発する前日にアストラハンに着くことができる。はたしてそううまく乗り継ぐことができるかどうかもわからなかった。

しかし行くしかなかった。その場でアトゥラウまでの切符を買った。

翌日、再び駅の窓口にいた。シュンコル君という昔からの知人がタシケントにいた。彼は日本語がうまいウズベキスタン人である。彼の仕事の都合がつき、駅まで同行してくれることになった。アトゥラウまでの切符の確認がてら、そこから先の列車の情況がわかればと思ったのだ。彼が訊いたところによると、アトゥラウに着いた日の夜の十一時ぐらいにアストラハン行きの夜行列車があるという。そしてその切符も、この窓口で買うことができるという。アトゥラウはウズベキスタンではなく、カザフスタンの街である。そこからロシアのアストラハンまでの切符を買うことができた。

日本人がカザフスタンやロシアに入国するためにはビザが必要である。職員はそんなことには関心ひとつ示さず、なんの書類も要求せずに切符を売ってくれた。こういうときは、あえてビザの件は口にしないほうがいい。手に入るものも入らなくなってしまう。

考えてみれば、これは画期的なことだった。日本と比較するのもなんだが、これはJRの東京駅で、北京からモンゴルのウランバートルまでの切符を買うようなものなのだ。十九年前まではソ連という同じ国だったためかもしれないが、中央アジアとロシアの鉄道切符は、国を越えて買うことができるシステムになっていた。

列車に再び乗り込むまで二日間あった。列車旅の間にぽっかりとあいた休日だった。ウルムチを出て五日間、延々と列車に乗っていた。途中、アルマトイに一泊はしたが、それも駅舎の階上にあるホテルだった。こうも列車に染まっていると、そろそろディーゼルオイルの臭いから離れたくなる。

タシケントの宿は、駅から歩いて二十分ほどの住宅街のなかにあった。ツインが一泊五十ドルだった。宿に入り、まずシャワーを浴びた。列車にはシャワーはない。気候が涼しいときはいいが、コンパートメントのなかが四十度を超える列車に耐えた身には、やはりシャワーが恋しくなる。髪にシャンプーをつけ、体に石鹸を塗ると、ディーゼルオイルや鉄錆《てつさび》の臭いがたち昇ってくる。石鹸を洗い流し、体から列車の臭いが消えていくと、ようやく普通に街を歩くことができるような気になるのだった。

夜と昼の寒暖差はますます激しくなってきていた。昼は暑いが、朝夕の空気は軽い。朝、ブドウ棚の下にテーブルを出した食堂で、羊ミルクからつくった酸味のあるチーズやパン、アンズのジャムといった中央アジアの味を噛《か》みしめる時間帯は、まるで天国に

シュンコル君とお茶。川沿いの木陰カフェは心地よい。お茶は緑茶。シルクロードの伝統だ

いるようなさわやかさに包まれる。

しかしそれも十時までだった。気温は急激にあがり、あっという間に四十度を超えてしまう。街を歩いていると気が遠くなるほどになる。空気は乾燥しているから喉《のど》がやたら渇く。以前、真夏の中央アジアを歩いたとき、「一日四リットルの水分をとらないと危ない」といわれたことがあった。それが記憶に残っていて、できるだけ水を飲んではいるのだが、それでも喉が渇く。

木陰のレストランでは、人々がビールを飲んでいる。中央アジアはイスラム圏だが、とことん酒好きのロシア人に洗脳されてしまったのか、昼間から平気でビールを飲む。僕らもつい、そのテーブルでビールに口をつけてしまったが、後ろめたさもあった。この時期はラマダンにあたっていたのだ。

ラマダンというのはイスラム教徒の断食月である。毎年一回、新月から新月の間のほぼ一カ月間、太陽が出ている間は、食べものはもちろん、水も飲まず、煙草も喫うことができない。太陰暦で決められるため、毎年、少しずつずれていく。暑い時期にあたると、かなり辛いことになる。北京を出発したときが満月だったから、そのとき、今年のラマダンは半月ほど残っていたことになる。それから十日近くが経っている。敬虔なイスラム教徒は、ラマダンもあと数日……と日中の空腹や喉の渇きに耐えている時期である。僕はイスラム教徒ではないので、ラマダンを実行する義務はない。しかし、この時

レーニンの胸像が、ホテルの中庭に。簡単に処分できないんだよね。その気持ち、わかります

気温が高く、乾燥している。昼のビールはやたらうまい。イスラム教の教えが虚しいタシケントの昼下がり

期のイスラム圏に出向くと、やはり気を遣う。皆がじっと喉の渇きや空腹に耐えている前で、水を飲むことも気が引けるのだ。ところがウズベキスタンでは、昼ビールなのである。

「それでも教徒かッて拳《こぶし》に力を込めるイスラム教徒もいるだろうな。皆、必死に耐えてるんだから。ラマダンの禁を破っただけじゃなくて、アルコールの禁忌も犯しているわけだろ。日本の電車に無賃乗車した客が、車内で煙草を喫うようなもんだもの」

「アラーの神もそんなに寛容じゃないですよね」

他人《ひと》ごととはいえ、これだけ大胆に教えを破ってしまっていいのだろうか……と心配になってくる飲みっぷりだった。隣のグループは、すでに数本のビールを空にし、ウエイトレスを呼んでウォッカを壜《びん》で注文していた。これからロシア式の一気飲みのまわし飲みに突入していくようだった。どこがラマダンなのだろうか。どこがイスラム教徒なのだろうか。

旧ソ連は、ウズベキスタンの人々の心の裡《うち》にあるイスラムの教えさえも根こそぎ霧散させてしまったのだろうか。そういう支配された人々の切ない境遇の結果という筋立てもできる。が、その一方で、楽なほうがいいんじゃない、というウズベキスタン人の性格なのかもしれないとも思う。楽しげに木陰の席でウォッカを呷《あお》る男たちを見ていると、やはり「楽なほうに走ったたな」と思えてしまうのだった。

九月三日の夜十時三十五分、列車は予定通りにタシケント駅を発車した。ここからカザフスタンのアトゥラウへはふたつのルートがあった。ひとつはロシアの宇宙基地があるバイコヌルを通り、アラル海の東側を走るルート。もうひとつは、アラル海の西側を通るルートだった。どちらもアトゥラウに着くのだが、通過する国境ポイントが違った。前者のルートを通る場合、発車してすぐにカザフスタンとの国境になる。切符を買ったとき、そのルートを確認しようとした。しかしその答えはまちまちだった。

準備があった。心の準備ではない。出国書類、とくに税関に提出する申告書の帳尻《ちょうじり》合わせだった。ウズベキスタンに入国したとき、その書類に手もちの現金額を書き込んだ。アメリカドルが五百ドル、カザフスタンのテンゲ、そしてロシアのルーブル。しかしそれは大嘘なのだ。入国審査で訊かれたとき、タシケントから飛行機で日本に帰ると答えるつもりだった。そのために適当な額を書き込んだにすぎない。実際はもっと多くのアメリカドルやこの先で使うだろうユーロももっていた。それらを隠さなければならなかった。書類に残額を書き込み、同額の現金も財布のなかに入れておく必要があった。

タシケントでシュンコル君から、こんな話を聞いていた。三カ月ほど前、タシケントの空港でひとつのトラブルがあったという。彼がガイドを務めるツアーだった。日程を終えたツアー客がイミグレーションに並んだ。そこでひとりの女性客が三千ドルをもっていて、それを申告書に書いてはいなかったことが発覚してしまった。その女性はアンティークを買うつもりで現金をもってきたのだが、めぼしいものがなかったらしい。ツアー客全員が足止めされ、荷物検査が行われた。その後、日本大使館から日本の旅行会社に、所持金を正確に記入するよう連絡が送られたという話だった。

「何万ドルもっていてもいいんです。ちゃんと書けば。その額が減っていれば、問題はないんですよ。下川さんは大丈夫ですよね」

冷や汗が出た。大丈夫どころではなかった。根拠のない笑みでごまかしたが、その顔はひきつっていたかもしれない。三千ドルももってはいなかったが、発覚すれば、大変なことになりそうだった。日本大使館の困った顔が脳裡をかすめる。

しかし一度、書いてしまった金額は直すことはできなかった。もう後の祭りだった。嘘をつき通すしかない。資料の間、手持ち鞄の底と現金を分散させるように隠した。あとはいかに表情を変えずにしらを切るかだった。

しかしタシケントを出発した列車は、一時間走っても、停車する気配を見せなかった。この列車はアラル海の西側ルートを通るのかもしれない……。しかし、乗り込んでくる税関の職員を想定して高めた緊張は、なかなか鎮《しず》まらなかった。突然、列車が停まり、出国手続きがはじまるかもしれないのだ。

なかなか寝つけなかった。

ごとッという音を残して列車が停まった。

来たか——。

なにか怖いものでも見るかのように、窓の外を眺めてみた。オレンジ色のライトに照らしだされたホームが見える。駅の表示が見えた。

サマルカンド——。

「…………?」

あの有名な観光地であるサマルカンドだった。通路に出、常夜灯に地図をかざしてみる。列車は南西に向かって進んでいた。まだウズベキスタン領内である。列車はアラル海の西を通る。ということは、カザフスタンに入るのは、あと一日ぐらい走ってからになる。

急に眠気が襲ってきた。時計を見ると午前三時をまわっていた。ベッドに体を横たえた。この列車はサマルカンドを通ったのか……。観光地にはとことん縁のない旅である。サマルカンドには、中央アジアを代表する世界文化遺産であるレギスタン広場もある。しかし午前三時という時刻では、街すら眺めることができなかった。

目覚めると、列車は砂漠のなかを走っていた。家はもちろん、人の姿すら見えない。ただ線路に沿うように道路があり、そこを走るトラックや車だけをときどき目にする。それ以外には岩と砂と小石の世界だった。午前十時をすぎても、列車は砂漠のなかを走り続けていた。思いだしたように信号所らしきものが車窓をよぎったが、途中に駅というものがなにもなかった。昼をすぎても、列車は停まることはなかった。

ようやく、人家が見え、駅が見えてきたときは午後二時をまわっていた。七時間以上、駅がなかったことになる。

タシケントからいったん南西に向かい、北西に方向を変え、アラル海の西を通過するルートを走ることがわかったとき、新しい疑問が生まれていた。かつてこのルートを走る線路は、タジキスタンからアフガニスタンにかけて連なる山塊を源流にするアムダリアという川に沿って走っていた。ところがソ連が崩壊し、中央アジアの国々が独立したとき、このエリアが、ウズベキスタンとトルクメニスタンの境界になってしまったのだ。地図をじっくりと見ると、サマルカンドから線路は西に向かい、トルクメニスタンに入国し、トゥルクメナバードという駅に着く。そこからアムダリアに沿って北上し、国境ぎりぎりを走ってウルゲンチ手前でウズベキスタン領内に入る。ところがしばらく進むと、またトルクメニスタン領内になり、ヌクスで再度、ウズベキスタンに戻るというルートになっていた。

独立するときの国境線は、別に鉄道の線路で決まるわけではない。民族や言語、地形、経済圏、資源、そして政治家たちの思惑が絡みあって境界が引かれていく。ソ連から独立時に、どんな策謀があったのかはうかがい知れないが、この複雑な路線は、鉄道を無視して引かれた国境の副産物にすぎないはずだった。

もっともトルクメニスタンという国が、自由に旅行ができる国なら、さしたる問題にならなかった。しかし、初代のニヤゾフ大統領は独裁体制を敷き、中央アジアの北朝鮮ともいわれる国が形づくられていくのだ。彼の死後、大統領選が行われたが、北朝鮮スタイルの旅しかできない事情に変化はなかった。つまり、事前にルートや日程を決め、運賃や宿泊費、食費などのすべてを払い、たとえひとりであっても、現地ではぴったりとガイドがついた。

唯一、自由旅らしきものが実現するのがトランジットビザの旅だった。これはトルクメニスタンが目的地ではなく、隣国に抜けるための通過ビザである。しかしこのビザも簡単ではなかった。一九九六年、僕はウズベキスタンからトルクメニスタンを横断し、カスピ海をフェリーで渡った。タシケントのトルクメニスタン大使館で、トランジットビザをとろうとしたのだが、なぜか大使館は閉鎖されていた。しかたなく、トランジットビザもない状態で入国したのだが、トゥルクメナバードの駅で国境警察に捕まってしまった。警官の自宅に連れていかれ、そこでほぼ一日、軟禁された。八十ドルもの裏金を払って、なんとかその警官にビザをつくってもらったことがある。

そんな旅をまた繰り返すのだろうか……。

しかしそれは杞憂だったことを、七時間以上も駅のない線路を走る列車が教えてくれた。ウズベキスタンは、トルクメニスタン領に入ったり出たりするルートを嫌い、人も住まない砂漠のなかに新しい線路を敷いたのだった。この線路が開通してから、そう年月も経っていないのだろう。沿線にまだ街はできず、トーマスクックにも、この路線の時刻表は掲載されていなかった。

午後二時すぎに停車したのはミスキンという駅だった。駅舎も新しかった。ホームに売店もなく、物売りたちは、水やパンを両手に抱えて売り歩いていた。

ミスキンをすぎると、しだいに沿線の緑が目につくようになった。運河のような流れも出現した。アムダリアという大河に近づいているようだった。そして列車はヌクスに到着した。ここでようやく独立前から敷かれていた線路に合流したことになる。

この一帯はホラズム地方と呼ばれていた。アムダリアがアラル海に流れ込むデルタ地帯である。ヌクスを出発して間もなく、列車はアムダリアにつくられた堰《せき》の上を渡った。

水量の多い大河だった。しかしこの水が減ったことが、「二十世紀最大の環境破壊」といわれる問題を引き起こしていた。スターリンからフルシチョフと続いた時代、ソ連はここ一帯の自然改造計画を実施する。アムダリアとシルダリアという大河流域に運河や灌漑《かんがい》施設をつくり、大規模な綿花栽培をはじめるのだ。その結果、アラル海に流れ込む水量が減り、湖の縮小がはじまる。一九六〇年には約六万七千平方キロメートルの広さを誇っていたアラル海は、二〇〇三年には約一万七千平方キロメートルほどになって

アムダリアのデルタは、ホラズム地方と呼ばれる。世界遺産のヒバも近い。この土塊も遺跡？

しまった。四分の一に縮小したことになる。流れ込む水量が減れば、薄い塩湖だったアラル海の塩分濃度も増していく。魚介類の大半は死滅していった。

ソ連時代、世界はまだ、環境問題に敏感ではなかった。ソ連は唯物史観にも支配されていた。アラル海がなくなってもいい、と主張したソ連の科学者もいたという。そのソ連が崩壊し、中央アジア各国が独立した頃から、アラル海の環境破壊に世界の視線が集まっていく。ウズベキスタンが中央アジアのなかで最も安定した経済環境を維持できたのは、ソ連時代に整備された綿花栽培があったからだが、同時に環境破壊という負の遺産も、ソ連から引き継いでいたのだ。

年を追って小さくなっていくアラル海を映した衛星写真が世界中に伝わり、干あがった港に放置された船の姿が映像で流れる。

タシケントに暮らすシュンコル君との話は、よくこの問題に行き着いてしまう。

「環境問題に心を痛める人は、ウズベキスタンを悪者のようにいうんです。でも、元はソ連がつくったものなんですよ。なんとかアラル海を再生しようって国も努力している。でも、資金がないから、大規模な事業はできないんです。それに綿花がなかったら、ウズベキスタンの経済は破綻しちゃう。僕らだって生きていかなくちゃいけないんです。そんなに綿花の栽培が悪いんなら、世界の人は皆、化学繊維を着ればいい」

ときに声を荒らげる彼を見ていると、中央アジアの難しさに口ごもるしかないのだ。自らの国がはじめた環境破壊なら、話はもう少し単純化できる。一般的な環境問題論争の枠組みに入ってくる。しかしアラル海で批判されるウズベキスタン人のなかには、ソ連への被害者意識も燻《くすぶ》っている。ウクライナ領内にあるチェルノブイリと同質の問題を抱えていた。

アムダリアを越え、カスピ海に近づいてきたのだろうか。日が西に傾いていくのも手伝い、気温が急に下がってきていた。ウズベキスタンの砂漠を走っていたとき、車内の気温は四十度を超えていた。子供はパンツ一丁で通路を走りまわっていたが、いまは半袖一枚では心もとないほどだった。

砂漠を走る列車の車内は、40度を超えている。元気なのはパンツ一丁の子供だけ

日が落ち、あたりは暗闇に包まれていた。灯ひとつない暗さである。夜汽車というものは、遠くに家の灯があってこそ旅情を感じるものだと思う。これほど暗いと、いったいどこを眺めていいのかわからなくなる。

暗さ……。それはひとつのサインでもあった。列車が国境に近づいていることを教えてくれるのだ。境界は辺境に敷かれていることが多い。僕はパスポートをとりだし、そこに挟んである税関の書類を見つめる。所持金の欄には、二百十ドルと書き込んである。カザフスタンのテンゲとロシアのルーブルは入国時と同額。つまりウズベキスタンでは二百九十ドルを使ったことにしたのだ。残りのドルやユーロは、資料の間や鞄の底にしまってある。これでなんとか税関を通過できるだろうか。

心配がまだあった。越境の三重苦のひとつ、トイレだった。通路に貼ってある時刻表の前に立つ。文字は読めないから、車掌に発音してもらう。

「カラカル・バキア」

「ベイネウ」

このふたつの駅の停車時間が長かった。カラカル・バキアは九十分、ベイネウには百二十分も停車する。前者がウズベキスタン出国、後者がカザフスタン入国のような気がする。地図を広げ、身振り手振りで説明する。パスポートを出し、スタンプを捺すしぐさを繰り返す。

コンパートメントに戻り、腕時計をアラームモードにし、午前一時三十分にセッティングした。目覚まし作戦をとることにしたのだ。カラカル・バキアの到着予定時刻は午前二時である。その少し前に起き、トイレだけはすませておこうと思ったのだ。眠気とパスポートを預ける不安はどうしようもないが、こうすれば、オシッコを我慢することからは解放される。もっともこの自衛策も、予定通りに列車が走ってくれないと作戦倒れに終わってしまうのだが。

目覚まし作戦は成功だった。午前二時すぎ、列車は灯の少ないホームに停車した。オシッコをすませ、余裕の面もちで窓の外をのぞく。カラカル・バキア駅のようだった。

ここでウズベキスタンの出国審査が行われるはずだ。まず税関の職員が乗り込んできた。パスポートと申告用紙を渡す。職員は書類を一瞥すると、パスポートだけ返し、隣のコンパートメントに移ってしまった。

「……これで終わり？」

阿部氏と顔を見合わせた。思いつくかぎりの質問を想定し、金額を吟味し、現金を隠し……と完璧な嘘をつくりあげていた。その努力はどうしてくれるのだ。鞄のなかまで調べられると困るが、せめて財布のなかの所持金ぐらいは見てほしかった。少し動揺したようなそぶりをみせながら、現金を数えていくとぴったりと合う。財布のなかには、十円程度のウズベキスタンの紙幣も入れておいた。

「いや……すいません。この金を申告書に書くのを忘れちゃいました」

白々しい言葉まで用意していたのだが……。

しかし税関審査は終わってしまった。冷静に考えてみる。なにもないにこしたことはない。もう心配することはない。パスポートは出国印が捺されて戻ってきた。

列車はそれから一時間近く停車し、ゆっくりと発車した。通常、すぐにカザフスタンの入国審査があるのだが、時刻表では朝の六時三十五分にベイネウに着き、そこで二時間停車することになっている。ウズベキスタンとカザフスタンの間には、一時間の時差がある。列車は二時間も走るのだ。おそらくその間には一軒の家もない砂漠が広がって

国境を越え、再びカザフスタンに入る。なにかと思ったら、アパート。ソ連時代に建てられたのかも……

いるのだろう。

列車はその日の午後五時近くにアトゥラウに到着した。僕らはここで降り、夜の十一時すぎに発車するアストラハン行きに乗り換えることになる。

アトゥラウ駅では、布にくるまれた大量の荷物が降ろされた。入っていた場所はデッキの天井裏だった。

ベイネウでカザフスタンに入国したとき、車掌は通路のデッキの天井の板をすべてはずしていた。軍服を着たカザフスタンの審査官は、そのなかを懐中電灯で照らし、念入りに調べていた。僕らのコンパートメントでも、ベッドにあがり、荷物置き場の天井裏まで調べていた。この列車では、ウズベキスタンからカザフスタンへの密輸が頻繁に行われていたのだった。もちろん車掌もつるんでいた。デッキの天井裏、懐中電灯の光が届かない所に荷物を隠したらしい。首尾よく審査官の目をかいくぐったようだった。

ロシアのアストラハン行きの列車は、ローカル列車のような趣だった。アトゥラウとアストラハンの間だけを走る列車で、三百七十七キロを十時間ほどで結ぶ。停車駅もやたら多く、二十分に一回ぐらいは停まっていく。こういう列車なら、朝に出発してもよさそうなのだが、出発は夜の十一時十四分という夜行列車だった。おかげで僕らは乗り継ぐことができたのだが。

列車が出発すると間もなく、車掌が枕カバー、シーツ、ふとんカバー、タオルが入った袋をもってきた。これはロシアや旧ソ連の国々の列車に共通していた。中国は乗り込んだときにすでに敷いてあったが、それ以外はすべて自分で敷くスタイルだった。ソヴィエツカヤ・ガヴァニの駅を出発して以来、もう四回もシーツ敷きを経験していた。はじめは、シーツとふとんカバーの区別で迷ったものだった。

シーツを敷きながら、いつも日本の保育園を思いだしていた。幼い娘を保育園に送り届けるのが僕の役割だった。夕方は、仕事を終えた妻が迎えにいった。月曜の朝はいつも、お昼寝用のシーツやふとんカバーをもっていった。週末、家で洗濯したものだった。娘が通っていた保育園のふとんの大きさは一定ではなく、隣でさくさくとカバーをかけてしまう奥さんを横目に、苦労しながらカバーにふとんを入れた記憶がある。その娘もすでに大学生である。あれから十数年の年月が経ったが、父親はまだ、ふとんにカバーをかけながら、これはシーツじゃないか……などと悩んでいた。

荷物をベッド下に収納し、靴を脱いでサンダルに履きかえる。スーパーや売店で買った食糧やコップなどをテーブルの上に並べる。これが列車に乗るときの一連の儀式である。

それが終わると、通路に貼りだしてある時刻表のチェックに行く。文字は読めないが、停車時間で出入国の審査を受ける駅がわかってくる。

「五時四十六分に着く駅に百十二分停車し、七時五十二分に着く駅に九十八分停まる。……ということは、最初がカザフスタン出国で、後がロシア入国ってことか」

腕時計のアラームを午前五時半に合わせる。停車前にトイレに入るオシッコ作戦である。

「こんな段どりがうまくなって、いったいなんだというんだろう……」

ベッドに体を横たえながら、なんだか寂しい気分になるのだった。

もう午前一時近い。窓の外は暗闇が支配していた。

コラム　**陸路入国もビザ免除になった**

この章ではカザフスタン、ウズベキスタンの二カ国に滞在しているが、どの国もビザをとっての入国だった。その後の十年で、このエリアのビザは大幅に緩和されていった。ロシアのビザについては第一章のコラムで説明している。カザフスタンとウズベキスタンは、緩和というより、ビザ免除になった。

カザフスタンは二〇一七年、ウズベキスタンは二〇一八年、短期滞在の日本人はビザをとる必要がなくなった。

本書でも触れているが、カザフスタンとウズベキスタンのビザをとることは簡単ではなかった。カザフスタンについては、この章で紹介しているが、ウズベキスタンもしっかり一週間の日数がかかった。以前はビザなしでこっそり入国し、タシケントの空港に出向いてビザをもらったこともある。

僕にとって、中央アジアの国々のビザはトラウマだった。

ウズベキスタンのビザが免除された年に訪ねることになった。大使館のホームページにはビザ免除と書いてあるのだが、僕は大使館に電話をかけた。

「カザフスタンから陸路で入国する予定なんですが、その場合もビザは必要ないんでしょうか」

少し間があった。そして必要ないという返事が返ってきた。それでも不安は消えなかった。

これまでもビザ免除では苦労してきた。ビザ免除の対象を、首都の空港に飛行機で到着する旅行者に限ることが多かったのだ。旅行者とはそういうものだと思い込んでいるわけではないと思うのだが、ときには陸路入国者へのルールが欠落していた。

だいぶ前になるが、ベトナムがそうだった。ベトナムが発表したビザ免除の条件は、ホーチミンシティかハノイの空港を利用し、入国時に帰りの航空券を提示することだった。しかしそのとき、僕は中国から陸路でベトナムに入り、陸路でカンボジアに抜ける計画だった。空港を利用しないから、航空券があるはずがない。東京にあるベトナム大使館に何回も問い合わせた。結局、満足な答えを得ることができなかった。見切り発車的にベトナムに向かった記憶がある。結局、入国はできたのだが。

その後、ミャンマー、ベラルーシ……など、ビザ免除の発表が続いたが、その都度、曖昧な世界に入り込んでしまった。

二〇一八年、カザフスタンのシムケントからバスでウズベキスタンに入った。イミグレーションに到着した。列につき、そっとパスポートを出す。職員が審査を進める。ただ待つしかない嫌な時間だ。

しばらくすると、ぽんとパスポートが返ってきた。開くと、入国スタンプが捺されていた。問題なかったのだ。

税関申告書も必要なかった。以前は、手もちの通貨額を書き込み、出国時に、ちゃんと使っていることを証明しなくてはならなかった。本章でも、その帳尻合わせに気を遣ったことに触れているが、それもあっさりとなくなってしまった。いったい、あのときの気苦労はなんだったのかと思ったものだった。

気が抜けてしまうような入国審査に変わっていた。それはありがたいことだったが。ウズベキスタンの隣国、トルクメニスタンについても触れておく。この国のビザルールはまったく変わっていない。いや、さらに厳しくなった空気が伝わってくる。来てほしくない……そんな雰囲気が漂ってくる。いまのところ、タシケントにあるトルクメニスタン大使館で、トランジットビザをとるしか方法はない。

第六章　アストラハンの特別ビザ

爆破テロ――。

車掌室の無線機から響く緊張した声が車内に響いていた。張りつめた空気が伝わってくる。情報も錯綜しているようだ。事故なのか、テロなのか……。はじめは車掌も事態をつかめないようだった。

列車はアルテジアン駅に停車していた。

アストラハンを出発した列車は、カルムイク共和国を通過し、ダゲスタン共和国を進んでいくはずである。どちらもロシア領内だが、民族や宗教の違いから共和国と名乗っている。地図を見ると、アルテジアン駅はカルムイク共和国内にある。もう少しでダゲスタン共和国の境界である。

女性の車掌がコンパートメントに現われ、僕のノートに略図を描きながら説明をはじめた。同室のロシア人、バロージャが簡単な英語で補足してくれる。

やはり爆破テロだった。事故ではなかった。僕らが乗る列車の前を走っていた貨物列車が爆破された。

ダゲスタン共和国では、その年、すでに二回、列車を狙ったテロが起きていた。三回目のテロに、僕らは居合わせてしまった。

進むのか、戻るのか……列車はその指示を待っているようだった。

当然、戻るものだと思っていた。線路は単線である。爆破された貨物列車は脱線しているはずだった。いや横転しているのかもしれない。その車両を移動させなくてはならない。テロ犯の捜査のために現場検証も必要だろう。

通路に出てみた。乗客の多くが列車から降りはじめていた。短いホームの脇には物売りが出、人だかりができている。子供たちは草原で鬼ごっこをはじめている。停車時間が長くなると踏んだのか、ウォッカの酒盛りの輪をつくる男たちもいた。

列車を降りてみた。草の匂いのするそよ風が心地よかった。穏やかな日射しが、駅周辺の畑に注いでいた。小鳥のさえずりも聞こえてくる。

僕は戸惑っていた。

こんなに安穏な空気に包まれていていいのだろうか。しばらく先で、列車が爆破されたのだ。ひとつ間違えば、この列車がやられていたのかもしれない。動揺を隠せない乗客が、心配そうに列車の前方を眺めるというのが筋ではないか。乗客たちは、身に危険

乗客は爆破テロなどどこ吹く風……といった顔で、列車を降り、時間をつぶす（アルテジアン駅）

が及ばないとでも思っているのだろうか。

この駅に到着したのは正午少し前だった。一時間半ほどが経った頃だろうか。車掌から声がかかり、乗客たちは列車に戻りはじめた。僕も彼らに倣《なら》って車両に戻ると、車掌のおばさんは、ほっとしたような表情で説明してくれた。

「先に進むことができます」

「先に進む？」

それはダゲスタン共和国に入るということだった。

先に進むのか……。

アストラハンに戻った後の切符の手配やビザのことを考えれば、先に進むことは好都合だった。いや、そういうことではない。この先のダゲスタン共和国では、現実に爆破テロが起きてしまったのだ。

そこを列車は走るというのだ。

カザフスタンのアトゥラウを出た列車が、アストラハン駅に着いたのは午前十時半頃だった。僕らはその足で、発券窓口に向かった。アストラハンからアゼルバイジャンのバクーまで行く列車の切符の引換書類はもっていたが、本物の切符を手にするまで安心はできなかった。

話は東京の旅行会社のオフィスに遡る。アストラハンからバクーに至るルートには、外務省の渡航情報が出ていた。それによると、アストラハン州とその南のカルムイク共和国は『十分注意してください』というレベルだったが、さらに南のダゲスタン共和国には、危険レベルがふたつ上がった『渡航の延期をお勧めします』が出ていた。外務省は危険度を四段階で示しているが、最も危険な退避勧告のひとつ下のレベルになっていたのだ。

「いくら自己責任といわれても、日本の旅行会社としては、『渡航の延期をお勧めします』というエリアに、旅行の手配はできないんです」

ロシアの場合、出発前にルートや日程を決め、その費用全額を支払うことがビザを受けとる条件だった。旅行会社に手配してもらうしかなかった。その旅行会社から手配が難しいといわれると、その先に進むことができなかった。

問題はダゲスタン共和国だった。

そこにはチェチェン共和国が深く絡みあっていた。

ソ連崩壊後、独立をはたせなかったチェチェン共和国は、一九九一年、ドゥダエフ大統領を選出し、一方的に分離独立を宣言した。しかしロシアはこれを認めず、軍を投入。第一次チェチェン紛争が勃発する。一九九九年には第二次チェチェン紛争が起き、戦闘はしだいに泥沼化していった。

第二次チェチェン紛争が起きてから、チェチェンからロシアに対するテロが激しさを増していく。チェチェン人の多くはイスラム教徒である。原理主義の影響も加わり、悲惨な自爆テロも起きていた。二〇〇二年のモスクワ劇場占拠事件、そして北オセチアで起きたベスラン学校占拠事件……。僕らが列車旅を続けた二〇一〇年にも、モスクワの地下鉄の自爆テロが起き、三十八人が犠牲になっていた。

爆破テロの標的のひとつが、ダゲスタン共和国内を走る列車だった。

かつて、モスクワとアゼルバイジャンのバクーを結ぶ列車は、チェチェン共和国を通っていた。しかし、列車がチェチェン共和国に入ると、武装したチェチェン独立派の兵士が乗り込んできた。彼らは乗客ひとり、ひとりから五十ドルを徴収していった。一方的であるにせよ、独立を宣言したチェチェン独立派は、それは正当な通行料だと主張した。しかし独立を認めないロシアにしたら強奪である。

そこでロシアは、チェチェン共和国を通らない別の路線の整備をはじめた。その線路を走る列車が、僕らが乗り込んだものだった。アストラハンからカルムイク共和国を通り、ダゲスタン共和国に入り、そこからアゼルバイジャンに抜けてしまう路線である。カスピ海に沿って南下していくルートである。

チェチェン独立派にしたら面白くないルート変更だった。乗客ひとり五十ドルという収入もなくなる。爆薬を線路上に仕かけ、列車がその上を通過するときに爆破させるテロは、当然のなりゆきだった。

テロには必ず協力者が必要である。チェチェン独立派は、隣のダゲスタン共和国に潜入し、シンパの獲得に動く。ダゲスタンの住民の多くは、チェチェンと同じイスラム教徒である。こうして、元々はロシア寄りだったダゲスタン共和国に、反政府組織の拠点が生まれていった。モスクワの地下鉄が爆破されたとき、その自爆テロ実行犯のなかにふたりの女性がいたが、ともにダゲスタン共和国の出身だった。

この治安の悪化が、ダゲスタン共和国の危険レベルを引き上げていた。しかしこの共和国を通過しなければ、アゼルバイジャンには抜けられない。ロシア領内を抜けて東欧に出るルートも考えてみた。しかしそれでは、シベリア鉄道を通ってヨーロッパに向かうルートと似てきてしまう。この旅のきっかけにもなったアルメニアとトルコの国境も見てみたかった。

別の方法で手配を依頼してみることにした。すると意外にあっさりと、切符が買えることがわかってきた。このエリアの危険度は、日本の外務省が決めたものである。世界の感覚とは、若干の温度差があるのかもしれなかった。こうして僕らは、九月四日から十一日までのビザと、アストラハンからバクーまでの列車の切符の引換券を手にしたのだった。

ロシアは、ビザや切符の管理がしっかりしていた。勝手な旅ができない分、その切符を手にすることは、政府のお墨つきをもらったような強さがあった。アストラハンの駅で、まず本物の切符を手に入れたかったのはそのためだった。

列車はアルテジアン駅をゆっくりと発車した。予定より二時間近く遅れていたが、もうこうなると、時刻表など意味をなさなくなる。窓外には草原が広がっている。おそらくもうダゲスタン共和国に入ったのだろう。それぞれが共和国と名乗っているが、同じロシア領内だから、出入国の審査もない。

小さな駅をいくつか通過していく。駅の近くには、木立に囲まれた木づくりの家が数軒集まっている。アルテジアンを発車して一時間ほど進んだときだったろうか。小学校の高学年ほどの少年が未舗装の道に立っていた。そして、なにやら叫ぶと、手にしていた小さな石を列車に向けて投げてきた。

石は小さく、その軌跡も追えなかった。叫び声も列車の軋《きし》みに消えそうになる。どの国にも、こんないたずらをする少年はいるのかもしれないが、彼の表情が気になった。まるで手榴弾を戦車に命中させたゲリラ兵のように得意気なのだ。

「この列車は嫌われている……」

チェチェンやダゲスタンをめぐる問題は複雑である。単なる民族紛争なら整理もしやすいのだが、石油やパイプラインの利権が絡んでくる。しかしそれは、ロシアと独立派の争いであって、そのいちばんの被害者は、そこに暮らす人々である。それは世界のどの紛争地域にも共通していることなのだが、チェチェンやダゲスタンのそれは、その根が深いような気がしてしかたない。ロシア軍がチェチェンで見せた残虐さは、憎しみの連鎖をこの土地に植えつけてしまっているかのようだった。

チェチェン人やダゲスタン人の自爆テロ犯には多くの女性が含まれている。モスクワの地下鉄の爆破テロ犯も女性だった。治安当局の手で夫を殺され、その報復だったと伝えられている。モスクワ劇場占拠事件でも、腹の周りにぎっしりと爆弾を巻きつけた女性が映像に映しだされていた。

夫や父を殺され、自爆テロに走る妻や子供たち。それほどまでに憎しみは深いのだろうか。反ロシアの武装勢力は、女性や子供が誓う復讐を利用しているのだろうか。そこを深みにはまってしまったこの地域の紛争は、憎しみの増殖装置のようである。

走るロシアの列車……。これほどに嫌われる列車に乗ったのははじめてだった。

列車はコチュベイという駅をすぎ、さらに一時間ほど進み、駅名の表示もみつからない小さな駅に停まった。しばらくすると、銃を手にした警官がふたり、コンパートメントに現われた。僕のノートに図を書きながら説明してくれる。

爆破テロが起きたのは、ここから少し先のキズリャール駅の近くだった。六両が脱線し、二両が転覆しているという。反対側にバクーを出発してモスクワに向かう列車が停車しているので、その乗客と、僕らが乗っている列車の乗客をそっくり入れ替えるということだった。つまりバクーから北上していた列車が、バクーに引き返す運行になり、それに僕らが乗り込むことになったのだ。

「もうじき、向こう側に停車している列車の乗客を乗せたバスがくるので、それに乗ってほしい」

図と身振り手振りで、なんとなくいっていることがわかった。

地図を開いてみた。ダゲスタン共和国を南北に延びる線路が、チェチェン共和国との境界に最も近づいている一帯だった。チェチェン領内にいる独立派が爆薬を仕かけるなら、このあたりになりそうな場所だった。そんなエリアをバスで振り替え輸送をするのだという。テロが日常化した世界に戸惑うしかなかった。

僕らはひとり七十ルーブル、約二百十円ほどを払ってワゴン車で移動することにした。

バスとワゴン車を使って振り替え輸送がはじまった。目と鼻の先に爆破の現場がある

バクーからモスクワ方向の列車が、バクーに戻る運行になった。僕らはこの列車に乗り込んだ

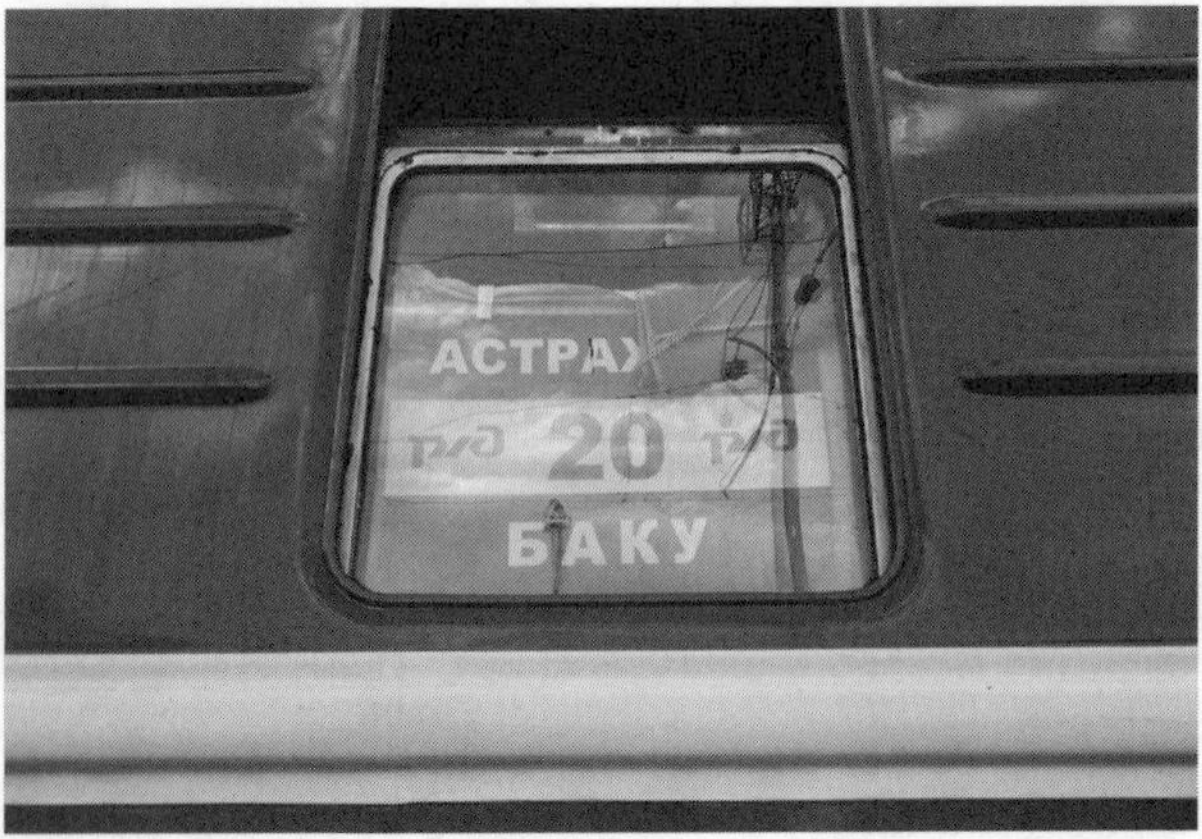

大型バスは無料だったが台数が足りないようだった。爆破テロをいいことに、マルシュルートカと呼ばれるワゴン型のバスの運転手がひと稼ぎといったところだった。道は線路から離れた山際《ぎわ》に延びていた。ワゴン車の小さな窓から、西日を浴びるこんもりとした山々を眺める。この山の向こうがチェチェン共和国なのだろうか。テロ犯は、山のなかにつくられた隘路《あいろ》を伝って、爆薬を運び込んだのかもしれなかった。

運行ダイヤのない南下行だった。途中、大きな駅に二時間ほど停車していた。ダゲスタン共和国の首都であるマハチカラだろうか。この街でも何回かテロが起きていた。この列車に身を委ねるしかなかった。しかし眠りは浅い。ちょっとした物音で目が覚めてしまう。しかしほかの乗客は、なにごともなかったかのように寝静まっている。ひとつ前を走る列車が爆破テロに遭ったからといって、後続列車の乗客はどうすることもできない。それはわかる。だが乗客は、ちょっとしたトラブルがあっただけのように眠り惚《ほう》けている。だいたい、これだけ爆破テロに遭う列車に、家族や子供連れで乗るだろうか。ロシアからアゼルバイジャンに列車で行こうと思えば、このルートしかないのだが、だからといって……という思いはある。テロなど気にしていたら生活もできないコーカサスの現実が車内を包んでいた。

アゼルバイジャンとの国境に近いデルベントに到着したのは翌朝の六時半だった。爆破テロがなかったら、終点のバクーに近づいている時刻だった。九時間ほど遅れていることになる。デルベントを出発し、車掌がパスポートを集めはじめた。車内の空気は平和そのものだった。ロシアの出国は、それほど厳しくないような気がした。ウラジオストクから中国に入るときも簡単だった。出入国カードはあるものの、中央アジアのような税関書類もなかった。

二十分ほど列車は走っただろうか。まだ動いている車内で、車掌が僕らのパスポートだけをもって戻ってきた。

「ロシアを出国できない」

かたことの英語でそういわれた。最初、なにをいっているのかわからなかった。アストラハン以来、同じコンパートメントのロシア人のバロージャが、もう少し説明してくれる。

「ロシア、オーケー、ジャパン、ユーロ、ノー」

ロシア人は国境を通過できるが、非ロシア人はアゼルバイジャンに脱けられないといっているようだった。僕らはバクーまでの切符とビザをとりだし、車掌に見せた。車掌は困ったように切符を見ている。

次々に男たちが集まってくる。僕らのコンパートメントのなかには、五、六人の男が立ち、切符やビザを見ては、なにやら話すばかりだった。爆破テロ犯の国外逃亡を防ぐ

アゼルバイジャンとの国境手前のチェックポイント。僕らはここで列車から降ろされた

ために急きょ、外国人の越境を止めたというなら従うしかなかった。しかし話しぶりからするとどうも違うような気がする。元々、この国境はロシア人以外は通過できないのではないか。しかしそれは妙な話だった。だったらなぜ、切符を売ったのだろう。途中で車掌たちは僕らの切符を見ているはずだ。なんの問題もなくコンパートメントに案内されたのだ。いや、手配会社や駅の切符売り場、車掌のすべてが知らず、イミグレーションの職員だけが知っていることだとしたら……。そんなことがあるのだろうか。これまで、この列車に乗った外国人はひとりもいないということなのだろうか。

憶測だけが空まわりする。そうこうしているうちに、列車は国境駅に停車した。

ふたりの若者が乗り込んできた。満足ではないが、英語を口にした。イミグレーションの職員が、この街に住んでいる大学生を呼んできたのかもしれなかった。

「マハチカラかアストラハンに戻り、飛行機でバクーに行くしかありません」

イミグレーションの職員から、そう伝えてくれといわれたような口調だった。しかしそのとき僕らは、バクーへの行き方で迷っているわけではなかった。なぜ、非ロシア人は出国できないのか……と思い悩んでいた。

迷彩服を着た男が現われた。ほかの職員の態度から、彼がこの国境イミグレーションの責任者のようだった。彼は車掌室に来るように指示した。彼の後に僕がつき、その後ろに阿部氏、そしてコンパートメントにいた車掌やイミグレーションの職員、そして通訳で呼ばれた若者など、十人近くが通路に連なり、車両の隅にある車掌室に向かった。

車掌室は広くない。ふたりしか入ることができない。イミグレーションの責任者が入り、僕が入った。入口から何人もの男が見守っている。僕はパスポートと列車の切符を出した。責任者はじっくりとパスポートをチェックしている。

彼が顔をあげた。

口にしたのはロシア語だった。通訳に駆りだされた青年が呼ばれた。責任者はその青年になにやら伝えた。

「アゼルバイジャンに出ることはできない」

そんなことはわかっているのだ。

車掌室に呼ばれたとき、ある予感が脳裡《のうり》をよぎった。

「賄賂《わいろ》……」

下っ端《ぱ》職員に、「ロシアを出国できない」とさんざんいわせておいて、上級職員が、

「実はなぁ……」

と歩み寄ってくる。賄賂の常套《じょうとう》手段だった。位の高い役人はこうして私腹を肥やしていくのだ。百ドルだろうか。いや二百……。車掌室に呼ばれたとき、僕は金の入った鞄をもっていった。

しかし観客が多すぎた。車掌室の入口には、数人の男が立ち、こちらを見守っている。いくらロシアとはいえ、この場で堂々と金の話は切りだせない。

僕はタイミングをはかっていた。賄賂のやりとりがあるときは、必ず相手からサインが出る。意味のないバインダーを渡されることもある。それを返すとき、裏に金を挟めという合図である。物陰に呼ばれるときも、賄賂の要求である。僕はそんな国ばかり歩いているので、その種のサインには敏感なほうかもしれない。このシチュエーションならドアだろうか。ドアを閉めろといったら決まりだった。

しかし責任者の態度はなにも変わらなかった。彼のそぶりから賄賂の臭いが漂ってこ

ないのだ。

後になって、その一部始終を見ていた阿部氏に訊いたことがあった。

「あのとき、賄賂って手はあったんだろうか……」

「いや、なかったですね。とてもそんな雰囲気じゃなかった」

阿部氏とは、これまでもさまざまな国を歩いてきた。賄賂の現場にも何回か立ち合っている。そういう場数を何回も踏んだ彼がそういうのだから、やはり裏道はなかったのかもしれない。

しかしいまでも、あの車掌室を思いだすことがある。その後の日程のロスや費用、トラブルを考えれば、あのとき、裏金でことがすんでいたら、どんなに楽だったろうか。僕は賄賂のサインを見逃していたのではないか……。それは後悔の色を帯びて、東京の夜、疲れて乗る電車のなかで思いだしたりしてしまうのだ。

コンパートメントに戻った。疑問はなにひとつ晴れてはいなかった。ロシアではこういうとき、なにひとつ説明はないということなのだろうか。イミグレーションの権限は絶対なのだろうか。車掌がやってきて、枕カバーやシーツを戻すようにいう。このコンパートメントに居座ることはできなかった。僕らは荷物をまとめるしかなかった。ホームに降りた。やけに天気がよかった。小鳥の声も聞こえる。例の通訳青年も一緒だった。

「マハチカラからバクーに行く飛行機はすぐにあるの？」

「いや、マハチカラはやめたほうがいいと思う。ほとんど飛行機が飛んでいないんだよ」

「テロで？」

「そうかもしれない。アストラハンまで戻ったほうがいいよ」

「でも、列車が昨日、爆破されたんだ。列車でアストラハンまで戻ることはできないでしょ」

「テロは昨日でしょ。今日は、普通に列車が走ってますよ」

「………」

やはりこのエリアは爆破テロに慣れていた。

しかしアストラハンに戻るということは、テロの頻発地域を再び通過することを意味していた。外国人旅行者のことを考えれば、このままアゼルバイジャンに出国させたほうがはるかに安全なのだ。国境はもう、目の前なのである。

「ところで、僕らはどうして出国できないか聞いてる？」

周りにイミグレーションの職員がいないことを確かめて訊いてみる。

「いや。なにも説明されていない」

これがロシアという国なのかもしれなかった。

車両から次々にイミグレーションの職員が降りてきた。乗客の出国審査が終わったようだった。彼らの指示で、ホームの先端に移った。そこは屋根がある休憩所のようになっていた。ホームの端には金網のゲートがあった。

待っていると列車の警笛が鳴った。駅員が手動でゲートを開け、列車はゆっくりと進んでいく。この先にアゼルバイジャンの入国審査が行われる駅があるはずだった。

僕らはただ、その車両を見送るしかなかった。

列車が通りすぎると、そこにイミグレーションの職員が集まってきた。二十人ほどがいる。全員が整列し、その前に、迷彩服を着た責任者が立った。職員に向けての訓示がはじまった。意味はわからないが、僕らもその話を聞くような情況である。責任者はときどきジョークを混じえているのか、職員の間に笑い声が起こる。とても笑える気分ではないが、怒る気分にもなれなかった。責任者と目が合わなかったから、僕らのことを話題にしているようではなかった。

「これからもしっかりとパスポートをチェックするように」

などといっているのかもしれない。

訓示が終わると、全員が列をつくって移動をはじめた。責任者が僕らに向かって、

「ついてこい」というポーズをつくった。扉の鍵を開けて外に出ると、そこは車が行き交う道路だった。

十分ほど待っただろうか。一台のバスがやってきた。職員と一緒にバスに乗り込むように指示された。

「僕らって拘束されてるんでしょうか」

阿部氏が訊いてくる。

「そういう雰囲気じゃないんだよな。皆、今日の仕事は終わったって感じでリラックスしてる。制服を脱ぎはじめている人もいるしな……」

情況をつかめずにいた。バスのなかは冗談が飛び交うような和気あいあいとした空気が流れているのだ。バスは国境から逆方向に戻っていることはわかった。

着いたのは駅の横にある建物の前だった。デルベント駅のようだった。僕らは国境のポイントから、デルベント駅まで戻されたことになる。建物はイミグレーションのオフィスだった。会議室のような部屋に通された。ここで取り調べを受けるような気がした。きちんとした通訳もやってくるのかもしれない。それはチャンスのような気もした。これまで多くの国境を渡ってきた。そこには密入国や違法入国も含まれているから大きなことはいえないが、この国境では悪いことはなにひとつしていないはずだった。堂々と主張できる。ここでイミグレーションの判断が覆され、次の列車でアゼルバイジャンへ……ということもありえるような気がしたのだ。

いや、それは甘いのだろうか。通過できない国境を越えようとした外国人という烙印

イミグレーションの職員の任務は、僕らが戻ることを確認することだった気がする

が捺《お》されるのかもしれない。

しかし結果は、そのどちらでもなかった。責任者はひとりの職員を連れてきて、

「アストラハン、チケット」

といったのだった。つまり、これから、この男と一緒にデルベント駅へ行き、アストラハンに戻る列車の切符を買え、ということだ。ただそれだけだった。

１６２１・５──。

デルベント駅の入口の階段に座り、アストラハンまでの切符に記された金額を見つめていた。何回見ても溜息が出る。日本円にして五千円ほどの一六二一・五ルーブルという金額。なぜ自腹でこの切符を買わなくてはいけないのだろうと呟《つぶや》いてみる。それよりも、同じルートを戻っていくことのほうが気が重かった。これまで、いくつかのトラブルはあったものの、なんとか先へ先へと列車を乗り継いできた。中央アジアは、思っていた以上に順調に進むことができた。ところが再びロシアに入り、もう一歩でアゼルバイジャンというところで、すごろくでいったらペナルティでふた駒《こま》戻りといった感じになってしまったのだ。その理由がはっきりしていれば、まだ納得がいく。しかし、ただダメといわれて戻るのだ。やはりテロだろうか……とも思ってみる。

デルベントからアストラハンに戻る線路の上には、再び爆薬がしかけられているのか

もしれなかった。そのルートをとことこと戻っていかなくてはならない。

デルベント駅は重厚な木づくりの駅舎だった。切符売り場の向かいに食堂があり、壁には大きな宗教画が掲げられ、高い天井からはシャンデリアが吊《つ》りさげられていた。イスラム社会に帝政ロシアは、ロシア正教というキリスト教文化をもち込もうとしたのだろう。それは軍事支配の象徴だった。まず鉄道を敷き、そこからロシアの文化を浸透させていく手法は、この旅の途中、中国のハルビンでも目にしてきた。しかしその強引な南下政策は、いまとなっては憎悪だけを残してしまったエリアが多かった。

食堂には使い込まれたテーブルが置かれていた。おばあさんがふたりで切り盛りしていた。カウンター越しに鍋を指差し、牛肉スープとパン、サラダを頼んだ。やや濃い味のスープと塩を振りかけただけのサラダ……。質素なダゲスタンの朝食を頬ばっていると、アザーンが流れ聞こえてくる。モスクから流れる礼拝の開始を告げる呼び声である。隅のテーブルでは、老人がウォッカをなめるように飲んでいた。

アストラハン行きの列車は、午後三時近くに入線した。カザフスタン以来、もう何日も乗っているロシア車両である。コンパートメントに入ると、例によって枕カバーやシーツが入ったセットを車掌がもってくる。それを敷き、ベッドに横になる。いつもならノートをとり出し、メモを書き残すのだが、その気力も湧いてこなかった。

同じ路線を戻っているという思いもあったが、シベリアのソヴィエツカヤ・ガヴァニから、ひと筆書きのようにヨーロッパをめざす旅が、途切れてしまうのだ。ここまではなんとか列車でつなぐことができたのだが、ロシアの出国ポイントで行く手を阻《はば》まれてしまった。この先のアルメニアとトルコの間の鉄道がまだつながってはいなかったから、列車だけを乗り継いでいく旅に完璧を求めているわけではなかった。しかしできるかぎり列車にこだわろうとはしていた。その糸がここでぷつりと切れてしまった。

列車旅の疲れもでてきているのかもしれない。ウズベキスタンのタシケントを出発してから五日が経っていた。その間、ホテルに泊まったのはアストラハンの一泊だけで、あと四泊は列車のなかである。そしていま、乗っている列車で五泊目を迎えることになる。

その間、食べていたものは、ロシア風のカップ麺やパン、サラミ、チーズぐらいなものだった。僕らのなかでは、一応、一日のメニューの流れがあった。

朝：紅茶とクッキー。

昼：パンにサラミやチーズを挟んだサンドイッチに紅茶。

夜：カップ麺にパン、サラミ、チーズ。

一見、普通の食事のように映るかもしれないが、これしか選択肢がないことが辛いのだ。たとえば朝、腹が減っていて、パンにサラミやチーズを挟んで食べてしまうと、昼食と同じになってしまう。ロシア風のカップ麺は、アジアのそれとは違うコンソメスープ系だが、それなりにいける。ロシアの車両は給湯器がついているから、いつでも食べることができる。しかし昼、スープっぽいものがほしくなってカップ麺に湯を注いでしまうと、夕食との区別がつかなくなってしまう。

食事どきになり、さて、どうしようかと思ったとき、ほとんどない選択肢のなかで大いに悩むのである。考えてみれば、ソヴィエツカヤ・ガヴァニで列車に乗りはじめて以来、中国の列車が少し違っていただけで、同じ悩みを延々と繰り返しているのだ。

もちろん、駅のキオスクの前で、なにか違ったものを……と物色してきた。しかし、これがまったく同じなのである。今朝もデルベント駅の売店をじっくり観察したが、パンの大きさや型、カップ麺のメーカー、サラミやチーズの色が違うだけで、結局、同じものになってしまった。ときにリンゴやオレンジが売られていると、その都度買ってはいたが、所詮は果物で主食にはならないのだ。

「食生活を変えようと思うんだけど」

暇そうにしている阿部氏に声をかけてみる。

「なんですか、急に」

「いや、アストラハンから国境まで列車で一緒だったロシア人のエンジニアがいたでしょ。バロージャっていう。たぶん奥さんがつくってくれたんだと思うけど、野菜や肉の煮込み料理を密閉容器のなかに入れてもってたじゃないですか。あれだッ、と思ったんです。ロシア製の列車に乗っているときは、カップ麺とパン、サラミ、チーズだけでしょ。味にバリエーションがないし、野菜不足になる」

「乗る前に用意するってことですか」

「そう。スーパーで惣菜を買うとか、レストランで注文して詰めてもらうとか」

「うまくいくかなぁ。それに列車が予定通りに走るとは限らないし……」

そうだった。

マハチカラに停車したのは夕暮れどきだった。時刻表から時間を調べていくと、夜の九時ぐらいに爆破テロの犯行現場を通過する。線路脇に転覆した貨物列車が放置されているのだろうか。

いや、そういうことではない。そのあたりが、いちばん危険なエリアなのだ。

僕らはふた手に分かれた。阿部氏がコンパートメント側の窓外を見つめ、僕は通路側に立った。すでに暗く、写真に収めることは難しくなっていた。窓の外を凝視する僕の脇を同じ車両に乗り込んだ子供たちが走りまわっている。この感覚にまだ馴染めない。二日前に爆破テロが起きたから、今日は大丈夫とでも思っているのだろうか。日々の暮らしは、テロと背中合わせなのだ。人というものは、そのなかで、これほど普通にすごせるものなのだろうか。

結局、僕らは転覆した車両を目にすることはできなかった。列車はなにごともなかったかのように、ダゲスタン共和国を北上していった。

三日後の昼、僕らはアストラハンの空港の発券カウンターにいた。そっと航空券を差しだした。

「もう、飛んじゃいましたよね」

スタッフは航空券を見ると、ゆっくりと頷《うなず》き、手で飛行機が飛ぶようなしぐさをした。

「………」

どうしてこんなことに気づかなかったのだろう。それはいまでも不思議でしかたがない。僕は常日頃、飛行機に乗ることは多い。平均すれば、月に三、四回は乗るだろうか。そのほとんどが国際線である。だから、飛行機の出発時刻の表示ルールも十分にわきまえているつもりだ。やはり、疲れていたのだろうか。いや、いくら列車旅や爆破テロに振りまわされていても、その時刻を間違えることはない気がする。やはり思い込みだろう。これだけ発着便数の少ない空港で、これほど不自然な時刻に離陸するとは思いもよらなかったのだ。

話は二日前に遡る。朝、アストラハン駅に着いた僕らは、その足で空港に向かった。その時点では、飛行機のスケジュールもわからなかった。仮にフライトがあったとしても、席がなければ、別の方法を考えなければならない。僕らのビザは、九月十一日で切れてしまう。それまでにロシアを出国しなくてはならない。猶予は二日間しかなかった。

閑散とした空港だった。掲示を見ると、その日のフライトは、モスクワ行きの国内線が三便あるだけだった。典型的なロシアの地方空港だった。訊くと週三便だけ、アゼルバイジャンのバクー行きが就航しているのだという。

幸運だった。ビザが切れる九月十一日にフライトがあり、席を確保することができた。ぎりぎりセーフの出国だった。航空券には、「04：15」という出発時刻が記されていた。そのとき、僕は午後四時十五分と思い込んでしまった。

午前四時台のフライトは、いちばん辛い時間帯である。チェックインは午前二時。どの時間帯で眠ったらいいのかわからないのだ。これだけ発着便数が少ない空港では、ありえない時刻である。航空券を受けとったとき、そんなことを考えてもみなかった。ただ午後四時十五分だと記憶に留めただけだった。

気づいたのは、搭乗日の昼前、空港に向かうタクシーのなかだった。慌てて航空券をとりだすと、「04：15」と書いてある。

「ごめん、僕が勘違いをしてた。これ、午前四時十五分だよ」

阿部氏も航空券をとりだした。

「ロシアの独自ルールってこと、ありませんか。午前と午後で分けるっていう」

「国際線だからね……。それならＰＭとか書き加える気がする」

一縷《いちる》の望みをつなぐとしたら、それしかなかった。

しかし飛行機は八時間ほど前に飛びたってしまっていた。

通常なら次の便を買う方法があった。この便の飛行機代は無駄になってしまうことが多かったが、それは乗り遅れた本人の責任だった。しかし僕らの情況は違った。その日でビザが切れてしまうのだった。手配をしてくれたエージェントに電話をかけてみた。

「困りましたね。ロシアのビザは厳しいですから。今日、延長ビザをとることはとてもできません。イミグレーションにいえば、今日中に、どこでもいいからほかの国に出国しなさいっていわれますよ。モスクワにいたら確実にそういわれます。アストラハン……。いま、フライトを見てるんですが、今晩、モスクワからアゼルバイジャンのバクー行きがあります。それに間に合うようにモスクワまで来ることができますか?」

発券カウンターで詳しく調べてもらった。飛行機の空席情況はこんな感じだった。

〈アストラハン—モスクワ〉
九月十二日　空席あり
九月十一日　空席あり
〈モスクワ—バクー〉

九月十一日午後二時台　空席なし
九月十一日午後八時台　空席あり
九月十二日午後二時台　空席は、エコノミークラス一席、ビジネスクラス一席のみ
九月十二日午後八時台　空席あり

しかし、行き先や航空会社によって、モスクワの利用空港は分かれていた。運が悪いことに、アストラハンからの飛行機が到着する空港と、バクー行きが出発する空港は離れていた。モスクワは世界有数の渋滞都市である。空港間の移動に四時間はみたほうがいいという。モスクワからバクーまでは深夜の出発だが、乗り継ぎができるのは、午後二時台の飛行機に限られた。

阿部氏と顔をつき合わせ、飛行機の組み合わせをつくってみる。

ビザ切れの前にロシアを出国する方法はひとつしかなかった。九月十一日の午後八時台の飛行機でモスクワに行き、間に合う国際線に飛び乗ることだった。外国なら目的地はどこでもよかった。しかしこうしてロシアを出国してしまうと、新しくビザをとってアストラハンに戻らなくてはならない。費用も時間もかなりかかってしまう。いくらロシアのビザが厳しいといっても、この方法はとりたくなかった。

「十二日のバクー行きの切符を買っておいて、十一日中に出国して、待合室で一日待つ

ってのはどうだろう」

「チェックインがすまないとイミグレーションを通れないでしょ」

「それもそうだよな」

「十二日の午後二時台の飛行機でモスクワに行って、その足でバクー行きに乗るってのはどうだろう」

「でもオーバーステイでしょ」

「一日ぐらい大目にみてくれるかもしれない。一日間違えたとかいって嘘をつけば……」

「…………」

再び発券カウンターに出向き、九月十二日の午後二時台のフライトの料金を訊いてみた。ふたりで二万七千五百五十ルーブル、日本円にして八万三千円近くもした。一席はビジネスクラスとはいえ、かなりの金額である。これにバクーまでの料金も加わるわけだから軽く十万円は超えてしまうだろう。

どうしようか……。

悩む僕らにひとりの青年が声をかけてくれた。英語だった。モスクワで働くエンジニアで、休暇をとり、実家のあるアストラハンに帰っていた。彼は九月十三日の月曜日にモスクワに戻る航空券を買いにきていた。彼にはそれから三日間、本当に世話になった。

名前をダーレンといった。両親が隣国のカザフスタンから移住してきたというカザフスタン系ロシア人だった。

イスラム系の人々は、旅人を大切にする。食事からバス代まで、すべての料金を出してくれ、旅人には一切、金を使わせないエリアもある。僕もこれまで、自分の都合など度外視した親切にずいぶん助けられてきた。アルカイダの行動が影響しているのか、イスラム社会に悪いイメージをもつ人は多いが、そのなかに入り込むと、体がとろけるほどの優しさが待ち受けていることが多い。キリスト教系社会に比べると、ウエットで温かい社会なのだ。

イスラム系ゲリラが起こした爆破テロで、僕らはアストラハンに戻されたのかもしれない。しかし僕らを助けてくれたのも、またイスラム系のロシア人だった。

ダーレンに事情を話した。彼の提案で、空港内のイミグレーションに行ってみることにした。ビザを延長してくれれば、すべてが解決する。

オフィスは閉まっていたが、近くにいた職員から、ひとりのおばさん職員を教えてもらった。その女性が出国審査をするのだという。その女性は、トランシーバーを片手に、到着フロアーで働いていた。ダーレンが事情を話してくれた。

「ここのオフィスでは延長手続きはできません。でも、市内のオヴィールへ行けば、スペシャルビザがもらえると思いますよ」

オヴィールは外国人のビザや登録を担当するオフィスである。

市内のオヴィールに向かうことにした。ダーレンが車で送ってくれる。しかしオフィスは閉まっていた。運悪く、その日は土曜日だった。ダーレンがインターフォン越しに訊くと、「月曜日に来い」という冷たい返事が聞こえただけだった。この種のオフィスが週末、休んでしまっていいのだろうか……とも思う。しかしドアが閉まっていてはどうしようもない。

どうしようか……。

空港の職員が口にした言葉に賭けてみるしかないような気がした。その女性が口にした言葉のなかで、「スペシャルビザ」というところだけが英語だった。その甘い語感が脳裡に残っていた。明日からオーバーステイになってしまうが、月曜日の朝、オヴィールに出頭する。それが最善策のように思えた。

「だったら航空券があったほうがいい」

ダーレンが口を開く。その通りだった。航空券もなしにビザの延長だけを申し出ても説得力に欠ける。ただビザがほしいだけではないかと疑われてしまうのだ。それが役所というものだろう。その体質はどの国も変わらないはずだった。

再びダーレンの車で空港に向かった。途中、彼は団地の入口で車を停めた。しばらくすると、ひとりの若い女性が姿を見せた。アストラハンで英語の教師をしているアンジエーラだと紹介された。きれいな女性だった。なんだか僕らは、デートのだしに使われている気がしたが、ここまでしてくれているのだからなにもいえない。

航空券は簡単に買うことができた。フライトは月曜、水曜、土曜という週三便だった。次の便は月曜日、九月十三日で、出発時刻はやはり「04：15」だった。しかしその日の朝九時にオヴィールに出頭するわけだから、この便に乗ることはできなかった。手に入れたのは、九月十五日の「04：15」だった。

はたしてビザがもらえるのか。なにもわからなかった。いままでロシアでオーバーステイ状態になったことは一度もなかった。


「この部屋の天井、動きませんか」

隣のベッドでぼんやりと見つめる阿部氏が口を開いた。

「天井？」

しばらく眺めた。

「ほら、ほら。天井から下がっている電灯のひものところを見てるとわかるんです。たぶん電灯は梁《はり》に直接つけているから動かない。でも天井板の立てつけが悪いのか、ほら、外から風が入ると下がるんです。そして風が抜けるとあがっていく……。ほら、ほら」

ふたりの男は天井を凝視するのだった。昨夜から、天井からぎしぎしという音がすることはわかっていた。天井裏にねずみでもいるのかと思っていたが、実はそういうことだった。つくづく眺めると、まるで生き物が呼吸をしているような天井なのだ。

部屋の居住性に影響はなかった。クレームをつけるほどでもない。だいたいここが宿なのかもわからない。宿代をおばちゃんは受けとったのだから、一応、宿と考えてもいい気はするのだが……。

航空券を買った僕らは、ダーレンの車で市内に戻り、これまで泊まっていたホテルにチェックインしようとした。ダーレンが事情を説明した。するとつい数時間前まで、笑顔で応対してくれていたフロントの女性の表情が豹変した。

「だめです。泊められません」

能面のように表情がなかった。理由はわかっていた。ロシアのホテルは、宿泊したときに登録を行う。その控えは、宿泊客に渡される。ホテル側はその登録を警察に提出するようだった。社会主義が徹底していた時代、コルホーズという集団農場から都市への逃亡を防ぎ、スパイを摘発するためにつくられた制度だといわれる。ペレストロイカ以降、ロシアの都市は、一見、自由主義国のシステムを装ってきたかのように映るが、こういった監視体制はしっかりと残っていた。

なにか見てはいけないものを目にしてしまったような気がした。ビザが切れると、一転して、ロシアの旧体制が目の前に現われてしまうのだ。

ダーレンが粘ってくれた。ホテルのマネージャーらしき男性が出てきた。

「フラットなら泊まれるかもしれない」

そう説明した。フラットとは、一般のアパートのような存在かもしれない。しかしフラットがどこにあるのかもわからなかった。

市内のもう一軒のホテルにあたった。そこもだめだった。しかし、そこにいたマネージャー格の女性が、「あそこなら……」と場所を教えてくれた。

そこはオヴィールから百メートルも離れていないレンガづくりの建物だった。ホテルという表示はもちろん、看板ひとつ出ていない。木造のドアをノックした。赤毛のおばさんが半分開けたドアから顔を出した。ダーレンとの間で、なにやら会話が交された。

一泊二千五百ルーブルだという。七千五百円ほどである。

その場で首を縦に振った。泊めてくれるだけでありがたかった。なかに入るとそこはカウンター式の小さなバーだった。客はいなかったが、カウンターのなかには若い女性もいた。奥には小部屋もある。脇にある狭いらせん階段をあがると、そこに部屋が三室あった。

そういうことだったのだ。

「日本でいえば、ちょんの間ってやつですか」

「こういうところだから、ビザのない僕らも泊めてくれる。まあ、裏ホテルってとこかなぁ」

「夜はうるさくて眠れないのかもな」

部屋を見たダーレンが口を開いた。

「これからアンジェーラを家に送ったら、ここに戻ってくる。それからスーパーに買いだしにいこう。今日はまだビザが生きているから」

ダーレンは、一軒目のホテルに断わられたとき、僕らがいかにまずい状態に置かれているかを察したようだった。その国に暮らす人々は、一般に、外国人旅行者のビザについては詳しくはない。日々の生活には無縁のことなのだ。親切心で僕らの手伝いを買ってでてくれたが、とんでもない奴らにかかわってしまったと思ったかもしれない。僕らは普通のホテルに泊まることができない身だったのだ。

アストラハンは、チェチェン共和国やダゲスタン共和国に近いことから、街なかの警備が厳しい。オヴィールは政府関係のオフィスが入っているビルの一階にある。テロの標的になりやすい場所だから、とくに多くの兵士が配備され、路上にはふたりひと組の警官がひっきりなしに巡回にまわっている。もし、彼らからパスポートの提示を求められたら、面倒なことになることはわかっていた。

外に出ることができるのは、まだビザがあるこの日までだった。明日は一日、裏ホテルのなかで息を潜めていなくてはならない。

買いだしにいく途中、ダーレンに訊いてみる。

「もしオヴィールで、土曜と日曜の夜は、どこに泊まっていたと訊かれたら、どう答えたらいいと思う？」

彼はハンドルを握りながら、しばらく考えているようだった。

「路上っていうのも無理があるよな。この街は、路上に寝ていたら、必ず職務質問を受けるからね。やっぱり空港かな。二日間、空港で寝泊まりしていたっていうのが、いちばん安全な気がする」

髭《ひげ》も剃《そ》らず、シャワーも浴びないほうがいいかもしれない。疲れ、やつれた表情でオヴィールに出頭する。そうすれば、少しは役人の同情を買えるような気がした。

こうして僕らは、アストラハンの裏ホテルに引きこもることになった。

部屋に冷蔵庫はなかったが、電気ポットはあった。お湯だけで食べることができる食事……結局、カップ麺だった。スーパーにはいろいろなものがあったが、裏ホテルの一室で食べることができるものは限られてしまう。パックされたサラダとダーレンがおいしいといってすすめたリンゴジュース、それにオレンジ。列車旅の食事と違うものといったらそれだけだった。アストラハンの街なかにいるというのに、僕らは相変わらず、パンにチーズやサラミを挟み、カップ麺をフォークで啜《すす》るしかなかったのだ。なんだか情けなくもなってくる。

アストラハンに戻ってから、僕は風邪ぎみだった。薬局で買った薬を飲んでいたが、体は熱っぽかった。なんとか風邪を治さなければ……と、薄暗い裏ホテルの部屋でふとんにくるまっていた。ホテルから出ることができないという情況は、体のためには不幸中の幸いだったのかもしれないが、阿部氏は退屈だったはずだ。彼はカメラマンだというのに、写すことができるのは部屋のなかと、窓から見渡せる路地裏の風景だけだった。くすんだ風景だった。バラックを組んだような木造の家が互いにもたれかかるように建っていた。窓から吊ったロープには、洗濯物がだらしなく干されていた。軋む階段を極端に短いスカートを穿《は》いた女がおりていく。ジャージを着た遊び人風の男が煙草をくわえたまま階段に座っていた。裏稼業で糊口《ここう》をしのぐ人間が発する臭い……。アストラハンの街は、一見、公園都市のように整備されていたが、歴史を漂わせるレンガづくりの建物の背後には、出口のない貧しい世界があるようだった。そんな一画だから、僕らも泊まることができたのだが、ただ一日、その風景を見続けるのも、カメラマンには辛いことだったに違いない。

体調が悪い僕は寝ていればよかったが、彼にしても期間が切れたビザシールが貼られたパスポートをもっているから、一歩も外に出ることができない。もとはといえば、僕が「04：15」を午後だと思い込んでしまったことがいけないのだ。テレビをつけてもロシア語放送ばかりである。しかたなく飯でも……と思っても、小さなテーブルの上には、これまで延々と食べ続けてきたカップ麺とパンしかない。

あれはカザフスタンを出国する深夜のことだったか、阿部氏のパスポートを見た審査官が握手を求めてきた。なにごとかと思って訊くと、

「今日、誕生日なんですよ」

と阿部氏はぽつりと答えた。四十五歳になったという。東京の家にいれば、奥さんとふたりの子供に囲まれ、バースデーケーキのろうそくを吹き消していたのかもしれなかった。ときどき奥さんから送られてくるメールには、子供たちの写真が添付されていた。ユーラシア大陸を列車で横断するなどという酔狂な旅につきあわされたおかげで、裏ホテルの一室で、風が吹くたびにたわむ天井を見あげている。

申し訳ないと思う。

しかし、スペシャルビザをもらえなければ、この街から出ることもできないのだ。

月曜日の朝、僕らは荷物をまとめて裏ホテルを出た。オヴィールは目と鼻の先だから、荷物を置いていってもよかったが、僕らは空港で二泊したことにしなくてはいけなかった。ドアは若い女性が開けてくれた。

「オヴィールか」

と訊かれた。ここにいる女たちは、僕らの事情をすべて知っているようだった。

あたりを見まわした。警官がいないことを確かめ、歩道に出た。足早にオヴィールの入口に向かう。朝日が眩《まぶ》しかった。途中でパスポートチェックを受けるとややこしくなる。ものの一分ほどでオヴィールの前に辿り着いた。心臓が鳴っている。僕は本当に病みあがりなのだ。

九時になり、ドアが開いた。僕らを含め五人ほどがオフィスに入った。セキュリティーチェックの先に廊下があり、壁に沿って長椅子が並んでいた。警察署のようだった。すぐ左側のオフィスでパスポートのチェックを受けると、いちばん奥の二番の部屋に行けといわれた。そこがビザオフィスなのだろうか。部屋に入った。女性の職員がふたりいた。英語はあまり通じなかった。僕らはパスポート、乗り遅れた航空券、予約が入った航空券、そして手紙をテーブルの上に置いた。

手紙は僕が英文で書き、ダーレンがロシア語に訳したものだった。そこにはオーバーステイになった理由と、飛行機の出発日までのビザがほしいという内容が書いてあった。ほとんどが真実だったが、ひとつだけ嘘を書いた。飛行機に乗り遅れた日、つまり九月十一日のアストラハンからモスクワまでの飛行機はすべて満席だったと書いた。そこまで調べることはないような気がしたのだ。そして最後に、バクーまでの列車で出国させてくれるのなら、翌日にでも出発する——とも書き添えた。あわよくば……という思いがあった。オヴィールのお墨つきをもらえれば、国境を列車で通過できるかもしれなかった。

中年の女性職員が手紙を読んだ。そして、外で待つようにというと、彼女はパスポートや航空券などの一式を手に、別の部屋に入っていった。上司と相談するのだろうか。いたたまれない時間だった。実際には十五分ほどだったが、二、三時間は待ったような気がした。うまくビザがとれる可能性もあったが、へたをするととり調べを受け、強制送還になるかもしれなかった。

女性職員が部屋に戻り、なかに入るようにいわれた。パソコンが置かれたデスクの脇に立つ。そしてその女性職員は、一枚の用紙をとりだし、そこに数字を書いた。

「六百ルーブル……」

ぴんときた。これはビザ代ではないか。阿部氏に目くばせした。うまくいくかもしれない。

女性職員のなかでは、すでに解決した案件になっているようなそぶりだった。淡々と事務処理をはじめる手の動きが頼もしかった。とり調べひとつない。六百ルーブルと書き込んだのは、銀行の振り込み用紙だった。そこにふたりの名前を書き込む。そしてふいに顔をあげ、後方の窓を指差した。

「あそこにある銀行でこの金額を振り込んできてください。それから写真」

この流れはビザの発給だった。問題があれば、別室に呼ばれるはずだ。

向かいの銀行で金を払い、そこから三軒ほど隣の写真屋に入った。おばさんひとりの小さな店だった。この種の証明写真には慣れている様子で、書類を見せると、すぐに撮影になった。デジカメで撮った写真をコンピュータにとり込むと、僕の顔がモニターに出てきた。三日前からシャワーも浴びていない。髭も剃っていない。風邪で寝込んでいたが、できるだけやつれた風貌でオヴィールに出頭しようという思いもあった。おばさんはなにを思ったのかマウスを握り、頬に映った無精髭を消していく。乱れた髪型も整えられていく。わざわざそんなことをしなくても……とも思うのだが、写真屋のおばさんは、「サービスよ」といいたげに、モニターに映し出された僕の顔を整えていく。これが世間というものだろう。僕はやっと世のなかに出たような気分だった。

振り込みの控えと写真を手にオヴィールに戻った。職員はパスポートや航空券のコピーをとり、そこに振り込み用紙と写真をホチキスでパチンと留め、パスポートと一緒に一枚の書類をくれた。

「明日の四時にとりにきてください」

大丈夫だった。どういうビザをくれるのかはわからなかったが、ビザが発給される。

部屋を出ようとして、足が止まった。

「今晩のホテルは？」

裏ホテルには戻りたくなかった。それにきちんとした宿泊登録をつくらないと、出国時にまたもめるような気がした。

「これでホテルに泊まることができます？」

職員はピンときたのか、用紙になにやら書き込み、スタンプを押してくれた。これで大丈夫、といった顔つきだった。

しかし三日前まで泊まっていたホテルは、その書類を信用してくれなかった。正式なビザがないとだめだという。またあの裏ホテルか……。困ってダーレンに連絡を入れてみた。彼がオヴィールとかけあい、オヴィールからホテルに電話を入れてもらうことにした。

フロントの前で待っていると、電話が鳴った。そしてフロントの女性の表情が一変した。手の平を返したような笑顔に表情が変わる。目にしてはいけないものを、また見てしまった気分だった。

「娑婆《しゃば》の空気」とは、こういうときに使うのだろうか。ホテルの前の運河を眺めながら伸びをする。もう、堂々と警察官の前を通ることができる。兵士のチェックも恐くない。現金なもので、しつこかった風邪も抜けてしまった。ホテルに入り、寝汗で湿った下着を何枚も洗った。

運河に『恋人の橋』とか『結婚の橋』といわれる橋が架かっていた。その日もウエデイングドレスとタキシード姿のカップルが友人たちとやってきていた。欄干に南京錠を留め、「えいッ」とばかりに鍵を運河に投げ捨てるのである。こうして結婚を誓うわけだ。ヨーロッパにもこういう橋がある。離婚をしたらこの橋を渡るたびに過去が蘇《よみがえ》り、気分は沈んでしまうのだろうが、いまは結婚式なのである。先のことなど考えず、危うくても愛とやらを信ずる日である。そんな光景をほほえましく眺める余裕が僕にはできた。

近くにレンガづくりの古い建物があり、その上に「1916」と書かれている。訊くと、一九一六年につくられた発電所で、いまも稼動しているのだという。一九一六年といえば、ロシア革命の前年ではないか。その発電所がまだ動いている。アストラハンという街は、こんなに面白いところだったのか。やはり娑婆はいい。

アストラハンは、ボルガ川がカスピ海に流れ込むデルタに発達した街だった。モスクワの北方から約三千七百キロの距離を流れ下ったこの川は、アストラハンの市街をゆっくりと流れていた。川に沿って広い遊歩道がつくられていた。陽が落ちると、夕涼みがてら人々が集まってくる。アジアだったら、屋台がずらりと並ぶところだろうが、ここはロシアである。アイスクリーム屋がぽつんとある程度で、人々はただ、川風を受けながら歩いている。

ロシアでは「母なるボルガ」と呼ばれるこの川は、途中でその精気を小麦畑に吸いと

ボルガ川の河口にあるアストラハンは運河の街だ。「恋人の橋」もそんな運河に架かっていた

られてしまったのか、少し疲れ、汚れていたが、そのまったりさが、夏の湿った空気に似合っていた。

遊歩道でひと組の家族連れと話をした。訊くとカザフスタン人だった。なんでもアストラハンの人口の二、三割は、カザフスタンからの移住者だという。そういえば、僕らを手助けしてくれたダーレンも、両親がカザフスタンから移った家の息子だった。

アストラハンには、チェチェン共和国やダゲスタン共和国からの人口流入もある。彼らが目だったのは、むしろ、アストラハンの手前、カザフスタンのアトゥラウだった。駅の南側に市場があった。列車の乗り継ぎの間にそこを歩くと、物乞いの子供たちがまつわりついてくる。

そのしつこさに辟易《へきえき》としながら、ふと、視線をあげると、乳飲み子を抱えた黒いチャドル姿の母親が立っていた。戦乱で父親を失ったのかもしれなかった。生活の糧《かて》もなくなってしまったのだろうか。生まれた土地を離れたとき、キリスト教のロシアより、イスラムのカザフスタンに親近感を抱いたのかもしれない。これから進む国の貧困を目にしてしまったような気になり、少し落ち込んでしまった。

行き場のない人々が、ボルガ川の河口の一帯を右往左往しているようだった。裏ホテルから眺めていたバラック建ての家々にいたのも、そんな人々なのかもしれない。

川沿いの店でビールを飲み、ホテルに帰る路《みち》すがら、菓子でも買おうかと雑貨屋に入った。すると横に酔った若いカップルが立ち、なにやらロシア語でいう。無視してポテトチップスもどきの袋を店のおばさんに差しだすと、電卓に打ちこまれた金額がやけに高い。不審に思っていると、別の男性客がかたことの英語で説明してくれる。

「隣にいる奴らのウォッカ代も含まれているんですよ」

「そんな話、聞いていませんよ」

男性客がカップルに諭すようにいうと、若い女はチッと舌打ちをして、カウンターにウォッカを置き、逃げるように出ていった。店の前で、僕らが入っていくのを確かめ、ウォッカを買わせようとしたようだった。

アストラハンの街はいま、こんなことになっていた。

「あれ、食べてみますか」

ホテルに戻ると、阿部氏が食糧袋のなかを探しながらいった。

「あれ？　そうだ、キャビアでしょ」

アストラハンといえばキャビアである。その産地としては、世界で最も有名な街かもしれない。実は裏ホテルにこもる前、食糧を買いだしにいったスーパーでキャビアをみつけた。しかし、二千ルーブル、四千ルーブル、日本円で六千円、一万二千円といった値札がついていてとても手が出なかった。しかしその横に、三十七ルーブルという壜詰《びん》めが置かれていた。

「これもキャビアですよね」

「この絵はたぶんチョウザメだよな」

「三十七ルーブル、百円ほどじゃないですか」

僕らはそのキャビアを買っていた。阿部氏は風邪ぎみの僕に気遣って食べなかったらしい。

金属製のふたを開け、ひと口食べてみる。

「キャビアですよね」

「本物の味を知らないからなぁ。それに三十七ルーブル」

「……………」

五十六歳の物書きと、四十五歳のカメラマンの会話は頼りなかった。

九月十五日の午前一時、僕らはアストラハンの空港に入った。ロビーの照明は完全に落とされていた。外の街頭の灯を頼りに、待合室に進んだ。

「フライトはあるんだろうか……」

これだけ暗いと、また不安になってくる。目を凝《こ》らすと、待合室の片隅に人が座っていた。

「バクー？」

そう訊くと、

「ダー」

はい、という意味のロシア語が返ってきた。

三時近くになり、ようやく照明がともった。待合室にいる人は少なかった。イミグレーションの職員から声がかかった。

前日の午後四時、僕らはビザを受けとった。パスポートに貼るスタイルではなく、紙きれ一枚である。それはトランジットビザだった。日程を見ると、九月十四日から十日間となっていた。九月十五日にはバクーに向かうのだから、そんなに長いビザでなくてもよかったのだ。しかし、発給してくれたのだから文句をいう筋合いではない。だが、九月十四日からというところが気になった。僕らの前のビザは、九月十一日で切れているのだ。九月十二日と十三日はビザがなかったことになる。

「これで空港は問題ないのでしょうか」

手続きをしてくれた女性職員に訊くと、大丈夫だという。

パスポートと紙きれ一枚のトランジットビザを、イミグレーションのカウンターに差しだした。不安がよぎる。しかしイミグレーションの職員は、なにひとつ質問もせず、出国スタンプを捺してくれた。

飛行機はフォッカーという小型のプロペラ機だった。定員は四十六人。しかし乗客は九人しかいなかった。

暗闇のなか、飛行機はプロペラがまわる鈍い音を残しながら、南へ向かって、ふらふらと舞いあがった。

コラム　チェチェン共和国の平穏……その意味

チェチェン共和国周辺は、二〇二〇年現在のところ、平穏が保たれている。チェチェン共和国のトップであるカディロフ首長と、ロシアのプーチン大統領の蜜月は続いている。ともに柔道の愛好家。ずぶずぶの関係が噂されている。

しかしチェチェンの人々の怨念のようなものは消えたわけではない。山岳部には、いまだ反政府勢力が立てこもっている。東隣のダゲスタン共和国との境界にも、反政府勢力の拠点があるといわれる。

反政府勢力は、イスラム過激派組織・イスラム国との連携もささやかれている。シリアからイラクにかけてのエリアを支配した彼らは、その後、分散。アフリカ、アフガニスタン、チェチェンなどにその拠点を移したともいわれる。いまもチェチェン周辺で散発的に起きているテロにも、イスラム国の兵士が加わっているともいわれる。

チェチェン共和国がいま、表面上の平穏を保っているのは、ロシアから膨大な投資が行われているからのようだ。二回にわたる大きな紛争で荒廃した首都のグロズヌイは、見違えるほどに整備されてきたという。あちこちでビルが建てられ、ある意味、バブルの様相でもあるらしい。ロシアの懐柔策なのだが、チェチェンの人々のロシアへの反発の背後には貧困があったわけだから、そこを巧みにカディロフ－プーチンのラインは狙っているということだろう。

次々に高層ビルが建設される光景は、「コーカサスのドバイ」ともいわれるという。

危うい状態だが、チェチェン共和国は、一応の安定路線に入ったとみられている。

それは僕が乗ったアストラハン発バクー行きの列車にもいえるようだ。

最近、この路線に乗った日本人旅行者によると、なんの問題もなく、アゼルバイジャンのバクーまで着くことができたという。

この旅の後、読者や知人からさまざまな情報が寄せられた。モスクワからウクライナのキエフ行きの列車に乗った欧米人が、やはり僕のように出国できずに戻されたといった話も聞いた。以前から、ウクライナとロシアの関係はあまりよくなかったというが。

モスクワから中央アジア、モスクワからベラルーシを通ってポーランドに抜ける列車は外国人も問題なく乗ることができる。モスクワ出発で、旧ソ連から独立した国への列車の路線でいえば、ウクライナ方面とコーカサス方面が残ってくる。これらの路線になにかの出入国制限がかかっていたということなのかもしれない。

最近、ロシアとウクライナの対立が表面化している。ウクライナ領のクリミアをロシアは併合。これに対して欧米は経済制裁を科した。ウクライナのヨーロッパ寄りの姿勢は鮮明なだけに、モスクワからキエフに向かう路線のほうが不安定かもしれない。

第七章　憂鬱なコーカサス

変わった。

バクー駅の切符売り場で、肩の力がスーッと抜けていくような感覚を味わった。旅人は弱いものだとつくづく思う。相手のちょっとした言葉遣いや笑顔に救われ、元気をとり戻したりする。単純なもの……と思われるかもしれないが、知らない土地を歩く旅行者は、いくら経験を積んでも、恐る恐る相手の心を探るようにして前に進んでいくものだ。

「下段ベッドは臭《くさ》いから、上段にしたほうがいいですよ」

窓口のおばさん職員はたしかにそういった。

「臭い？」

阿部氏と顔を見合わせた。トイレの臭《にお》いでも漂ってくるとでもいうのだろうか。

「臭い？」

おばさん職員は頷《うなず》き、そして笑った。

こんな会話をついぞ忘れていた。

これまで何回、列車の切符を買うために、窓口の前に立ってきただろうか。席の有無や金額は、簡単な英語や電卓などで示してくれたが、「上段がいいのか、下段がいいのか」と訊かれたことは一回もなかった。どちらかといえば、下段が希望だった。上段は梯子《はしご》を使って上りおりしなくてはならず、コンパートメントのなかで食事をするにも下段ふたつのほうが便利だった。その思いはあるのだが、伝える言葉もわからなかった。窓口の職員が気を遣ってくれるのなら、紙に図を書けばわかることだった。しかし、そう訊かれることはなかった。いつも車内に乗り込んではじめて、ベッドの位置を知った。どこかそういうものだと思い込んでもいた。

車内がすいていると、上段から下段とか、コンパートメントを移っていいといったことを伝えてくれることはあった。しかしそれは車掌のサービスで、発券窓口では、ただ自動的にベッドが決まっていった。地元の人なら、そういう会話もあるのだろうが、言葉の通じない相手には無縁のことだった。

一度だけ、それらしき会話があった。出国を拒否され、ダゲスタン共和国のデルベントからアストラハンに戻る切符を買うときだった。席があることがわかったとき、窓口のおばさん職員が切符を見せてくれた。「これでいいか」といった雰囲気だった。あのとき、ベッドの位置を訊こうとしたのかもしれない。ロシアも辺境になると、そういう気遣いが残っているような気がした。

日本では普通の会話……。バクー駅の発券窓口で味わっていたのは、そういうことかもしれなかった。アゼルバイジャンは、かつて、旧ソ連を構成するエリアだったが、従属するにはかなりの無理があった。長くソ連への抵抗運動が続いていた。ソ連でゴルバチョフが政権の座につき、ペレストロイカの流れが確実になっていく一九八九年、ソ連を構成したエリアのなかで真っ先に共和国主権宣言を発表する。これに対してゴルバチョフはソ連軍を投入する。バクーの街に、ソ連軍の戦車や装甲車が侵攻していく。いまでも中心街の石づくりの建物には弾痕《だんこん》が残っているといわれる。しかし、ソ連軍は激しい抵抗に遭い、一九九一年、アゼルバイジャンは独立を果たすのだ。

やはり民族、言葉、習慣、発想……と、およそすべてが、ソ連とは違っていたのだ。今日から独立です……といわれた中央アジア諸国とは、独立の意味が違っていた。社会主義というものを、頭で受け入れることができても、心と体は別の方向に走っていってしまう人々だった。

駅舎を出ると、目の前を、ほうき売りのおじさんが歩いていた。売り物を背負い、声を嗄《か》らす。

「ほうき……ほうき……軽くて使いやすいほうきはいかが？」

アゼルバイジャン語で、そういっているのかもしれなかった。思い返せば、カザフスタンに入国して以来、路上を歩く物売りはほとんど目にしなかった。アジア——。僕の目にはそう映った。しかしそれは、ロシアという国から、ぽんとやってきた旅行者の表層的な印象だったのかもしれない。バクーの街から漂ってくるものは、自由というものに近い感覚だった気がする。いや、そんな立派なものではない。勝手な人々が醸《かも》しだす匂いだった。彼らの意識は、最後まで、社会主義というものと相容れなかったような気もするのだ。

一九九七年にもバクーを訪ねていた。そのときはバスで西に向かうつもりだった。バスターミナルに入ろうとすると、何人ものタクシードライバーに腕をつかまれてしまった。

「俺の車で行かないか」

バスに乗るつもりできたのだから、そう簡単には変えられない。それにタクシーはべらぼうに高いはずだ。そういうと、男たちはしばらく黙った。ところが、ひとりがこういったのである。

「俺はバスのドライバーだ」

よくもこういう大嘘をつけるものだと思った。その男は、ついいましがた、タクシードライバーだといったばかりなのだ。

バクー駅前の石畳を、ほうき売りのおじさんが通りすぎた。ひとつ売っていくらの儲け？

当時はこの種のいい加減さにうんざりしたものだが、それはアジアという枠組みのなかでの話であって、ロシアからやってくると、そんなアゼルバイジャンの人々にシンパシーも感じてしまうのだ。そういう世界に、戻ってきたようだった。

駅近くの小さな公園の脇にある茶屋に入った。紅茶を頼むと、角砂糖とレモンの輪切りがついてきた。旅の日々を辿ってみる。朝、駅に着き、駅舎から出、その近くにある店で朝食をとった記憶があまりない。それができたのは中国だけだった。いつも駅舎のなかにある売店かカフェだった。外に出ても店がないのだ。

「これって普通ですよね」

阿部氏が紅茶を飲みながらぽつりという。歩道を会社に急ぐサラリーマンたちが歩いている。交差点の近くには、何軒もの店が並び、人々はそこでサンドイッチをかじり、紅茶を飲んでいる。これが僕らの感覚でいう普通だった。これまで、街なかでなかなか食堂がみつからないエリアを延々と歩いてきたのだ。

近くのテーブルでは、この店の従業員が、大きな角砂糖の塊をカッターで切り刻んでいた。アゼルバイジャンでは、コーヒーや紅茶につく砂糖をこうしてつくっていたのだ。目が合うと、従業員の青年は、ちょっと照れたような笑顔をつくった。角砂糖をつくっているところを見られることが恥ずかしいらしい。

楽だった。

いつもの旅が、ようやく戻ってきたような気がした。

地下鉄に乗って旧市街に行ってみた。城壁に囲まれたその一帯は世界文化遺産にも指定されていた。レンガづくりの家々は、ベージュ色に統一され、その間を細い路地や石段が続いている。最も古いといわれる塔は一〇九三年に建てられたのだという。建物の多くは十二世紀から十五世紀に建てられていた。一時期、この城塞都市のなかには六千人ほどの人々が暮らしていたらしい。その狭い道を歩きながら、僕はしきりと首を傾《かし》げていた。

「こんなにきれいだったっけ……」

十三年前に訪ねたときも、この一画を歩いた記憶があるが、建物はくすみ、どこかう

旧市街の端に建つバージンタワー。この塔の海側には、かつての石油成金の豪邸が並ぶ

ら寂しい印象すらあった。しかしいまは修復が進み、ベージュ色の外壁の家々が明るい日射しを反射しているのだ。

　バージンタワーと呼ばれる塔にのぼってみた。十二世紀に建てられた塔は、当時、カスピ海に面していたはずだった。兵士たちはここにこもり、海側からの攻勢をくい止めたのだろう。その頂に出、広がる景色を眺めたとき、いまのバクーを目《ま》のあたりにしたような気がした。

　眼下に旧市街が広がっていた。そこから視線をあげていくと、高層ビルが旧市街を見おろすように建っているのだ。船の帆のような形をした二棟の高層ビルは建設途中だった。手前の旧市街と高層ビルの間には、千年という年月が流れていた。

朝焼けのバクー空港に着いた。朝も早く、市内に向かうバスも走っていなかった。空港出口のタクシーカウンターに向かった。そこには市内まで四十マナトと書かれていた。日本円で四千五百円ほどもする。並んでいたのは高級そうな車ばかりだった。

タクシーは百キロを超えるスピードで開通して間もないような高速道路を進んでいく。

「こんな街だったっけ」

戸惑っていた。十三年前のバクーは、石づくりの建物が目立つ古い街だった。道端には、暇そうな男たちがたむろしていた。その街が、たった十三年で、こんなにも変わってしまったのだろうか。

バージンタワーから眺めるバクーの街も、みごとなまでに変貌を遂《と》げていた。古い街並みは残っているのだが、それを囲むように、近代的なビルが建ち並ぶ。

昨夜からほとんど眠っていなかった。午前四時発というフライトだったのだ。重い体と弛《し》緩《かん》した脳で見つめるバクーの街は、あまりに眩《まぶ》しかった。圧倒されそうになる。

石油だ。

カスピ海油田である。

アゼルバイジャンの石油バブルは二十世紀初頭にも起きていた。市内には当時の石油成金たちの豪邸がいまも残っている。しかしその後、ロシア革命を経て旧ソ連時代に入り、ブームは鎮静化していく。再び、カスピ海の油田開発に火がついたのは、アゼルバ

旧市街の背後に建設中のオイルマネービル。バクーのいま……

イジャンが独立した後だった。一九九四年、アゼルバイジャンは欧米の石油企業との間に協定を結ぶのだ。それを機に、オイルマネーが一気に流れ込むようになった。

僕がはじめてアゼルバイジャンを訪れたのは、協定から三年が経った頃だった。すでに欧米資本は次々にアゼルバイジャンに入りはじめていた気がする。しかしその資金が、街並みを変えるほどに育ってはいなかった。

一介の旅行者が確認できる景気というものは、建設がはじまったビルとか新しいレストランやブティックといった目に見えるものしかない。実際の資金の流れは、知識として知ることはできても、実感はできない。その伝でいえば、一九九七年のバクーは、旧ソ連時代を引きずった小国の首都にすぎなかった。関心はむしろ、旧ソ連から独立したときの交戦の記憶に集まっていた。

入ったレストランはどこも薄暗かった。木製のテーブルが並んでいたが、客は少なかった。カスピ海に面した浜に、一軒の茶屋があり、そこに何組ものカップルの姿があったような記憶はある。しかしその光景は、中央アジアやコーカサスの国々と大差はなかった。バスがバクーを出発し、しばらくすると、カスピ海に原油を汲《く》みあげるやぐらが何本か見えた。石油の匂いを嗅《か》ぎとれるのはそれだけである。

しかしバクーの街は、その後の十三年で、怖いほどに変わってしまった。

旧市街を抜け、政府庁舎の方向に進んでいくと、ビルの谷間に迷い込む。ちょうど昼

バクーのオフィス街。オイルマネーは、ビジネス街をつくってしまった。すごいことだ

どきだった。スーツ姿のビジネスマンたちが、ビルの一階から次々に出てきた。欧米人の姿も目立つ。バクーに流れ込むオイルマネーは、さまざまなビジネスを生んでいるのだろう。ビルの一階には、エルメスやグッチといった欧米ブランドが店を連ねている。正面に巨大なショッピングモールが見えた。近づくと一階はパソコンフロアーで、ラップトップパソコンがずらりと並んでいる。昼休みに出てきた女性とすれ違うと、香水の匂いが鼻腔《びこう》に届く。

かつて目にしたアゼルバイジャンの人々とのギャップが埋まらず、どこか違う国を歩いているような気分である。昔、路上で見かけた男たちは皆、髭面《ひげづら》の、トルコ人に似た風貌だった。観光客から一マナト、ニマナトをせしめるのは得意だが、ビジネスとかファッションには無縁の男たちだった。彼らが心を入れ替えて、パソコンに向かっているとはとても思えなかった。十三年の間、僕は忙《せわ》しげな顔つきでアジアを往復し、原稿を書いていただけだったが、アゼルバイジャンでは、新しいビジネスを受け入れ、豊かさを享受する若い世代が育っているようだった。

アザドルック広場に近いレストランに入った。できあいの料理がトレーに並ぶ店で注文も簡単そうだった。並ぶ料理を眺めながら、「これはアゼルバイジャン料理？」と首をひねった。アゼルバイジャンの料理は肉が多かったような印象があったのだが、煮込んだ野菜料理が多い。訊くと、やはりトルコ料理だった。本店はイスタンブールにあるのだという。オイルマネーは、トルコ料理屋も呼び寄せてしまっていた。

そういえば、バクーの市内には、ドネルケバブというトルコ風のケバブ屋が多かった。串に肉を何層にも突き刺し、それを立てて水平に回転させ、外からの熱で焼いていくスタイルのケバブである。注文すると、ナイフで焼けた表面を削《そ》ぐようにとり、野菜などと一緒にパンに挟んでくれる。

アゼルバイジャンとトルコ。両国の民族は、兄弟にたとえられるほど近い。言葉も似ている。意思の疎通は簡単だという。食べ物も似ているはずだった。

しかしアゼルバイジャンとトルコは国境を接していない。間にはアルメニアがあった。

トルコ系のイスラム国家の間に、アルメニア正教というキリスト教国が挟まれている。そしてアゼルバイジャンとトルコは、ときに共闘してアルメニアと対峙してきた。

「ああいう民族主義者が多い国が隣にあると、お互い、苦労するよな」

などと紅茶に入れた角砂糖をスプーンでくるくるまわしながら、話し合っていたのかどうかは知らない。話はそれほど単純ではない。詳しい話は、アルメニアとトルコの国境でお話しすることになるが、基本的にはアゼルバイジャンとトルコは、手をとり合う仲だった。そしてアゼルバイジャンの好景気である。金が集まってくるわけで、トルコ人やトルコ系資本が流れ込まないわけがなかった。


僕らが買ったのは、アゼルバイジャンのバクーから、グルジア（ジョージア）のトビリシまでの列車の切符だった。グルジアはアゼルバイジャンの西隣に位置していた。バクーから延びるいくつかの路線を辿ってみた。南下し、イランに向かうルートも考えたが、線路はイラン国境のはるか手前で途切れていた。アルメニアのエレバンに向かう線路もあったが、その途中に領土紛争の末にアルメニアの実効支配が続くナゴルノ・カラバフ地方があり、当然、列車の運行は停まっている。西に向かう列車は、グルジアのトビリシ行きしかなかった。

列車は夜の十時発だった。一時間前、列車はすでに入線していた。バクー駅は始発駅のような構造だった。すべての線路がここから延びていく。時刻表からもそれはうかがえる。モスクワ行き、トビリシ行き……どれもが始発だった。かつてトルコ方面からやってきた列車も、ここが終点だったはずだ。東側はカスピ海である。さらに東に進もうと思えば、カスピ海をフェリーで渡るしかなかった。

列車は五両の編成だった。先頭で牽引《けんいん》するのは、電気機関車である。僕らはディーゼルから電気の世界に入ったようだ。ぽつり、ぽつりと乗客が乗り込んできた。皆、荷物が少なかった。隣の車両には、十人ほどのジャージ姿のスポーツ選手が集まっていた。トビリシでなにかの大会があるのだろうか。彼らの荷物はスポーツバッグだけだった。

なんだか恥ずかしかった。極東のソヴィエツカヤ・ガヴァニから列車を乗り継ぎ、一万四千キロ近い距離を進んできた僕らは、夜行寝台列車のエキスパートのようなものである。車両区の片隅でひと晩をすごし、前を走る列車が爆破テロに遭ったりといったトラブルをかいくぐってきた。列車旅の達人の域にも迫っていた。こういう旅を続けてくると、食糧だけは確保しておこうという意識が働き、今日もバクーのスーパーでカップ麺やチーズをしっかり買い込んでしまった。それでも足りないかと、駅のホームの売店で大型のパンも買っていた。食糧はスーパーの袋、ふたつに増えていた。

しかし乗り込んでくる客は、食糧などなにももっていない。考えてみれば夜十時に出発し、翌日の昼にはトビリシに着いてしまうのである。夕食をすませて乗り込めば、朝

バクー駅は改装工事が進んでいた。古くて暗い駅舎は、もうこれが見納めだろうか

食用にクッキーでも鞄に入れておけばいいのだ。車内販売もあるのかもしれない。

バクーとトビリシの間には、バスも頻繁に走っている。この列車も毎日の運行である。それだけ人の往来がある区間なのだ。大きな荷物と食糧をもち込まなければならない中央アジアやロシアの列車とは違う。

発車してしばらくすると、コンパートメントで同室になった男性客が、紅茶を買ってきた。金属製のグリップのついたガラスカップが車掌室に用意されていた。

「飲みますか？」

雑誌を読みながら紅茶を飲んでいた彼がふいに顔をあげ、英語で訊いてきた。

「いや……」

言葉を濁すしかなかった。バッグのな

かには、中国で買った耐熱プラスチックのコップが入っていた。紅茶もたっぷりと買ってある。車両の端にある給湯器からお湯を注げば、何杯でも紅茶を飲むことができた。そうしなければ乗り越えられない列車の旅を続けてきたのだが、彼らから見れば、僕らは食糧持参で都会に出てきた田舎者のように映るのかもしれなかった。

車両は相変わらず、古い旧ソ連製車両だった。通路には時刻表があるのだが、この車両に貼りだされていたのは、バクー発モスクワ行きだった。どこかいい加減にも映ったが、時刻表を睨《にら》みつけ、「あと一日か……」などと腕を組む列車でもなかった。バクーからトビリシまで五百五十キロほどの距離をひと晩、走るだけなのだ。

シーツや枕カバーが配られ、慣れた手つきで敷いていく。この作業をもう何回、繰り返してきただろうか。ほとんど眠らずにバクーに着き、一日街を歩いた体で慣れ親しんだ寝台車のベッドに体を横たえる。アストラハンではしばらくホテルの動かないベッドで寝ていたが、再び列車旅の日々が戻ってきた。ねぐらはいつも列車のなかという旅である。これから列車泊が何日続くのかもわからなかったが、そんな旅の感傷も眠気には勝てなかった。目が覚めると、列車はもうグルジアとの国境近くだった。

明るい日射しがオリーブ畑に降り注いでいた。時計を見ると朝の八時だった。トイレから戻ると、列車はアゼルバイジャン側の国境駅にさしかかっていた。

深夜の越境ではなかった。軍服を着たイミグレーションの職員が、四角い鞄をもって

この列車で、グルジアのトビリシへ。旧ソ連製のこの寝台列車を目にすると眠くなる。怖い条件反射だ

乗り込んできた。車掌が顔を見せ、いちばん端のコンパートメントに行くように促した。

テーブルの上にはコンピュータが置かれていた。機械から棒が伸び、その先にレンズがついている。乗客はその前に座り、パスポートを差しだす。カシャッというシャッターが降りる機械音が響き、職員はキーボードを叩き、その場でパスポートに出国スタンプを捺《お》してくれた。

スタンプを捺してくれるかどうかという不安、眠気、そしてオシッコ……。そこには越境の三重苦もなかった。

列車はしばらく進み、今度はグルジアの入国審査になった。ホームには何人もの中年の男たちが立っていた。出迎えなのかとも思ったが、こちらに何回も視線を送り、ハンドルを握るポーズをとった。タクシードライバーらしい。ここで列車を離れ、タクシーに乗り換えると早くトビリシに着くのだろうか。越境する緊張など、どこにもなかった。人々は普通に国境を通過していく。イミグレーションの職員も笑顔でコンパートメントに現われる。久しぶりにビザのいらない入国審査である。

ようやく普通の国境に僕らは戻ってきたようだった。

アルメニアのエレバン行きの列車は、夜の八時半の発車だった。昼にトビリシ駅に到着し、その足で発券窓口に向かった。列車を確認し、両替所を探そうとした。駅舎は建て替えられたばかりのようで、一階にスーパーが入り、二階にはいくつかのテナントが入る構造になっていた。入口で両替所の場所を訊いた。するとそこに座っていた女性は、まるでイギリス人のような流暢な英語を返してきた。

そういう国に入ったようだった。

ロシアからアゼルバイジャンに入り、その自由な空気に足どりが軽くなった。しかしアゼルバイジャンはイスラムの国である。そこからひと晩、列車に揺られたグルジアは、キリスト教の国だった。もう意識は西に向いているのだろうか。なめらかな英語は、確実にヨーロッパに近づいていることを教えてくれた。午前四時にロシアのアストラハンを出発してから、一日半も経っていない。その間に、世界はめまぐるしく変わった。ロシアからアジアに入り、そしてヨーロッパへ……。そんな変化だった。終点のポルトガルまでは、まだ長い距離が残っていた。しかし気分は、もう、ヨーロッパに片足を踏み入れていた。

しかしそれも半日ほどのことだった。

グルジアの南側にあるアルメニアに向かう列車に乗り込んだ。車両は旧式のソ連製だった。グルジアの出国審査はいたって簡単だった。審査のために列車が停車することもなかった。列車に職員が三人でひとつのチームをつくって乗り込み、動く列車のなかでパスポートチェックをすませてしまうのだ。合理的な出国手続きだった。これまでの国境は、列車が停車し、そこに出入国をチェックする職員が乗り込んできた。審査にかかる時間は、ときに二時間近くになることもあった。その間、乗客はオシッコを我慢し、まんじりともしない時間に耐えなければならなかった。動く車内でチェックをすませれば、列車の到着時刻もずいぶん早まるはずだった。

しかしそんな効率化を拒否する国ばかりを歩いてきた。列車の出入国審査とはそういうものだ、という発想だったのかもしれないが、その根っこにあるのは、職員の威厳とか権力といった問題だった。列車や乗客は、職員の都合に合わせなくてはならないという発想である。アルメニアの入国審査所で、その世界に再び戻されてしまった。

深夜の十一時半に列車はグルジアとアルメニアの国境で停車した。

アルメニアに入国するにはビザが必要だった。しかし、それは国境でとることができた。到着ビザである。車掌もわかっていて、僕らにホームに降りるようにいった。ひんやりとした夜気に包まれた。わずかな灯のなかでホームを眺めると、列車を降りたのは、僕らふたりだけだった。乗客のほとんどはアルメニア人だったのかもしれない。

乗客は多くはなかった。しかし皆、大きな鞄やスーパーの袋をいくつも持っていた。アルメニアの人たちにとって、トビリシは買いだしの街らしい。

ホームに立つ兵士に尋ね、ビザを発給するオフィスに向かった。そこは駅舎のなかにある小部屋で、中年の職員がひとり座っていた。笑顔ひとつ見せず、そこにある書類に書き込め……とあごで指図した。無言だった。寒々しい部屋だった。実際、気温はかなり下がってきていた。標高があがってきていることがわかる。

どこかで入れられた部屋……。あれはアストラハンだったろうか。いや、デルベント……。暗く湿った部屋の記憶が一気に蘇《よみがえ》ってきてしまった。

蛍光灯で照らしだされる部屋には、息苦しい空気が流れていた。黙ったまま書類を埋め、パスポートに写真を添えて渡した。手続きに戸惑ったわけではない。職員は淡々と作業を進めた。ただその顔に表情がなかった。

この顔だった。これまでの国境で、何回となく、こののっぺりとした顔に悩んできた。問題があるのか、ないのかもわからない。なにもない表情の裏側にあるものを探ろうとするのだが、その手がかりもなく、ただ不安が煽《あお》られる……あの視線である。アゼルバイジャンに抜け、グルジアに入り、ようやく、その世界から脱出したと思った。だが、またしても顔をのぞかせたその空気に、言葉にならない疲れを感じとっていた。

行き先は、アルメニアの首都ではなく、その途中にあるギュムリだった。かつてトルコからやってきた列車は、ギュムリの街の近くでアルメニアに入り、グルジアやアゼルバイジャンに進んでいった。ユーラシア大陸を横断する列車旅を思い描いたきっかけは、アルメニアとトルコの国交樹立だった。そこには列車の運行再開も盛り込まれた。もし再開されれば、トルコから進んで来た列車は、ギュムリ近くでアルメニアに入国するはずだった。

国交樹立の話はいっこうに進まず、政治的なかけ引きの闇のなかに埋もれてしまいそうな気配だった。その結論を待ちきれず、見切り発車で列車に乗りはじめた。途中、インターネットがつながる場所では、このニュースの続報をチェックしていたが、この国境から発信される情報はぷつりと途切れたままだった。

しかし見てみたかった。かつての国境の駅は、ギュムリの近くにあるはずだった。

ギュムリには午前四時半に着いた。二十人ほどの客が降りたが、皆、出迎えにきた車に消えてしまった。駅員の姿もなかった。僕らは、人がひとりもいない暗い待合室にぽつんと残されてしまった。かなり冷え込んでいた。ジャンパーを羽織り、硬い椅子に体を横たえた。あまり寝ていなかった。十一時半に国境で起こされた。一時間ほどで発車したのだが、目覚ましを三時半にセットした。終点ではない駅で降りなければならず、熟睡はできなかった。

寒さのせいか、なかなか寝つけない。しかたなく駅舎のなかを歩いてみる。地下にトイレがあったが、ウンコが散乱し、この世のものとは思えない汚さだった。することもなく、改札口の上の時刻表をぼんやり眺める。この駅に停車する列車は、一日八本だけだった。

駅舎の外に出てみた。ときおり、車が駅前のロータリーを通りすぎていく。出口の脇にATMがあった。そういえば僕らは、アルメニアの通貨を一銭ももっていなかった。駅舎のなかには両替所もなさそうだった。明るくなり、駅の売店が開いたとしても、コーヒー一杯も飲めない。ATMにクレジットカードを挿し込んでみた。駅前に灯ひとつなかったが、ATMの画面だけ不気味に光る。キャッシングの引き落とし額が表示された。二千ドラムを引きだしてみたが、それがどのくらいの価値なのかわからない。ふたりで朝食をとることができる額なのだろうか。とにかく、太陽が出るまで待つしかなかった。頭上には、星空が広がっている。あとどのくらいで夜が明けるのだろう……。

ギュムリ駅は旧ソ連風。外観こそ立派だが、内部の傷みは激しい。かつては賑わっていたはずだが……

アルメニアのギュムリまでの切符。左側はこんな曲線で切りとられる。なにかのルールがあるのか……

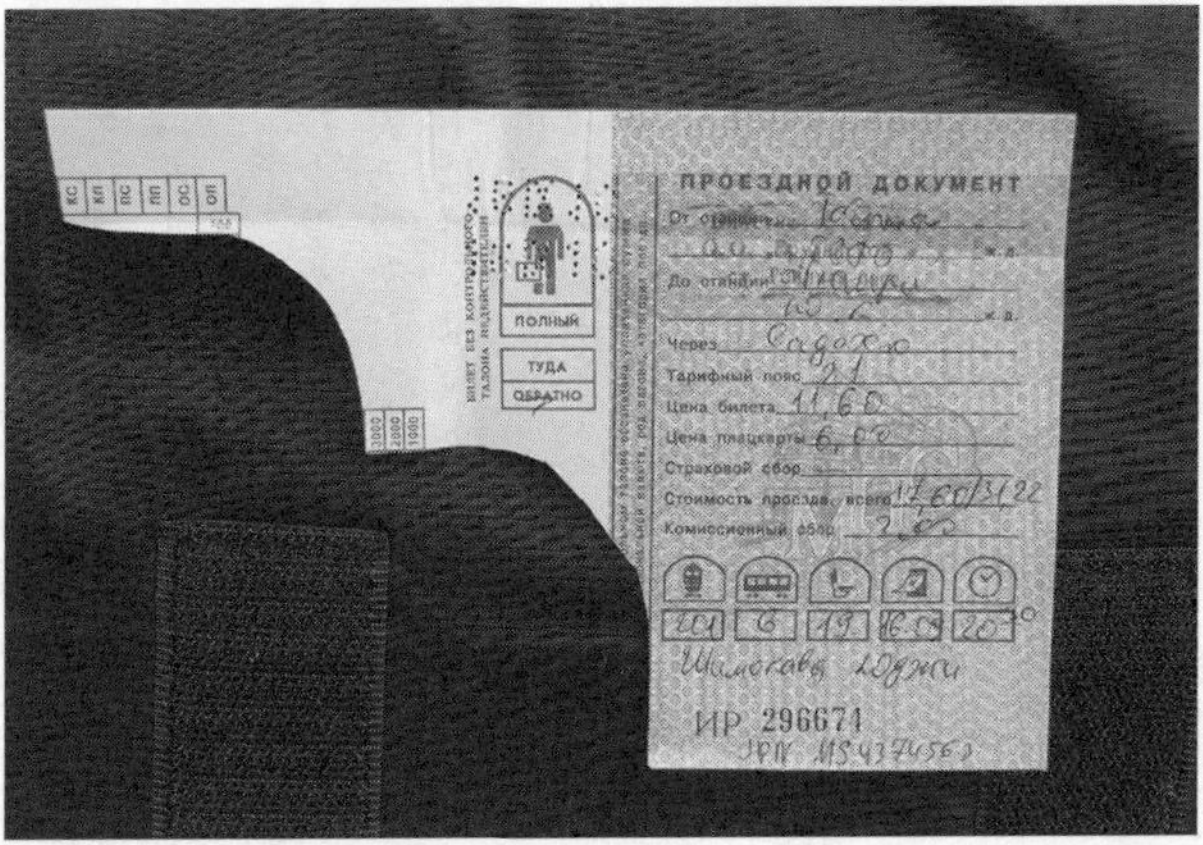

「国境の駅まで行きたい」

その意図を、タクシードライバーはどこまで理解しているのかわからなかった。日が昇り、駅前ロータリーの反対側のバス停に立つ男性に声をかけた。彼が英語がわかる知りあいに携帯電話で連絡をとってくれた。携帯電話はつながったまま、近くにいたタクシードライバーの手に渡った。そこから僕に渡り、再びドライバーに渡る。携帯電話は、攻めあぐねるサッカーチームのパスまわしのように三人の手を行ったり来たりした。話が伝わったのか、伝わらなかったのか……。ドライバーは車に乗るように手招きした。気のよさそうな中年のおじさんドライバーは、南西に向かってしばらく進み、脇道に入った。未舗装の道を進むと、牧場に出た。朝の太陽を浴び、牛がのどかに草を食《は》んでいる。

車から降りると、おじさんドライバーは、「国境」といった。

「はッ？」

彼が指差した先にあるのは、どう見ても牛が逃げないようにつくられた柵だった。不審げな僕らの表情を察した彼は、左手に視線を移してこういった。

「ロシア」

「ん？」

それは塹壕《ざんごう》だった。コンクリート製の天井をつけ、その上から草をかぶせてある。そ

地図を示し、ノートに図を描いて、「国境の駅」を説明するのだが……。もっと絵がうまかったら、とこういうときにいつも思う

んな前線まで来ているとは知らない僕らはすっかり油断していた。目を凝《こ》らすと、すき間に銃身が見えた。なかにロシア兵がいるようだった。銃口は僕らに向けられていた。

国境の駅といったはずだった。しかしドライバーはとんでもないところに僕らを連れてきてしまった。「その横を見ろ」といったしぐさで、おじさんドライバーは視線を送ってきた。戦車の上の部分が、草むらの間にのぞいていた。

柵は国境というより、緩衝地帯の境界だった。そこに牛を放牧するからややこしいことになる。その向こうに見えるなだらかな丘陵地帯がトルコ領らしい。

車はさらに南下していった。アフリャン川とエレバンに向かう鉄道に挟まれるようにして道が延びていた。ドライバーはスピードを緩め、右手の斜面に残る爆破された教会や家々を指差した。

「トルコ、シュルシュル、ボン」

身ぶりと一緒にドライバーは説明する。トルコ側からの爆撃で村が破壊されたことを教えたいようだった。道の反対側に家や教会が建っていた。村人はかつての村を放棄し、新しい村をつくっていた。

さらに南下し、脇道にそれた。線路を越え、未舗装の道を進んだ。すると前方の丘陵に長い柵が延び、道と交差する部分にはゲートがつくられ、見張り塔まである。そこにもロシア兵が立ち、銃を構えていた。

数台のトラックが停車している。おじさんドライバーは、トラックの脇に立つ男たちとなにやら話して帰ってきた。左の手の平に右手で判を捺すしぐさをした。この先に進むには、証明書が必要だといいたいようだった。

これまでも何回か、紛争地帯を歩いてきた。緩衝地帯に入るには、特別の許可がいることなどわかっていた。僕らはなにも、そこまで行こうとは思っていなかった。ドライバーの携帯電話を借りて、英語がわかる男に訊いてみる。

「僕らは昔の国境駅を見たいだけなんだけど。ドライバーはわかっているのか、少し不安になっちゃって」

トルコとの緩衝地帯の境界。周囲はただの牧草地が広がるばかりだった

視界に戦車も入ってきた。トルコに対峙するロシア軍がいた。こういうものがぬっと現われる。コーカサスの現実だ

「わかった、わかった。ドライバーに代わってくれ」

その話し方が少し気になった。

ひょっとしたら……。

彼らは見せたかったのかもしれなかった。

遠く日本からやってきた旅行者に、トルコがいかにひどいことをしてきたかを見てほしかった気がした。それはアルメニアという小国に生きる人々のささやかな主張にも映る。

アルメニアとトルコの国交断絶は、一九九三年に遡る。直接の原因は、ナゴルノ・カラバフ地方の紛争だった。旧ソ連が崩壊し、コーカサス地方の国々が次々に独立を宣言した。アゼルバイジャン、アルメニア、グルジアである。アルメニアとアゼルバイジャンの間では、そこで領土紛争が勃発する。ナゴルノ・カラバフ地方の帰属問題だった。この紛争で、トルコはアゼルバイジャンを支持する。

紛争は、アルメニア側の一方的な勝利に終わり、いまでもアルメニアの実効支配が続いている。しかしアゼルバイジャンがそれを認めているわけではない。ロシアが仲裁に入ってはいるが、火種は消えたわけではなかった。

トルコとアルメニアの間には、第一次世界大戦時代に遡る軋轢《あつれき》もあった。アルメニア側が百五十万人もの自国民が犠牲になったと主張する虐殺問題だった。当時のトルコはオスマン帝国時代である。トルコ側は大戦中の犠牲だと主張し、両国の間の溝は埋まっていない。

アルメニアがアゼルバイジャンと紛争状態になったとき、トルコがアゼルバイジャンを支持するのは当然の流れだった。トルコ人とアゼルバイジャン人は、兄弟にたとえられるほど近い民族なのだ。言葉も通じる。そこにはイスラム対アルメニア正教という図式も横たわっていた。アルメニア人にしたら、キリスト教の聖地であるアラト山がトルコ領内にあることすら気にくわないのだという。

この紛争は、アルメニアとアゼルバイジャンの国境周辺で起きたものだと思っていた。アルメニアという国の領土で見れば、東側国境である。ところがトルコは、アゼルバイジャンを援護するために、接する西側国境から攻撃を加えていたのだ。アルメニアは挟み撃ち状態になってしまった。以来、アルメニアとトルコの国交は跡絶《とだ》えたままだ。

彼らはトルコが攻撃した現場を、僕らに見せたかったのかもしれない。そこで七十ドルのタクシーチャーター代をとるところがアルメニア人らしさなのかもしれなかったが……。

しかしこの紛争は三カ国間の問題では終わらなかった。仲裁に入ったロシアはアルメニアに駐留する。国境で目にしたロシア軍である。トルコからアルメニアを守るという大義は、沖縄を中心に日本に駐留するアメリカ軍によく似ている。

そこにグルジア紛争が絡んでくる。反ロシア色が強いグルジアは、領内に南オセチアとアブハジアという独立気運の強いエリアを抱えていた。とくに南オセチアでは、ロシアを後ろ盾にした独立の動きが激しくなってきた。それに対して二〇〇八年、グルジアが軍事介入。南オセチアを舞台に、グルジア軍とロシア軍が衝突し、グルジアとロシアの国交は断たれていく。

この動きにアルメニアは不安を抱く。海のない小国アルメニアにとって、物資のほとんどはすべてグルジアを通過していた。もしこのルートが断たれると、アルメニアは干あがってしまう。そこで浮上してきたトルコとの国交樹立だった。歴史上の怨念より現実をとらざるをえない苦渋の選択でもあった。

この交渉の背後で暗躍していたのはロシアだったといわれる。アルメニアへの物資がトルコから入るようになれば、グルジア経済に打撃を与えることができる。グルジア包囲網ともいえる形ができあがっていく。

コーカサスをめぐる話は、実にややこしかった。

しかしアルメニアとトルコとの国交樹立の話は、なかなか進まなかった。

車でギュムリの街に戻ることにした。ひとつ気になる場所があった。ギュムリの街の郊外に出たあたりで、一本の線路を越えた。それはギュムリからエレバンに向かう線路のような気がしたが、ちらっと見えたレールは錆びつき、線路の間には草が生えていた

かつての国境駅。クレーンが放置されていた。近くには閉鎖されたままのホテルやレストランの建物もあった

ような……。

そこまで戻ってもらった。道路と線路が交差するところに、『AKHURIN』という駅の表示があった。アフリン駅と読むのだろうか。線路に沿った未舗装の道に入ってもらった。住宅街を抜けると、広い空き地に出た。そこに錆びた、クレーンが二基あった。

ここだった。

草の間に何本もの線路が延びていた。操車場のようなつくりである。クレーンは車体をもちあげるものだろう。アルメニアの鉄道はロシアと同じ広軌である。線路の幅が千五百二十ミリである。しかしトルコはヨーロッパと同じ千四百三十五ミリという標準軌だから、ここで台車の交換が行われていたのだ。

国交が断絶してから十七年――。駅は思っていた以上に寂れ、荒れていた。夏ということもあったのかもしれないが、雑草が膝のあたりまで伸び、線路を隠している。草をかき分けるようにしてホームにのぼってみた。かつてここでパスポートチェックがあったはずだったが、ホームの一部は崩れかけている。この駅を使うとなると、それなりの修理が必要だろう。

阿部氏がクレーンの途中までのぼり、写真を撮っていた。見ると途中まで、新しいペンキが塗られている。国交樹立の報を受けて、修理をはじめたのだろうか。しかし、いっこうに進まない交渉を耳にして、

「こりゃ、無駄だ」

と作業を止めてしまったのかもしれない。アルメニア国鉄も現金なものである。

この駅の先、五キロのところが、正式な国境だという。その方向には、ただなだらかな丘陵が続いているだけだった。

いつの日か、ここを列車が走る日が来るのだろうか。コーカサスのもつれ、絡んだ糸は、そう簡単にほどけそうもない。一本を解《ほぐ》そうとすると、その先に別の方向へ引こうとする力が加わってくる。旧ソ連崩壊以来、そんな年月が続いている。それぞれが誇り高い民族である。宗教も違う。ロシアの思惑が、話をややこしくし、さまざまな策動を見聞きするたびに溜息が出る。そのなかで、一本の線路は錆びていくばかりだった。

ギュムリ駅に戻った。トビリシに戻る列車は午後五時に発車することになっていた。それまで四時間ほどあった。待合室で再び待てばよかったが、トビリシ駅に着く時刻を聞いて悩んでしまった。午前二時……。また駅で寝ることになるのだろうか。

疲れていた。

ロシアのアストラハンを出発した夜から数えると、三晩、僕らはホテルに泊まっていなかった。バクーからトビリシまでの列車では眠ることができたが、あとの二晩はほとんど寝ていない。さらにもう一泊……。そろそろシャワーも浴びたかった。もう三日も石鹸の匂いを嗅《か》いでいない。

隣でタクシー運転手が囁《ささや》く。こういう英語は話すことができるのだ。

「トビリシまで二百ドル。どう？」

しかし、列車を乗り継いでユーラシア大陸を横断することがこの旅である。車に頼るわけにはいかない。しかしこの路線は昨夜乗っていた。もっとも夜八時半に出発し、午前四時半に着いてしまったから、車窓の風景は見ていない。午後五時のトビリシ行きなら、日没まで風景を眺めることはできる。

しかし疲れていた。今夜も、駅のベンチで横になるのかと思うと気が重い。

「どう？　百五十ドルまで値引くけど」

負けてしまった。

話は早かった。グルジアに入国できるタクシーがさっと現われ、車の少ない道を百キロ近いスピードでトビリシに向かった。出入国審査も流れるように進み、四時間後にはトビリシの市内に入っていたのである。

「………」

僕らはこれまで、とんでもなくゆっくりしたペースで進んできたらしい。トビリシからギュムリまでは二百二十キロしかなかった。そこを列車は八時間かけて進んだ。平均時速は三十キロにも満たなかったのだ。そこを車で進むとたった四時間なのである。この車が特別に速いわけでもなかった。途中、曲がりくねった山岳路が続き、そこではさほどスピードを出せなかった。それでも半分の時間で着いてしまうのだ。

車の時代だった。列車はこのコーカサスでも、とり残されていく存在なのだろう。国交が樹立し、列車の運行がはじまるかもしれないという話に色めきたってしまったが、もし国交が開いたら、最初に走るのは、列車より車やバスなのかもしれなかった。僕らはずいぶん時代遅れの乗り物に乗って旅をしているようだった。だから列車旅だと人はいうのかもしれないが、それは一日や二日、列車に乗る人の勝手な感傷であって、僕らは極東のソヴィエツカヤ・ガヴァニから一万四千キロ以上も列車に揺られているのだ。いったいなにをしているのだろうか。

トビリシは、坂が多い歴史の街だ。人々は頑固だが、どこか意志的。暮らしてもいいかもと思ってしまう

そんなことをトビリシの路上でぼやいてもなにもはじまらなかった。この先もまだまだ列車に揺られなくてはならないのだ。

トビリシに早く戻りたかった理由はもうひとつあった。バクーからの列車がトビリシ駅に到着し、そこからギュムリへ向かうまで、トビリシに数時間滞在した。その間に、グルジアの自由さに目を輝かせてしまった。ロシア嫌いの人々の意識は西に向いていた。キリスト教の国だから、さまざまな制約もない。グルジアには有名なワインもある……。

久しぶりにシャワーを浴びた。体に石鹸をなすりつけると鉄錆《てつさび》の臭いがたち昇ってくる。列車の臭いだった。洗った髪の毛が乾いてくると、頭がやけに軽くなったような気になる。夕暮れの石畳の道を歩くと、体が浮いているような感覚すらした。

市内を見おろすナリカラ要塞跡に登ってみた。最初の砦《とりで》は四、五世紀につくられたという古さだった。頂に立った。街はムトゥクヴァリ川の両岸の斜面に広がっていた。教会の尖塔《せんとう》がいくつもある。レンガづくりのその塔の密度が、グルジア正教への敬虔さを物語っていた。日が落ち、街の灯がひとつ、またひとつとついていった。眼下のレセリゼ通りがツーリストエリアのようだった。屋外のテラスではライブがはじまったのか、懐かしいアメリカのカントリー音楽が聞こえてきた。この音色を耳にしたのはいつ頃だろうか。思い返しても、旅の日々とは結びつかなかった。アメリカの音楽とは無縁の世界を、僕らは長く歩いてきた。

急な坂道を下り、音が聞こえてきたレセリゼ通りを歩いた。ヨーロッパから遊びにきた若者たちが何組もいた。「週末、トビリシに行かない?」。そんなノリでやってくる街だった。

僕らはこのトビリシからいったん日本に戻ることにしていた。日本までの航空券をスカイスキャナーやLCCと呼ばれる格安エアラインのサイトで探索していったが、パリやロンドン、ミュンヘンなどから、毎日、飛行機が飛んでいた。国交がないのだから、モスクワからの便は一本もなかった。グルジアはすでに、西側社会に一歩も二歩も入り込んでいるのかもしれなかった。

どの店も混みあっていた。週末だった。そんなあたり前のことが妙に新鮮だった。

「八時からパーティーで貸し切りだけど、それまでなら……」

そういわれて一軒のレストランバーに入った。カウンターに座り、ビールを頼む。タンクトップ姿の女性の口から、ネイティブかと思うような英語が流れてくる。豚肉のハンバーグもどきにフライドポテト。久しぶりの豚肉だったが、ぱさぱさしていておいしくもない。それをビールでごまかすようにして胃に流し込む。

アメリカだった。

このまずさがなんだか懐かしいのだ。

帰り道でワインショップに入った。腰ほどの高さの格子戸が入口にあり、鍵が閉められていた。「もう店じまいだろうか」と思っていると、太めのおばさんが現われ、なめるように僕らを見た。そして軽く頷くと、鍵を開けてくれた。「うちは高級なグルジアワインの店だからね」と無言でいっているような気がした。

本当に高級だった。一本一万円を超えるワインばかり並んでいる。そのなかから、やっと二十二ラリ、日本円で千円ほどのワインをみつけ、ホテルで飲んでみた。

「どうってことないですね」

ワインにうるさい阿部氏が呟《つぶや》くようにいった。たしかに普通の味だった。

「やっぱり、安いワインは、それなりってこと？」

「たぶん」

グルジアワインは、なんだかせち辛い世界に巻き込まれてしまっていた。ヨーロッパからの観光客が集まる通りで買うと、こういうことになってしまうようだった。

翌日は日曜日だった。ホテル近くの公園に行ってみると、小さな集会が開かれていた。二十個ほどの椅子が並べられ、そこに風船を手にした子供たちが座っていた。周りに立っているのは親たちだろうか。その集会を囲むように、子供たちの絵がイーゼルの上に置かれていた。戦車と、そこから逃げようとする人々の姿が描かれている。そこに、『STOP RUSSIA』の文字が躍っていた。南オセチアに駐留したロシア軍への抗議集会だった。

僕らはいったん帰国した。それから約二カ月後、トビリシの空港に着いた。その足でトビリシ駅の発券窓口の前に立った。トルコ国境のヴァレまでの切符を買おうとした。

「その切符はありません」

「はッ？」

「その列車はもうないんです」

二カ月前、ヴァレまでの列車があることを確認していた。アルメニアのギュムリへの切符を買ったとき、ついでに訊いていた。

グルジア人の多くはロシアを嫌っている。グルジアはスターリンが生まれた国でもある。コーカサスは深い

アルメニアのギュムリからトルコへの列車の運行がないことは半ばわかっていた。かつての国境駅を見たいばかりに、ギュムリまで足を延ばしたのだ。実際は、別の列車でトルコに向かうしかなかった。

アルメニアとトルコを結ぶ列車が走っていた時代、アルメニアのギュムリを出発した列車がトルコに入り、最初に停車する駅がカルスだった。なんとか別のルートでこの駅に出たかった。

グルジアのトビリシからトルコ方面へは二本の線路が延びていた。一本は黒海沿岸のバトゥーミ行きで、もう一本がヴァレ行きだった。どの路線もトルコ国境近くで終わっていた。ふたつのルートとも、カルスに行くには、車に頼るしかなかった。鉄道でつなぐことができない区間だった。

その距離を調べると、ヴァレのほうが、はるかにカルスに近かった。

「これに乗るしかないな」

僕らは地図を見ながらルートを決めた。一日一便、夜行列車があることを確認し、僕らはいったん日本に戻ったのだった。しかし、その列車がないのだという。

「二カ月前に運行休止になりました」

「二カ月前？」

「ええ、乗客が少ないものですから」

トビリシから日本に戻った直後に、タイムテーブルから消えてしまったようだった。運の悪い話だった。これもロシアを離れ、西側に歩み寄ることで起こる効率化の流れなのだろうか。採算のとれない路線はバス便に変えていってしまう発想である。これまでロシア、中国、中央アジアと社会主義の形を維持したり、強い影響を受けた国々ばかり歩いてきた。乗り継いだ列車のなかには、乗客が相当に少ないものもあった。中国を除けば、満席といわれたことは一度もなかった。かなりすいているのだ。駅の切符売り場や車内に流れる空気はのんびりしたもので、採算とか効率といったものとは無縁の世界だった。グルジアは、そういう社会を嫌っているらしい。

そんな社会システムの違いがわかってきたところで、列車が走りはじめるわけではなかった。トルコの国境からは車になってしまうことはわかっていたが、できるだけ列車にこだわりたかった。しかしないものはないのだ。

隣で切符を買っていた三十代のグルジア人が声をかけてきた。

「バスターミナルまで行けば、ヴァレのほうへいくマルシュルートカがあるかもしれない」

グルジアは英語を話す人が多いから話が早い。マルシュルートカは、ロシアやコーカサス地方に多いバンタイプの乗り合いバスだった。

「いますぐ行きましょう。私が案内しますよ」

グルジア人のホスピタリティはありがたかったが、大きなお世話でもあった。最終のマルシュルートカの時刻が迫っていたのかもしれないが、僕らはまだ列車にこだわっていた。バトゥーミ行きに乗ろうか……と思いあぐねていたのだ。しかしその男性はせっかちだった。タクシー乗り場に向かう構えである。気がつくとタクシーに乗っていた。大きなバスターミナルのなかでマルシュルートカを探した。その男性がアハルツィへ行きをみつけてきた。そこからヴァレは遠くないという。

「ふーッ」

ぎゅうぎゅう詰められた車内でひと息つく。これでいいのだろうか……とは思うが、グルジア人の誠意に乗せられてしまった。これも旅……と受け入れないといけないのだろう。

うっとりするような秋だった。マルシュルートカは、トビリシ市内から延びる高速道路を走っていく。車窓になだらかな丘陵が広がっていた。点在する村々を囲むように植えられたポプラの葉に、うっすらと黄が入り込みはじめている。レンガづくりの煙突がある家々が集まる村には、必ず教会がある。緩い斜面には収穫の終わったブドウ畑が広がっている。今年のブドウはどうだったのだろうか。いいワインがつくれるのだろうか。

車はやがて高速道路を降り、谷あいの道を進みはじめた。線路とからむように道が続いていた。途中の駅には貨物列車が停まっていた。乗客を乗せる列車はなくなってしまった。トビリシからヴァレに向かう線は、貨物専用線になったようだった。

谷が深まり、秋も深まっていく。山の斜面を染める黄や赤も濃さが増していった。出発して二時間ほどでトイレ休憩になった。乗客は皆、道路脇の井戸水でひと息つく。やわらかい味の水だった。

アハルツィヘに着いたのは夕方の六時だった。すでに日は暮れかかっていた。マルシュルートカを降りると、一台のタクシーがするすると近づいてきた。

「連絡受けてます。ヴァレまでですよね。それともトルコの国境まで？」

トビリシでマルシュルートカまで連れてきてくれた男の、またしても大きなお世話だ

井戸水はみごとな軟水だった。その味に安曇野の水を思い出した

った。彼は僕らが出発した後、アハルツィへのタクシードライバーを探しだし、その手配までしてくれたらしい。僕は彼に、なにひとつ頼んではいなかった。勝手に気をまわしてくれたのだ。

彼には申し訳ないが、こういう旅が苦手だった。手配されたレールに乗ってしまうと楽なのだが、どこか居心地の悪さを感じてしまう。ぼられているのではないか……と心が揺れてしまう。なにかというと法外な金をむしりとろうとするエリアを歩きすぎたのかもしれない。ひねくれた旅行者だった。

手配してくれた男が、僕らを餌《えさ》に儲けようとしているとは思えなかった。トビリシ駅からバスターミナルまでのタクシー代も彼が出してくれた。目の前にいるタクシードライバーも、「ヴァレまで十五ラリ、国境まで二十五ラリ」と最初にはっきりといった。グルジア人の性格に詳しいわけではないが、この谷に住んでいる人々と同じ料金といった雰囲気だった。そもそも旅行者が通るようなルートではない。まあ、なにもしらない旅人の勘にすぎないのだが。

少し気持ちは悪かったが、グルジア人を信じるしかなかった。

だが、不安はあった。国境が開いているのかわからなかったのだ。国際空港と違い、陸路国境は夜になると閉まるところが多かった。その点、列車での越境は気楽なものである。それなりの人が出入国審査を一気に受けるのだから、いくら深夜になっても閉ま

この先に国境がある？　それほどまでに静かで寂れた国境への道だった

ることはなかった。このルートを二カ月前まで走っていた列車の運行は、夜の九時半にトビリシを出発し、翌朝の六時にヴァレに着くスケジュールだった。これなら問題はなかった。夜は閉まる国境でも、朝の七時や八時には国境のバーが開くのだろう。しかしいまはもう暗くなりかけている。

ヴァレまでは十分ほどで着いた。小さな町だった。街灯もまばらな家並みに目を凝らす。ホテルがあるような町だろうか。もし国境が閉まっていたら、ここに戻るしかなかった。ヴァレをすぎると、道の舗装もなくなった。街灯はもちろん、対向車もない。見えるのは乗っているタクシーのライトに照らしだされた轍《わだち》だけだ。

この先に国境のイミグレーションがあるとはとても思えなかった。これまで見てきた陸路国境の多くは、大型トラックが行き交う世界だった。物流を支える国境が多いのだ。とすると、すでに国境は閉まっているのだろうか。しかし、トラックが走るルートにしたら、道が貧弱すぎる……。

タクシーは悪路をがたごとと三十分ほど走った。山の斜面にポツポツと灯が見えてきた。あれがイミグレーションなのだろうか。急にガソリンスタンドが現われた。そこから百メートルほど進むと、ゲートだった。ドライバーはゲートを自分で開け、なかへ入っていけという。

そこで降ろされてしまった。

「この先にイミグレーション?」

「なんか建物が見えないんですけど」

「それにトルコに入ったら、その先になにか足があるんだろうか。バスとか車とか」

「もの音、ひとつしないんですよ」

「行ってみるしかないか」

阿部氏とゲート脇にたったひとつある街灯の下で言葉を交わす。タクシーが走り去ってしまうと、静かな暗闇だけがあたりを支配していた。

背後から車のライトに照らされたのはそのときだった。ふり返ると、赤いワゴン車がゆっくり近づいてきた。ゲートの前で停まるとふたりの男が飛び降りてきた。いったいこのふたりは、どこからやってきたのだろうか。そういえばガソリンスタンドに一台の車が停まっていたような気もする。あるいはタクシードライバーが携帯電話で連絡をとったのだろうか。

「トルコへ行くんだろ？」

あたり前だった。グルジア側からここまでやってくる人は、トルコへ抜ける以外に目的はなかった。彼らがその先まで乗せてくれそうな気配だった。その瞬間、僕らの立場はめちゃくちゃ弱いことを悟った。彼ら以外に運んでくれる人がいないのだ。

「エルズルム？　ドウバヤジット？　カルス？……」

ひとりの男が地名を次々に口にした。トルコ東部の街なら、どこへでも行くという意気込みが伝わってくる。

「カルスまで」

「百二十ドルだね」

「少し安くならない？」

「カルスまでは百七十キロもあるんだよ」

「百七十キロ……」

やはり立場は弱かった。値切って、「行かない」などといわれると、僕らはカルスまでの足を失いかねない。この金額を呑まないと、暗い国境のゲート前で夜明かしが待っていた。

ふたりのうち、ひとりが運転をするらしい。もうひとりは、僕らとの交渉役だった。

僕らの負けだった。車に乗り込むと、ガソリンスタンドまで少し戻った。そこでガソリンを入れると、運転手は不思議なことをした。車を少し動かし、あえて斜面に停めた。そしてポリタンクに入ったガソリンをさらに入れたのである。

「なるほど」

阿部氏が膝を叩いた。

「車のガソリンタンクって、満タンになっても、斜めにすると、そこに少し空きができるんですよ。そこにさらにガソリンを入れる」

「この車はかなり燃費が悪いわけ?」

「カルスまでの間に、ガソリンスタンドがないのかもしれない」

運転手はゲートを自分で開け、車をなかに入れた。小さな小屋があり、そこがイミグレーションだった。職員に訊くと、この国境が開いているのは午前十時から夜の九時までだという。時計を見ると八時近かった。

続いてトルコのイミグレーションに出向く。出入国はいたって簡単だった。グルジアから先、ビザが必要な国はない。ドライバーがトルコ側の免税店でマルボロを一カートン買った。

「ここを出るまで、君の鞄のなかに入れておいてくれないか」

そんな越境だった。

車は一気に坂道を下っていった。窓がしっかりと閉まらない車だった。そこから吹き込む風が寒く、セーターを着込んだ。暗くてなにも見えないが、あたりは秋一色なのかもしれなかった。

夜の十時半頃だったろうか。運転手が呟くようにいった。

「カルス」

はるか向こうに、灯の塊が見えた。

コラム　コーカサス三カ国……それぞれの「いま」

本書で訪ねたときから十年──。アゼルバイジャン、グルジア、アルメニアというコーカサスの三カ国も大きく変わっている。その十年の間に、僕が再訪した国はグルジアしかない。コーカサスという土地は、日本から眺めるとかなり遠い。この三カ国で起きたことも、日本にいると、遠いできごとのように思えてくる。

旅行者の視線でみれば、グルジアの国名が変わった。ジョージアになった。二〇一五年のことだ。しかしこれは日本側の国名表記の変更である。グルジアという国名は、ロシア時代からのものだった。西側社会に近づくグルジアは、実際の発音に近いジョージアへの表記変更を望んでいた。それ以前から、グルジアをジョージアと呼ぶ国は少なくなかった。そんな事情のなかで、日本ではジョージアと呼ぶことが正式に決められた。

ジョージアはアメリカに同名の州がある。日本人なら缶コーヒーを思い浮かべる人もいるかもしれない。混乱はあるようだが、やがて落ち着いていくものなのだろう。

名前の変更がフックになったのかはわからないが、日本人のなかでは、ジョージア人気がちょっと盛りあがりをみせている。僕の周りだけともいわれそうだが。

グルジアがジョージアになった同じ年、日本人はビザなしで一年滞在が許されるようになった。西側社会に近づこうとする政策の一環にも映る。こういうことに、僕の周囲の旅行者は敏感だ。加えてキリスト教国なので、食べ物の制限がなく、アルコール類も自由だ。そして物価がかなり安い。一食三百円ぐらいだろうか。旧ソ連とは思えないほど英語が通じることも高ポイント。つまり、いろんな意味で旅が楽なのだ。

そのへんは西欧の人たちもわかっていて、ロンドンやパリからの飛行機も多い。運賃もかなり安くなっている。

アゼルバイジャンからはいい話が聞こえてこない。カスピ海油田の産出量が減ってきているのだ。そこに原油価格の下落が追い打ちをかけている。データを見ると、二〇一〇年あたりがピークになっている。つまり僕が訪ねた頃、原油の好景気を謳歌していたことになる。

あのときのバクーの勢いは、肌で感じるほどだった。やがてコーカサスのドバイ……という話にはリアリティがあった。当時、バクーはコーカサスの金融センターをめざしていると聞いた。スーツ姿の男たちは、金融関係の仕事に就いているようだった。カスピ海の穏やかな水面と、金融センターという世界との折り合いがつかなかったが、オイルマネーの投資先と考えれば納得がいく。しかしその金融センター構想も、あまりうまくはいかなかったようだ。

アルメニアとトルコの国境はいまだ開いていない。十年の年月がたっても、情況はなにも変わっていなかった。いまにして思えば、二〇〇九年の国交正常化への合意とはいったいなんだったのかと思えてくる。オスマン帝国末期に起こったアルメニア人の虐殺は、両国の間の深い傷として残っていた。そしてアルメニアとアゼルバイジャンの間で争われたナゴルノ・カラバフ地方の帰属問題へのトルコの対応もあった。いや、それ以上に、アルメニアに影響力をもつロシアの存在が、マイナスに作用しているのだろう。

アストラハンからバクーまでの列車に乗ることができるようになったいま、アルメニアとトルコの国境が開けば、ユーラシア大陸の東から西への線路はつながるのだが。

第八章　ヨーロッパ特急

列車がカルスを発車したのは午後三時十五分だった。終点は、ハイダルパシャ駅である。イスタンブールの中心街とは、ボスポラス海峡を挟んだ対岸のアジア側にある駅だった。予定では、二日後の朝五時四分に着くことになっていた。

前日の夜、トルコに入国するとき、どこへ行くのかとイミグレーションで訊かれた。

「カルスに一泊して、そこからイスタンブールへ」

「飛行機で？」

「いや、列車です」

「それはアドベンチャーだ」

不安が広がった。トルコの列車は、そんなにひどいのだろうか。

今朝、カルス駅で切符を買った。職員はかたことだが英語で丁寧に説明してくれた。

「ハイダルパシャまで、スタンダードタイムで三十七時間三十分です」

「スタンダードタイム？」

「スタンダードでないときは四十二時間ほどかかります」

「…………」

カルスからイスタンブールまでは、長距離バスに乗れば二十四時間ほどで着く。列車はとんでもなく遅かった。

期待など抱かないことにした。ただ粛々と列車に揺られていくしかないようだった。大幅な遅れに備え、カルスのスーパーで多めの食糧を買った。店内を隅々まで探したが、やはりカップ麺はなかった。

トビリシのスーパーで気づいたことだった。アゼルバイジャンまで、それが片隅であっても、必ずあったカップ麺が、スーパーの棚から忽然と消えたのだ。トビリシ駅に近いスーパーに入り、阿部氏とふた手に分かれ、店内をくまなく探した。

「ない……」

急に不安になった。カップ麺は、長い列車旅の支えだった。心の友だった。それが消えると、ハムやチーズを挟んだパンを紅茶で流し込むだけになってしまう。朝食、昼食、夕食の区別がなくなる。すべて朝食を食べている気分になる。これは辛かった。

しかしグルジア（ジョージア）で乗った列車は、アルメニアのギュムリまでの二百二十キロだけだった。残りの区間は車の誘惑や、運行停止の憂き目に遭い、車に頼らざるをえなかった。しかしカルス駅からハイダルパシャ駅までは二千キロ近くもある。スタンダードタイムで三十七時間三十分なのだ。

乾いた食糧でしのぐしかなかった。幸い、トルコという国は、チーズが豊富だった。いや、そういうことではない。パンにハムやチーズを挟んだものだけで三日間なのである。

一時間ほど前に駅に着いた。ほどなくして列車がホームに入ってきた。見たこともない車両だった。白く塗装された外観。ぴかぴか光っている。列車には『DOGU EKSPRESI』という名前がついていた。ドグエクスプレス——。所要時間から算出すると、たいして速くもないのだが、車体だけは『急行』とか『特急』といった列車の名前に恥じないものだった。

これまで乗った列車は濃い緑色の車両が圧倒的に多かった。中国で乗った列車を除けば、ことごとく緑色の旧ソ連製車両だった。ロシアも、モスクワとサンクトペテルブルク間に特急列車を走らせ、そのボディの色はたしか白かった記憶がある。ロシア領内を列車で進んでいたとき、そのポスターが貼られていた。ロシアもようやく緑色から脱却したのかもしれないが、今回のように辺境やかつてソ連に属していた国々を走る車両は、ことごとく深い緑色だった。

カルス駅のホームで車両番号を確認し、乗り込む車両の前まで行ってみると、まだドアが閉まっていた。その前でぼんやり立っていると、通りかかった駅員が、ボタンを押すようなしぐさをする。指差されたところを見ると、小さなスイッチのようなボタンがある。押してみた。ドアはシューという音を残して開いた。

「おおお……」

「自動だ」

思い返せば、これまで乗ってきた列車のドアのほとんどは手動だった。自動ドアはハルビンから北京まで乗った動車組だけだった。それ以外の列車は、車掌が鍵をもっていて、それを差し込んで開けるスタイルだった。

少し緊張して車内に乗り込んだ。匂いが違った。これまではディーゼルオイルや汗、トイレの臭《にお》いが混ざったような、どこか人間臭《くさ》い車両だったが、トルコの列車は空港のような匂いがした。化学繊維やプラスチックが発するあの匂いである。

指定されたコンパートメントに入っても、最初はその要領がわからなかった。上段はベッドになっているのだが、下段は椅子席になっていた。背もたれがあり、そこを倒すと、下段もベッドになった。

「おおお……」

いちいち声が出てしまう。

下段を座席仕様に戻すと、そこに番号がふられていた。上段のベッド番号が窓側で、

イスタンブール行きの列車が入線した。一見、速そうなのだが、これがけっこう遅い

下段のベッド番号が通路側である。

「ほら、コンパートメントの場合、下段のベッドに座った人が窓際の席を独占しちゃうでしょ。それだと上段の人は、ベッドからも、下段の座席からも車窓の風景をよく見ることができなくなるじゃない」

「ヨーロッパ式の平等主義？」

「そう」

車内のシステムも新鮮だった。

トイレも画期的だった。出発する前、ドアを押してみると開いてしまった。

「ん？　車掌が鍵を閉め忘れたのだろうか」

しかし列車が発車し、途中駅で停車しても、ドアに鍵が閉められることはなかった。乗客たちは、それがあたり前のことのようにトイレを使っていた。トルコの列車はタンク式になっていたのだ。

「これなら、深夜に長時間停まってもなにも問題ないな」

ひとりほくそ笑んだが、考えてみれば、終点のハイダルパシャ駅まで国境はひとつもなかった。延々とトルコ領内を走るだけなのだ。「せっかくタンク式なのに……」と悔しい思いでトイレの便器を眺めるしかなかった。

車内はもちろん空調も効いていた。しかし、これまでの車両では必ずあった給湯器がどこを探してもなかった。無料のお湯はなくなってしまったのだ。カップ麺が売られていても、食べることはできなかったのだ。これでは紅茶も飲めない。発車し、しばらくして食堂車に出向き、お湯をくれないかと頼んでみた。快く中国製のポットにお湯を入れてくれたが、三リラもとられてしまった。百九十円ちかくする。これでは気楽に紅茶も飲めなかった。

発車して数時間が経った頃だったろうか。通路を歩いていると、車掌が空いているコンパートメントのなかに電熱器と小さなやかんをもち込み、それで湯を沸かしていた。やはりトルコ人もお湯がほしいのだ。

しかし乗客たちのなかに電熱器までもち込む人はいない。食事どきになると、乗客たちは皆、食堂車に出かけていった。トルコの長距離列車はそういうスタイルのようだった。それに倣《なら》い、僕らも食堂車の席に座ったが、ふたりで二十四リラもした。千五百円もする。高いのだ。結局、カルスのスーパーで買った食糧を、人目をはばかるようにしながらぼそぼそと食べていた。紅茶も湯が高いため気軽に飲めず、流し込むのはペットボトルの水だけだった。

車内は閑散としていた。一車両に五十八ベッド。つまり五十八人乗りだったが、乗客は五人しかいなかった。日本人ふたり、イギリス人ひとり、アメリカ人ふたり……。傍《はた》から見れば、全員がバックパッカーだった。イギリス人は中国から陸路旅の途中だった。ドイツにいる彼女のところに寄り、クリスマス前にロンドンに戻るという。アメリカ人はカップルで、トルコのなかをまわっていた。

サルカムシュ、ホラサン……。急行のわりには停車駅が多かった。ほとんど各駅に停まっていく感じだった。スピードも遅い。

車窓にはのびやかな風景が広がっていた。牧草地が延々と続く。村々の近くにはポプラが防風林のように列状に植えられている。すでに黄に染まった葉が夕日に輝いていた。その間をゆっくりと川が流れていく。列車はときにその流れに沿い、トンネルを抜け、西へ、西へと進んでいく。

「景色ものんびりしてるけど、列車ものんびりしてるんだよな」

車窓を眺めながら阿部氏がぼんやりという。

しかしその景色にまぎれ込むように進んでいくと、トルコは広大な農業国なのだと思い知らされる。市場を埋める種類の多いチーズ、直径が五十センチを超える巨大なキャベツ……トルコは豊かな国だった。

しかしこの国も現代の忙しさに晒《さら》されている。カルスとハイダルパシャ駅を結ぶこの路線は、トルコの列車のなかでも、最も距離の長い路線のひとつだった。しかし速度が遅いから、客はバス便になびいていってしまう。乗っているのは、金はないが時間だけはたっぷりあるバックパッカーが多くなる。運賃もバスに比べると安いようだった。

それでも列車好きのトルコ人たちはいる。途中のエルズルムから、地元の人たちも乗り込んできた。ようやくトルコの列車の雰囲気になってきた。

列車のなかのひと晩が明け、スピードも速くなった。シワス、カイセリ……停車する街の規模も大きくなっていく。少しずつ人の密度も高くなり、乗り降りする乗客の数も増えていった。駅のホームに物売りが登場したのはヨーコイという駅だった。首都のアンカラまであと五時間ほどの街である。カルスからここまで、列車はほぼ一日走り続けた。トルコの辺境を抜けたということだろうか。

二両にひとりの割合で車掌がいた。しかしこれまで乗ってきた列車の車掌に比べると、仕事は半分もなかった。乗客が乗り込んでくると、コンパートメントまで案内する。大きな駅が近づくとごみを片づけ、床を掃除する。ただこれだけである。駅に到着しても、

トルコの野菜はでかい。キャベツもこのサイズ。「キャベツ１個」といって買うと、大変なことになる

トイレの鍵を閉める必要もない。乗客はボタンを押してドアを開け、勝手に降りていく。僕らも自分でドアを開けてホームに降りた。

この列車に時刻表は貼りだされていなかった。トーマスクックの時刻表はもっていたが、カルスを出発する時刻が七時間もずれていたからあてにはならなかった。ひとつの駅に降りても、停車時間もわからない。ホームにアナウンスは流れるが、トルコ語である。こういうことはこれまでもあったが、乗降口のところには車掌が立っていたから、時計を示して発車時刻を確認できた。ところがトルコの列車では、その車掌がいなかった。

自分がなんとかしなくてはいけない世界に入ったようだった。考えてみれば、日本の列車と同じである。車掌の数は少ないから聞くこともできない。停車時間も短い。駅のホームでのんびりとお茶を飲むといったこともできなかった。

これまで乗ってきた列車は、一車両に必ずひとりの車掌がいた。ときにうるさいおばさんだったり、威圧感たっぷりの男性だったりもしたが、それなりに頼りにはなったのだ。

どこか「放りだされた」感がある。おそらくこれから進むヨーロッパの列車はこんな感じなのだろう。

グルジアからトルコへ。そこがひとつの境界だった。車両も変わり、乗客と車掌の関係も密度が薄まった。アゼルバイジャンやグルジアの列車で、その予感はあったが、トルコに入って、たしかなものになった。列車が特別な乗り物ではなくなったのだろう。ようやくその世界に戻ってきたのだが、それは心のなかに秋風が吹き込むような感覚でもあった。

アンカラを発車したのは夜の八時四十分だった。予定より三時間ほど遅れていた。アンカラとハイダルパシャ間は、一日に何本もの特急が走る路線である。日本でいったら東京と大阪を結ぶ路線に相当する。速い特急なら九時間ほどで走り抜けてしまう。ドグエクスプレスも、そういった列車に混じり、心を入れ変えたようにスピードをあげたが、やはり田舎から走ってきた列車だった。いくら頑張っても十一時間かかってしまう。急ぎたい乗客が選ぶ列車ではないようだった。

車内はトルコ東部ののんびりとした空気に包まれていた。バックパッカーたちは、ベッドの上で眠り惚けている。中央アジアやイランを歩いてきた旅人にしたら、トルコはもうヨーロッパのようなものなのだろう。旅は終わった……と思い込んでいるのかもしれない。夢のなかに出てくるのは、夕暮れの街に響くコーランの詠唱だろうか。ケバブの味なのだろうか。

ドグエクスプレスは、結局、三時間の遅れを回復できずにハイダルパシャ駅に到着した。カルス駅の職員が説明してくれたスタンダードタイムと非スタンダードタイムの中間ぐらいだった。

ハイダルパシャ駅は重厚なつくりの大きな建物だった。ガラタ橋のあるイスタンブール中心街へ渡るフェリーは、駅舎の前から出た。ボスポラス海峡は朝日に輝いていた。この海峡がアジアとヨーロッパを分けている。ハイダルパシャ駅がアジアの終着駅である。そんな感傷に浸るには、フェリーは混みすぎていた。朝の通勤ラッシュだったのだ。海峡といってもこのあたりは狭く、二十分ほどで対岸に着いてしまう。思いに耽《ふけ》る余裕もなかった。

ヨーロッパに向かう列車が発車するイスタンブール駅は、フェリー桟橋の近くに、ボスポラス海峡に沿うようにして建っていた。この駅はシルケジ駅ともいう。ヨーロッパからやってくるオリエント急行の終着駅だった。対岸のハイダルパシャ駅よりはるかにその名を馳《は》せていたが、建物は意外なほど質素である。トルコを地図で見れば、それは当然のことだった。トルコという国の領土は、その大半をアジア側で占めている。トルコの国内交通といえば、このアジア側が中心になるわけだ。ハイダルパシャ駅からは、一日に何本もの特急や長距離列車が発着していた。それに比べればイスタンブール駅の発着列車は少なかった。

このイスタンブール駅からどのルートで西に向かうのか――。トルコに入国するまで、決めていなかった。トルコまでの列車を調べることが大変で、イスタンブールから先はなんとかなるだろうという思いがあった。なにしろ東欧から西欧というエリアなのだ。線路の密度は、中央アジアやロシアとは比べものにならなかった。いや、出発前に、トーマスクックの時刻表やインターネットで、調べかけてもいた。しかし選択肢があまりに多く、お手上げ状態だったといったほうがいいのかもしれない。

カルス駅からハイダルパシャ駅へ向かう列車のなかで、トーマスクックの時刻表と格闘していた。ヨーロッパからきたバックパッカーたちも、僕らのコンパートメントに集まってきた。彼らの多くは、列車でドイツやイギリスに戻ろうとしていたのだ。僕らがもっていた赤い表紙の『トーマスクック ヨーロッパ鉄道時刻表』が、車内でまわし読

ハイダルパシャ駅から朝焼けのボスポラス海峡をフェリーで渡る。あっという間にアジアからヨーロッパへ

背後に列車が着いたハイダルパシャ駅

みされた。

「これしかないな」

それはイスタンブールを夜の十時に出発するバルカンエクスプレスという列車だった。悩んだのはその行き先である。この列車は、セルビアのベオグラード行きとルーマニアのブカレスト行きが連結されて出発し、途中で分かれていく運行になっていた。

ベオグラードかブカレストか――。その先の列車を辿っていくと、ここがひとつの分かれ目になることがわかってくる。ベオグラードに向かった場合、クロアチアを経てイタリアに入り、フランスの地中海沿岸を通ってスペイン、ポルトガルに向かうことになる。ブカレストに出ると、ドイツのミュンヘン、パリを通ってスペイン、ポルトガルに入っていくルートが合理的だ。もちろん、ヨーロッパ内は網の目のように鉄道が延びているから、ブカレストから地中海沿岸に出ることもできる。ベオグラードからドイツに向かうこともできた。あまりロスのないルートを選んだ場合の話である。時間的には、ブカレストからドイツに入るルートのほうが速かった。ドイツとフランスとの間にはTGVという高速列車が縦横に走っていた。パリから南下するTGVもかなりある。

「ミュンヘン、パリってのもねェ」

老眼鏡をかけ、時刻表を追いながら、呟《つぶや》いていた。シベリア、中国の辺境、中央アジア、コーカサスを列車で通過してきた。そんな旅に、ミュンヘンやパリは似合わないような気がした。

「そのギャップが面白いかもしれませんよ」

「パリのシャンゼリゼ通りか……」

ザックを背負い、ライトアップされた通りを歩く姿を想像してみる。

「きっとかなり寒くなってるよな」

地中海を走るルートに傾いていった。

しかしそれらのスケジュールは、トーマスクックの時刻表で調べていったものだった。最新のタイムテーブルで確認していく必要があった。イスタンブール駅に近いインターネットが無料で接続できるカフェに入った。レイルヨーロッパというサイトで、時刻や接続をひとつ、ひとつ調べていった。このサイトは、インターネットを通じて切符を買うこともできた。しかし購入ページにはなかなか進めなかった。どうも予約から列車に乗るまでの日数が短すぎるようだった。

駅に戻り、ベオグラードまでの切符を買った。今日の夜に出発し、翌日の夕方、ベオグラードに到着するスケジュールになった。

イスタンブールは十時間ほどの滞在だった。食べるもの……やはりサバサンドだった。はじめてこの街を訪ねたのは一九八九年である。そのときすでに、サバサンドは名物料理になっていた。ガラタ橋のたもとに小船が停まり、その上でサバの切り身を大きな鉄板で焼き、それをパンに挟み、紙にくるんで、ほい、と渡してくれる。単純きわまりないサンドイッチだが、サバといえばご飯とみそ汁の組み合わせしか思いつかなかった僕には新鮮な味だった。

それから何回かイスタンブールを訪ねているが、来るたびにサバを焼く船が増えてきた。しかし、このサンドイッチは、揺れる船の上でサバを焼く店の商品という不文律があったような気がする。

ところが、そのルールは簡単に破られてしまったようだった。サバサンドは上陸を果たしてしまったのである。ガラタ橋の周辺には、おそらく数百軒というレストランが店を構えているが、そのメニューに登場していた。

BALIKという名前だった。食堂の入口に掲げられたメニューの最初に書かれたその意味が最初はわからなかった。料金はどこも四リラ、二百五十円と一律だった。ほどなくして、それがサバサンドであることがわかったが、ということはイスタンブールのガラタ橋周辺はサバサンドだらけなのだ。

やってくる観光客が、「サバサンド、サバサンド」と口にしたのだろうか。別にサバサンドがまずいわけではないが、トルコ料理のバリエーションはもっと広い。店にしたら、あまりに簡単なそのメニューを掲げることは沽券《こけん》にかかわる、という思いもあった気がするが、それもしかたがないということだろうか。

イスタンブール名物、サバサンド。またか、と思いながら、やっぱり食べてしまうイスタンブールの味

夕食はテーブルクロスのあるレストランに入った。カルスを出発して以来、きちんとした食事は、食堂車に座った一回きりだった。今夜からまた列車の旅が続くことになる。しかしその店も、メニューのトップはサバサンドである。そして、料金はカルテルでも結んでいるかのように、四リラなのだ。

店はガラタ橋に近く、金角湾が目と鼻の先だった。何羽かのカモメが風に逆らうように舞っていた。サハリンのホルムスクで泊まったホテルチャイカを思いだした。カモメホテルである。あれからかれこれ四カ月。ホテルチャイカはもう、氷点下の風に晒されているのだろうか。

イスタンブール駅に戻ったのは、夜の八時頃だった。コインロッカーに預けてあった荷物をとりだし、ホームに行くと、ギリシャのテッサロニキ行きの列車が停まっていた。アルミ製のボディは、落書きで埋まっていた。ヨーロッパの列車だった。これからこんな列車に揺られて旅を続けることになるのだろうか。

ベオグラード行きの列車が入線したのは九時頃だった。五両編成で、それぞれの車両に行き先が表示されていた。一両目と二両目がブカレスト行き。三両目と四両目がベオグラードで、五両目は途中のソフィア停まりだった。

出発の時刻が近づくにつれ、乗客がぽつり、ぽつりと集まってきた。カルスからの列車で一緒だったイギリス人青年も姿を見せた。彼はドイツに向かうからブカレスト行きの切符を買っていた。

ベオグラード行きの車両に集まってきた乗客のなかにもバックパッカーがいた。ギターを抱えた髭面《ひげづら》の中年おじさん、どことなく落ちつかないアフリカ系の青年がふたり、やたら荷物の多いおばあさん……。それに東洋からやってきた中年の旅人ふたり。普通の人はひとりもいなかった。

トルコとブルガリアの国境に到着したのは午前四時だった。辛い時間帯だった。アフリカ系の青年の出国でもめ、発車も遅れた。しばらく走り、ブルガリアの入国審査がはじまった。ブルガリアは二〇〇七年にEUに加盟したというのに、その審査には、社会

この列車には他にソフィア、ブカレスト行きが連結されていた。それぞれ国が違う。ヨーロッパの列車だ

バルカンエクスプレス。どことなく貧相さが漂う

主義時代のしきたりがしっかり残っていた。審査官がコンパートメントに現われ、パスポートを回収していく。その威圧感のある表情や身のこなしは、古い時代のままだった。さしたる産業もない農業国にとって、ＥＵ加盟しか選択肢はなかったのかもしれないが、国というものは旧時代からの公務員や軍人を抱えている。彼らの意識を変えていくことは、既得権も絡んで、経済変革のようにはいかないのだろう。ＥＵ加盟から三年では、とても無理な話のようだった。

パスポートが戻ってくるまで、暗いホームをぼんやり見ていた。満月だった。こうして国境駅で何回、満ち欠けする月を眺めたことだろうか。

「カーン　コン」、「カーン　コン」という音が聞こえてきた。懐かしい響きだった。ホームに列車が停車すると、蛍光塗料の線の入った上着を羽織った男たちが車両の点検をする。台車のある部分を金槌《かなづち》で叩き、その音で安全を確認していくのだ。ロシアや中央アジアでは、その叩く場所が同じらしい。やや高い「カーン」という音に続き、「コン」というくぐもった音がホームに響く。昼は雑音に紛れて聞き逃すことも多いが、深夜に国境駅に停車すると、その音がやけに大きく耳に届くのだった。

ブルガリアの作業員は、昔通り、こうして台車の点検を続けているのだろう。バスや飛行機に押され、ヨーロッパの鉄道の先行きは心許《もと》ないが、彼は律義《りちぎ》に金槌を叩き続けていた。

午前九時、ミハロボという駅でブカレスト行きとベオグラード、ソフィア行きが切り離された。ブカレスト行きは先に発車していった。残った三両に、新しいディーゼル機関車が連結され、ブルガリアの農村地帯をとことこと進んでいく。空は晴れわたり、気持ちのいい小春日和《びより》だった。こんもりとした山々の木々は色づき、黄葉の色あいは日本のそれを思わせた。トルコから北上し、植生は日本に似てきているようだった。いつまでもこの列車に乗っていたいような眺めだった。

しかし列車というものは、なかなかスムーズには運ばない。中年のおじさん車掌が、コンパートメントに顔を出したのは、ソフィアの手前一時間ほどのところだった。相談がありそうな顔色だった。

「この列車は遅れている」

そんなことはわかっていた。気がついたのは、プロブディフという駅に着いたときだった。トーマスクックの時刻表では、午前八時一分着なのだが、実際の時刻は十時四十五分だった。三時間近く遅れていた。

「実はソフィアからの列車が発車してしまったんです」

「ん？」

いっていることがよくわからなかった。この列車はベオグラード行きではなかったのか。話を聞くとこういうことだった。僕らが乗っている車両は、予定では十時三十六分にソフィアに到着する。そこでソフィアからベオグラードに向かう列車に連結されることになっていたのだ。つまり、ベオグラードまで引っぱってくれる列車が、この列車を待ち切れずに発車してしまったのだ。ソフィアに到着するこの車両は、牽引《けんいん》してくれる機関車がないまま、駅に放置されることになる。

一瞬、ロシアのウスリースク駅を思いだした。車両区の片隅に、ぽつんと置き去りにされてしまったあの夜である。

「……ということは、ソフィア駅の片隅で一泊？」

しかしヨーロッパの鉄道は、それなりの密度があった。

「夜八時四十五分に出発するベオグラード行きがあります。それに連結されることになったので……。ベオグラードには翌朝の五時に着きます」

ヨーロッパの列車にはじめて乗った人なら、「それは困る」、「今夜のベオグラードのホテルを予約してあるんだ」などと抗議したかもしれない。しかしこの列車のなかから、そんな声は聞こえてこなかった。だいたい、事前にホテルを予約するようなタイプの客はひとりもいなかったのだ。ギターを抱えた髭面のおじさんはただ気がいいだけといった雰囲気だった。荷物の多いおばあさんは、ちょっと危なそうである。あとは小汚いバックパッカーである。そういえば、アフリカ系の青年の姿が見えない。ブルガリアの入国を拒否されたのかもしれなかった。この車両を埋める客が泊まるのは、ベオグラード

途中のプロブディフ駅では「カーン　コン」と、作業員が線路の保線工事をしていた

車掌から紅茶を買う。気のいいおじさんだった。カメラを向けるとこのポーズ

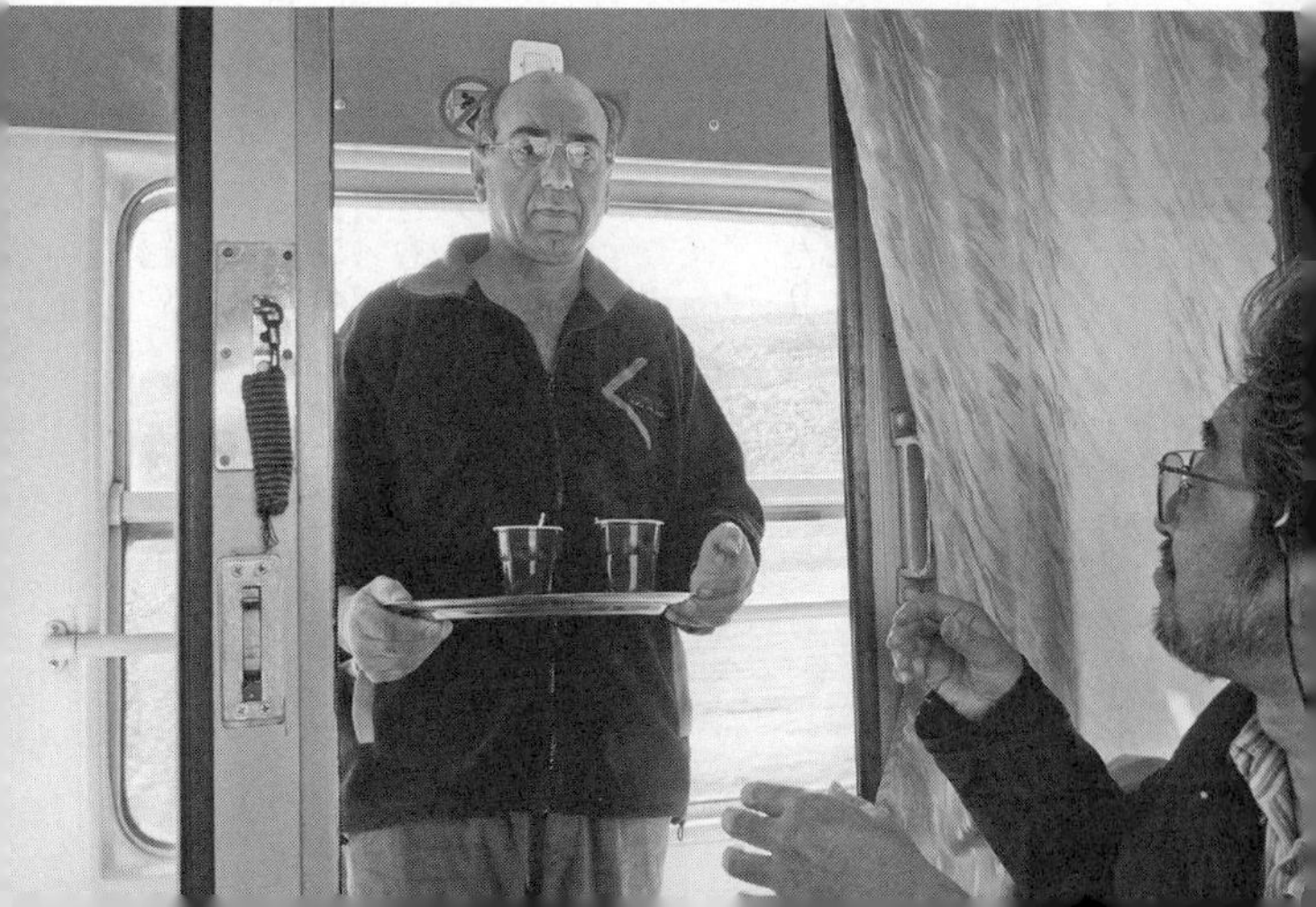

の駅に近いゲストハウスといったところだろうか。予約など縁のない人々である。東欧をのんびり走る列車を使うのは、そんな人たちだった。

僕らにしても、ソフィア駅の片隅に車両ごと放置されないことだけで満足していた。カルスを出発して以来、シャワーを浴びていない日は四日目になっていたが、さしたる問題でもなかった。これでホテル代一泊分が浮く……などとも考えていた。列車旅が長くなってくると、望む要求がどんどん低くなっていくのがわかる。どこまで列車に染まっていってしまうのだろうか。こんなことで、西欧の立派な列車に乗り込めるのだろうか。

「セックス」

女は耳許で囁《ささや》くようにいった。あまりの唐突な言葉に、あたりを見まわした。

「ぼ、僕らはセックスをするためにソフィアに来たわけではなくて……そのイスタンブールからの列車が遅れてしまって」

女は立ち尽くす僕らに脈がないと思ったのか、すっと遠ざかっていった。

ソフィアに着いたのは午後の一時だった。予定より二時間半ほど遅れたことになる。ベオグラードに向けて列車が発車するまで八時間近い時間があった。ソフィアの街に出てみることにした。荷物を預け、駅舎を出ようとしたところでの、「セックス」だった

ソフィア駅。街の景観にそぐわないデザイン。構内のテナントは空きが目立った

のだ。この街は苦しんでいるのかもしれなかった。

まっ盛りの秋だった。色づいた葉がひらひらと風に揺れている。駅前から市街地に向けて延びるゆるい下り坂の道にも落ち葉が舞っていた。

『ソフィアの秋』――。五木寛之にそんなタイトルの小説があった。そのストーリーも忘れてしまったが、イコンという聖像をめぐる物語だった記憶がある。イコンを見たかった？　そういうわけでもなかった。たまたま見つけた教会に入ってみようと思った。情報や知識のない街歩きである。『ソフィアの秋』はこの街を記憶につなぐ数少ない糸だった。

古びた教会だった。聖ネデリャ教会と入口に書いてあった。オスマントルコが強制しようとしたイスラム。そして旧ソ連がもち込んだ唯物史観と、ブルガリアのキリスト教は辛い時代を体験してきた。この教会も何回も壊され、そして再建を繰り返してきたようだった。

教会のなかに入ったとたん、重い空気に包まれた。重苦しいわけではない。漂っている空気の密度が濃いとでもいったらいいだろうか。こもったロウソクの匂いのなか、人々は一心に祈っていた。

肩にずっしりとのしかかるようなこの重い空気……。グルジアのトビリシの教会でも体験していた。古い教会だった。なかでは、薄いベールをかぶった女性が、キリスト像の前でひざまずいていた。両脇には、指揮者が楽譜を置くような台が置かれ、それを挟むように神父と信者が向きあい、なにやら深刻な面もちで話をしていた。信者は悩みを打ちあけているのかもしれない。彼らは、物見遊山《ゆさん》で入り込んだ異教徒に関心ひとつ示さなかった。教会の小間使いのような男が、カメラをとりだす観光客にやんわりと注意するだけだった。

彼らは、自分たちの世界に異教徒は一歩も入れないような閉鎖的な瞳《ひとみ》をしていた。排他的だった。建物はかびの臭いがするような神秘性すら発している。

ふたつの教会に共通するもの……それは正教会ということだった。キリスト教には大きなふたつの流れがあった。ローマカトリック教会と正教会である。正教会は東方正教

聖ネデリャ教会は10世紀に建てられた。ブルガリア正教の重さは、外観からも伝わる？

会と呼ばれることもある。正教会は国単位に分かれている。ロシア正教、ギリシャ正教、グルジア正教、ブルガリア正教、セルビア正教……。しかしそれは組織の名前であって、正教会はひとつの教義を共有している。

正教会は、日本人にはなじみの薄い教派である。日本にある教会の多くは、ローマカトリックの教会だからだ。だから、カトリックとプロテスタントの区別はできても、正教会と聞くと急に霧がかかってしまう。

僕もそうだった。しかし教会を支配する重い空気が気になった。グルジアからいったん日本に戻ったとき、少し調べてもみた。ローマカトリックと正教会の分裂は、七〇〇年代まで遡る歴史を抱えていた。そしてイスラムの圧力に屈する形で出された聖像禁止令をめぐって、両派は決定的な対立を迎えてしまう。一〇五四年、互いに破門する形でいまに至っている。

歴史的な経緯がわかったところで、正教会の教会に流れる重さを理解できたわけではなかった。しかしこうして、息を殺すようにして、聖ネデリャ教会のなかに座っていると、伝わってくるものがある。

ローマカトリックのエリアは、西欧に多い。また、プロテスタントの教義がもつ合理的で論理的な部分が、科学とか産業といったものを支えていったともいわれる。それらに比べると、正教会の世界は土俗的で土臭い。そして人々の心に、深く入り込んでいた。以前、イスラエルのエルサレムを訪ねたことがあった。そこにあるキリストの墓の前で、体を震わせるようにして泣く何人もの教徒を見た。訊くとロシアからやってきた正教会の人々だった。それほどまで深く入り込んでしまった宗教……。西欧人は、ここまでキリストの墓の前で、身も心も捧げることができるのだろうか、と思ったものだった。

ボスポラス海峡を越えてヨーロッパに入った。しかし世界はまだ、シベリアや中央アジアを引きずっているような気もした。正教会の教会は古く、そして暗い。祈りにやってくる人々は、どこか土の匂いがする。洗練という言葉には縁遠い教えの世界が、この一帯の空を覆っていた。

街なかのセルフサービス式の食堂に入った。できあがった料理を指差し、皿に盛って

街の青空市場に、痩せたニンジンもどき。かじるとワサビの味がした。これがブルガリアのラディッシュ？

もらうスタイルである。コロッケ、ハンバーグ、ナスを煮込んだもの、ジャガイモ、パン。昼食を食べていなかった僕らは何品か頼み、テーブルは豪勢になった。しかしその料金に耳を疑った。七レヴァ、日本円で約四百円ほどなのである。ひとり二百円……。

トルコの物価の半分以下だった。コロッケもハンバーグも、昔懐かしい素朴な味だった。近くのテーブルを見ると、料理一品にパンひと切れといった客が多かった。料金は二レヴァ、百円ほどである。

ブルガリアはEUに加盟した。人々は豊かな社会を夢見ているのかもしれないが、その一方で西側の物資が恐ろしい勢いで流れ込み、若者の視線は、その豊かさに魅了されたかのように西に向かってしまう現実が突きつけられる。際立つのは素朴さと貧しさだけなのだ。駅で声をかけてきた女性を思いだした。これからソフィアは、外に立つのが辛い寒さに包まれるはずだった。

ベオグラード駅に着いたのは朝の六時だった。朝食でもとろうと街に出ると、目に飛び込んできたのがNATO軍の空爆の跡だった。コソボの独立を求めるアルバニア人勢力とセルビア人勢力の間で起きたコソボ紛争に、NATO軍が介入した。セルビア国営放送、政府関係の庁舎、そして中国大使館などがNATO軍の空爆を受けた。僕らが目にしたのは、旧ユーゴ連邦の国防省ビルだった。駅から続く坂道を五分ほど歩くと、目

ブルガリアの列車は落書きだらけだ。若者の不満を列車が引き受けているのだろうか

の前に、空爆を受けた無残なビルがぬっと現われたのだ。

しかしこの空爆は一九九九年のことである。それから十年以上経っていたが、セルビア人は、それをとり壊すことはしない人々だった。

ドナウ川を見ようと進むと、そこにあったのはベオグラード要塞の跡である。敷地内には、現役で使えそうな戦車や高射砲も展示されていた。その横にある軍事博物館につい入ってしまった。

要塞跡は公園のようになっていた。その先端にあるベンチに座った。眼下をドナウ川が流れていた。手前から合流するのがサヴァ川だろうか。敵を迎え撃つには格好の立地である。

別にベオグラードで、戦争の痕跡を訪

ねようと思っていたわけではなかった。しかし街を歩いていると、あたり前のようにその跡に出合ってしまうのだ。

パンフレットには、セルビアの歴史が簡単に解説されていた。それは国の歴史というより、戦いに明け暮れなければならなかったこのエリアの運命を訴えているようでもあった。

戦争の歴史は、ギリシャ、ローマ時代まで遡る。このふたつのエリアを結ぶ道がベオグラードを通っていた。その後、この街はフン族、東ゴート族などに攻められ、そのたびに戦場になる。東ローマ帝国、ハンガリー王国などもこの街を手に入れようと攻撃を加えた時期もあった。十字軍もこの街を通ってエルサレムに向かったという。その後、オスマン帝国との長い攻防がはじまった。そのときにつくられたのがベオグラード要塞である。やがて第一次世界大戦へと時代は流れていく。バルカン半島で勃発した紛争の多くも、ベオグラード周辺で起きていた。第二次世界大戦のときはドイツ空軍の空爆を受け、ナチス・ドイツに攻め込まれる。やがてここにはナチス・ドイツの傀儡《かいらい》国家ができあがるのだが、最後には連合軍の空爆を受けることになる。そしてユーゴスラビア連邦が成立する。しかし、その連邦もやがて崩壊。ベオグラードはＮＡＴＯ軍の空爆に晒されていったのだ。

「ふーッ」

ベオグラードの中心街に、空爆跡がしっかりと残されている。観光案内所には、空爆跡のパンフレットまである

読み終えて溜息が出る。ベオグラードが主戦場になった戦争をざっと数えただけでも百四十回にもなるのだという。

「戦争ばっかりやってたんだよな、この国は」

つい呟いてしまった。街が背負った定めというものがあるのだろうか。ときにこの周辺の紛争は、複雑な宗教や民族問題で語られるが、この街に限れば戦争という相が宿っている気がする。紛争が起こると、戦略上、常に重要な場所になってしまうのだ。

ソフィアからの列車が着き、この街をはじめて眺めたとき、街の格が違うと思った。石づくりの建物は重厚で、長い歴史が秘められているように映った。しかしその歴史とは、この街に限れば戦争だった。建物には多くの弾痕が残されているはずだ。

NATOの空爆跡を十年以上も残していることは、この街に生きる人々の処世術のようにも映る。こうして戦争の記憶は、子供たちに引き継がれていく。そこにあるのは、戦争に抗議する発想ではない。黙っていても、戦争が降りかかってくる街なのだ。空爆跡はその運命を次の世代に教える装置のように思えてしかたなかった。

ベオグラードに着いた朝、その日に発車するイタリアのベネチアまでの切符を買うことができた。コンパートメントのベッド番号も記されていた。ベオグラード出発は午後の三時二十五分だった。

午後三時すぎ、ベオグラード駅のホームで列車を探した。イスタンブール駅で乗った列車は、車両に行き先が記されていた。ベオグラードでも、その方式ではないかと、列車や車両を探し続けた。しかしベネチアという文字はどこにもなかった。駅員に訊き、列車を教えてもらって行くと、それはクロアチアのザグレブ行きだった。三両の短い編成だった。ホームから車内をのぞくと、ただ座席が並んでいた。寝台車ではなかった。

通りかかった駅員に、切符を見せながら確認した。やはりこの列車だという。乗り込むしかなかった。ベネチア行きの列車はクロアチアのザグレブを通っていく。方向的には間違っていなかった。

ドアには『NO RESERVE』という紙も貼られていた。自由席ということらしい。しかし僕らの切符には、車両番号とベッド番号が記されている。しかしその車両にはベッドもないのだから、勝手に座るしかなかった。

通路が片側にあり、寝台車のコンパートメントの部分が座席になったスタイルだった。各コンパートメントに三席ずつの椅子席があった。客はあまり多くなかった。各コンパートメントにひとりかふたりといった割合である。

発車してしばらくすると、車掌が現われた。僕らの切符を見て、一瞬、困ったような顔をした。そんな表情をつくられると、こっちが不安になる。

「この列車は予約の必要はありませんから、どこにでも座ってください」

「このままベネチアまで?」

「い、いや、そんなことはありません。ザグレブで後ろに寝台車が連結されますから、そちらに移ってください」

嘘の臭いがした。寝台車の予約が少なかったため、ザグレブまでは座席車だけを走らせ、そこから寝台車を連結することに変更になったのかもしれない。

それを発券コンピュータに入力するのが遅れ、寝台用の切符を売ってしまったのかもしれなかった。だから、あの戸惑ったような一瞬の表情になったのだろうか。

いや、寝台車を連結するのを単純に忘れたのかもしれない。

「連結を忘れるって、ありえますかね」

阿部氏が切符を見ながらいった。

「セルビア人だからね」

「セルビア人って、そんなに間抜けなんですか?」

「さあ。でも、そうだとしたら、いま、ベオグラード駅の駅員は悩んでるだろうなぁ。連結するのを忘れた車両が、駅に残っているわけだから。この車両をどうしようかって……。戻る列車では予約が入っているかもしれないし」

「やっぱり、発券コンピュータが対応していないってことじゃないですかね」

僕らの切符には、そのあたりのことが明記されていなかった。というより、表記がセルビア語のようで意味がわからなかった。理解できるのは数字だけだった。

しかし列車は快適だった。空調も効き、車内も清潔だった。スピードも心なしか速いような気がする。車窓には延々とトウモロコシ畑が続いていた。そのなかに、木々に囲まれた村がある。そこにやわらかな西日があたっている。

夕方の六時半、クロアチアとの国境駅に停車した。イミグレーションの職員がひとり乗り込んできた。パスポートを渡すと、チラッと見ただけで返してくれた。スタンプひとつ捺《お》さなかった。これがセルビアの出国審査なのか、クロアチアの入国審査なのかもわからなかった。本来なら、確認しなくてはいけないのかもしれない。しかし一日に二カ国を通過する旅になると、それをチェックしていくのも面倒になってくる。

クロアチアのザグレブに着いたのは、夜の九時だった。結局、僕らは列車を降ろされた。駅員に切符を見せた。

「十一時二十分発のベネチア行きが来るから、それに乗りなさい」

そんな説明を受けた。ベオグラードから乗った列車の車掌がいっていたことはやはり嘘だった。

二時間ほどの待ち時間があったが、水一本買うことができなかった。駅の売店はユーロもドルも受けとってくれなかった。クロアチアがEUに加盟するのは三年後の二〇一三年である。当時は、EUと縁がなかったわけだから、無理もない話だった。

「駅前に出たところにある郵便局が開いていたら、両替できるんですけど」

そういわれて、駅前ロータリーを歩いてみたが、店はどこも閉まり、郵便局の灯も消えていた。

ザグレブの街に出ることができるとは考えてもいなかった。ソフィアにしてもそうだった。列車が予定通りに運行していたら、駅のホームに降りるぐらいで通りすぎてしまう街だった。理由すらわからない遅れや、運行スケジュールの変更で、思わぬ街を見てしまうことになる。

ベネチア行きの列車は、十一時少し前に入線した。切符に記された車両番号は『42

3』だった。この車両番号が行き先表示と一緒に書かれ、ドアに貼ってあるはずだった。ホームを歩きながら、その番号を確認していく。先頭に向かうにしたがって番号が減っていった。

「426……425……424……」

「ん？」

いきなり先頭の機関車になってしまった。乗るはずの『423』という車両がないのだ。

「見落としたんだろうか」

もう一度、ホームを歩いてみた。やはりなかった。

「どういうことだろうか」

ひとつ手前、『424』の車両の乗降口に立っていた、若い女性の車掌に切符を渡した。

「この車両が424でしょ。番号が減っていく連結だから、423は、この前に……」

車掌は乗降口から身を乗りだすようにして前を見た。

「ワォ！」

車掌は口許を押さえた。「ワォ！」などと驚いている場合ではない。僕らが乗り込むはずの車両が連結されていないのだ。僕らはどうなるというのだ。

女性の車掌は僕らの切符を手に、別の車両にいる車掌に相談に行った。

結局、424の空いているコンパートメントに入ることになった。

この列車はブカレストを出発し、ベネチアに向かう便だった。ユーロナイトという名前までついていた。

寝台車のベッドに座り、切符をまじまじと眺めた。

「これは幻の切符なのかもしれない……」

いや、切符は本物だったが、車両番号やベッド番号が幻だった。相当する車両がなにもないのだ。

ベオグラードからの列車にも相当する車両はなかった。そしてザグレブで乗り換えるベネチア行きの列車にも、該当する車両は連結されていなかった。このふたつの列車とも、連絡を忘れたというちょんぼの上塗りだったのだろうか。

しばらく前まではこの車両はあったのかもしれない。乗客が減少し、車両数を減らしたのだが、それが発券システムに反映されていない……そういうことかもしれなかった。しかし車掌たちがそれを知らないというのも妙だった。やはり連結し忘れたのかもしれない。

しかし、焦ったのは、僕らだけだった。つまり、この日に、ベオグラードからザグレブ経由でベネチアに向かったのは、ふたりだけだったことになる。

発車してすぐ、クロアチアの出国審査があった。しかし例によって、パスポートを一瞥《いちべつ》するだけで終わる審査だった。しばらく進み、スロベニアの入国審査があった。スロベニアはEUに加盟していたから、非EU圏からやってくる乗客チェックは必要なのだろう。しかし乗り込んできた車掌がパスポートを見、その場でスタンプを捺す簡単な審査で終わってしまった。

これで本格的にEUに入った。もう、国境のチェックはないだろう。明日の朝はイタリアのベネチアである。太陽の光に輝くアドリア海が車窓に広がっているはずだ……。

雨だった。

鈍色《にびいろ》の雲がアドリア海の空を覆っていた。ベネチアの駅舎を出ると、運河もアーチ型の橋も小雨に濡れている。

イタリアに入国したのは、朝五時頃のように思う。うつらうつらと電灯に照らしだされたホームを眺めた記憶がある。一瞬、「パスポート」と思ったが、すでにスロベニアからEU圏に入っている。イミグレーションの職員は姿を見せないはず……と思っているうちに寝てしまった。

目が覚めたのは七時すぎだった。建物の間に海らしき風景が見えたが、白っぽい空と一体化していた。明るい太陽の光が降り注ぐアドリア海などどこにもなかった。

これで旧社会主義国を越えた。少しは気分も華やいでくるかと思ったが、この曇天じゃなあ……と考えているうちに、列車はベネチア駅のホームに滑り込んだ。

しかしEU圏に入ったことは、肩に貼った湿布のようにじわり、じわりと効いてきた。ホームを歩き、切符売り場に立った。その日の列車でフランスのニースまで行けるだろうか――。窓口の中年の女性に相談すると、コンピュータを打ちはじめた。そしていくつかの列車名が打ち込まれた紙を渡してくれた。

ベネチア9：50↓ミラノ12：42

ミラノ13：10↓ジェノバ14：42

ジェノバ14：59↓ベンティミーリア18：11

ベンティミーリア19：17↓ニース20：06

本当に一日で、イタリアを横断できてしまうスケジュールだった。トーマスクックの時刻表やレイルヨーロッパというサイトで、乗り継ぐことができそうなことはわかっていたが、現実にその時刻まで印字された紙を見ると、やはり世界が変わったことに唸《うな》らざるをえなかった。そしてひとり八千円近い運賃が、EUに入った現実を教えてくれる。

「これでいい？」

窓口の女性が笑顔を送ってくる。なんの文句もなかった。

駅舎内にあるカフェテリアに入った。二ユーロのエスプレッソでひと息つく。椅子のない高いテーブルにもたれかかりながら、コーヒーの苦みを味わっていると、懐かしい感覚が蘇《よみがえ》ってくる。そう、東京で飲むエスプレッソと同じ味だった。それぞれの国にコーヒーはあったが、こういう味のコーヒーはなかった。近くのテーブルでは、おじさんが新聞を読みながらコーヒーを飲んでいる。

旅が終わったような気がした。

淡々と旅を続けてきたつもりだったが、これまでの国々では、どこかで緊張の糸が張られていたのだろう。イタリアに入り、日本と同じような列車の発券やエスプレッソの味に、その糸が弛《ゆる》んでいく感覚がわかる。

ベネチアの街ははじめてだった。駅舎を出ると、目の前に運河があった。絵に描いたような観光地である。朝、ホテルをチェックアウトした人々を乗せた船が次々に駅前の船着き場に接岸する。スーツケースを押すアジア人の口から、中国語が飛び交っていた。その発音から、台湾ではなく、大陸の中国人たちだとわかった。ベネチアは人気の観光地である。

ソフィアからザグレブを通ってやってきた僕らは、居場所がみつからず、運河に沿った裏道につい入っていってしまう。

ベネチアは運河の街として知られる島と、ビルが建ち並ぶ大陸エリアに分かれている。僕らが着いたのは、島側にあるベネチア・サンタ・ルチア駅だった。このエリアには車

観光客が訪ねるベネチアは島。駅もそのなかにある。列車は渡り廊下のような線路を走ってベネチアに入る

ベネチアの駅は運河に面していた。列車に乗る人たちが、ホテルから船に乗ってやってくる

ベネチアの島エリアは車が入ることができない。市民の足は水上バス。これはそのバス停

が入ることができず、船に頼った暮らしになる。

運河にゴミの回収船が停まっていた。家々のゴミは大型のポリバケツに入れられ、それを小型クレーンでもちあげる。船の上まで運ぶと、そこで回転させ、ゴミはどどーと船倉に落ちていく。運河にはいくつもの橋が架けられているが、その下を船が通るため、どれもアーチ型につくられていた。ここを車椅子の人が渡るのは難しく、手すりには専用の昇降機がとりつけられていた。ここに車椅子のまま乗り、スイッチを押すと、台座ごと動いて橋を渡る仕組みだった。

運河がなければ観光客もやってこないのだが、そこに暮らすということは、大変なこともある。途上国なら、増える観光収入にただほくそ笑んでいればよかったが、イタリアのレベルになるとそうもいかない。なんだか、日本の文化財に指定された地区を眺めているような気分だった。僕らは一万八千キロも列車に揺られて、そういう世界に戻ってきたようだった。

ベネチアから乗ったのは、ユーロスターシティという特急列車だった。左右に二席ずつの座席で、これまで乗り慣れてきた寝台車とは勝手が違った。小腹がすき、長い寝台列車の旅用にもっている食糧袋を探ると、トルコで買ったひまわりの種が出てきた。歯で殻をパチンと割って食べるその種は、うまく割れた、割れなかったという食べる前の一喜一憂があって、列車旅の暇つぶしにはもってこいだった。なかには、十粒ほどを一気に口に入れ、口のなかでもごもごさせながら、最後に殻だけを出すという離れ業をもつアジア人がいて、しばし口のなかを想像してしまったものだった。ひまわりの種の入った袋をとりだそうとして周囲を見た。とてもここでパチン、パチンと音をたてる雰囲気ではなかった。食べ物や飲み物は、ワゴン車を押して現われる販売員から買う世界なのだ。

車内は弱い暖房が効いているのか、仄《ほの》かに暖かかった。そのせいか、頭がかゆい。思い起こしてみれば、トルコの東端のカルスを出発して以来、一回もシャワーを浴びていなかった。予定通りならベオグラードでホテルに一泊できたのだが、列車が遅れ、車中泊になってしまった。その日々を指折り数えてみると、六日目である。一週間近くも風呂に入っていないのだ。下着もシャツも着換えていない。隠れるように身をシートに沈めるしかなかった。

ベローナ、ブレシア……。列車は短時間停車し、西へ西へと進んでいく。時速は百キロを超え、僕らの列車旅もだいぶスピードアップしてきた。

ミラノには定刻に着いた。大きな駅だった。ホームは十本以上ある。僕らが次に乗るのは、ローマ行きだった。その列車が出発するまで三十分ほどの時間があった。これまでの列車旅なら、ホームで待つところだが、ここはイタリアである。ニースまでの乗り継ぎ時間をみると、昼食を食べることができるのはミラノだけだった。食糧袋のなかには、ベオグラードで買ったパンやチーズが入っていたが、イタリアの列車のなかでは、それを頬張ることは気が引けた。

「やっぱりピザでしょ」

駅の構内を探した。『ピザリア』という看板が目に入った。いかにもチェーン店といった構えだった。ピザのファストフードチェーンといったところか。せっかくイタリアのミラノまできてファストフード……という思いはあるが、時間がなかった。僕が「オリーブ載せ」を頼み、阿部氏が「アンチョビ載せ」を注文した。といっても、オーダーを受けて焼くのではなく、できあいをただ切るだけである。なにしろふたり分で五・五

ユーロスターシティは、ミラノ駅に着いた。列車が次々に到着し、発車していく。……圧倒される

これが最初で最後のイタリア料理。2.75ユーロピザに列車旅を憂いてしまう

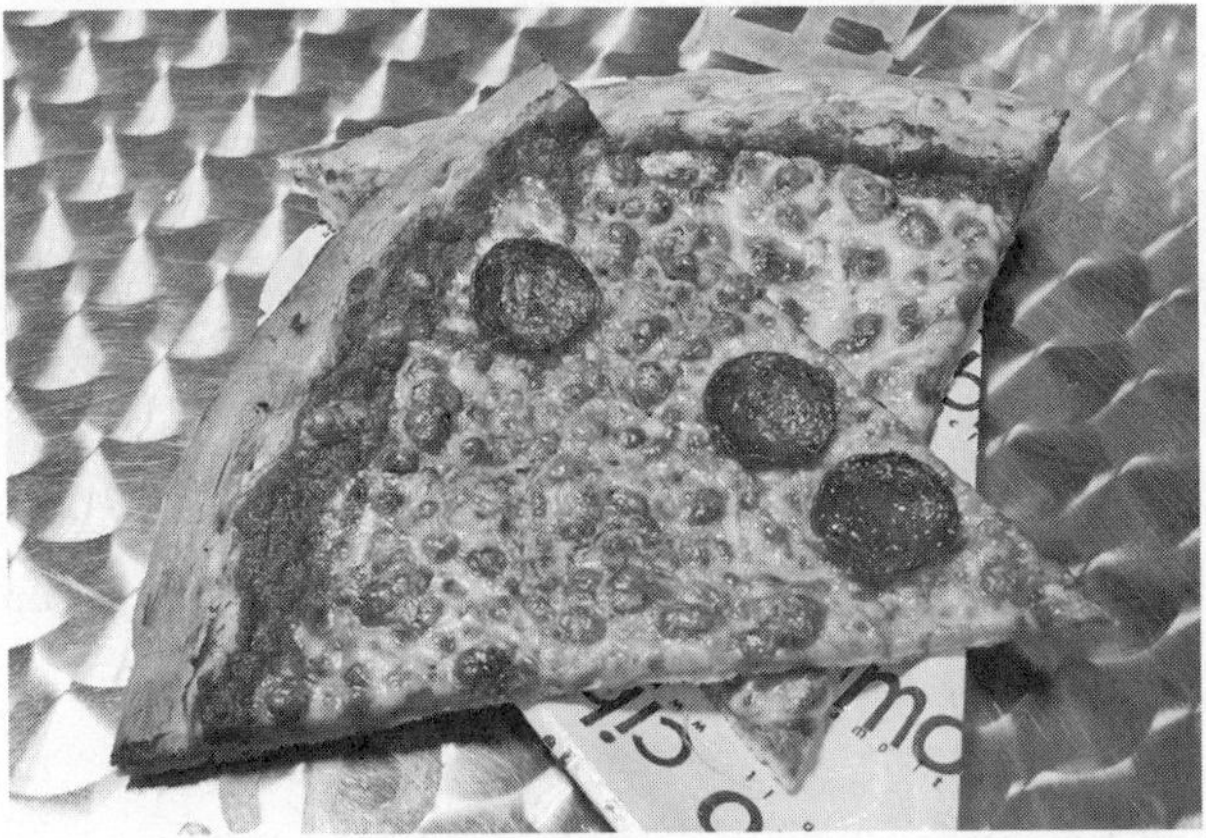

ユーロなのだ。飲み物は冷蔵庫から出して支払うシステムだったが、レモンティーとスプライトで五ユーロだった。つまり、ペットボトル一本分の値段のピザだった。

阿部氏がひと口食べた感想は……、

「温かい」

だった。阿部氏は優しい男である。おそらくこれが、最初で最後のイタリア料理なのだ。それが、「温かい」ことしかほめるところがない二・七五ユーロのピザだった。列車旅を憂《うれ》いたくもなる。しかし、二・七五ユーロと思えばそれなりの味で、生地は薄いのにしっかりしていて、食べごたえがある。こういうところを突いてくるのが、チェーン店でもあるのだが。

「薄いからこれで足りるかなぁって思ったけど、けっこう腹に溜まりますね」

やはり、阿部氏は優しい男である。

「なにか日本のピザと小麦粉が違う気がする……」

ざらついた紙ナプキンで口の周りを拭きながら、僕も呟く。二・七五ユーロのピザをこれだけ評価できるから、僕らは旅を続けることができるのかもしれないが、やはりこれがこの旅唯一のイタリア料理と思うと……少し辛いのだった。

ホームには冷気が吹き込んでいた。七月にはじまったこの旅も、もう十月の下旬になっていた。秋一色のグルジアやブルガリアを進んできたが、ミラノ駅に流れる風には、

ミラノからジェノバまで乗った列車のテーブルには悩んだ。どう使えば便利なのか、いまでもわからない

すでに冬の気配が宿っていた。ドイツはもっと寒いだろうと、この南欧のコースを選んだ。今晩、辿り着くはずのニースは、もう少し暖かいだろうか。

ジェノバへはミラノから一時間半ほどの南下行だった。

「ジェノバといえばジェノベーゼですか……」

阿部氏は二・七五ユーロのピザがよほど心残りだったらしい。妙に腹がふくれてしまった悔しさというものもある。しかし、ジェノバ駅の乗り換え時間は十七分しかなかった。駅のレストランで、バジルソースのスパゲティ、ジェノベーゼ……やはり無理そうだった。

ジェノバに近づくにつれ、頻繁にトンネルに入った。突然、暗がりから出るたびに、西向きの斜面にへばりつくようにして広がるジェノバの街が見渡せた。西伊豆の港を思いだした。海から続く急斜面に広がる街。きっと石段の多い街に違いなかった。歩いてみたい街だった。

ジェノバの駅は、谷底につくられていた。線路の脇は、古びたコンクリート壁で、それに沿って視線を上げていくと、その上に住宅があった。

ジェノバは地中海に面した港町である。ベネチアから五時間ほどで、イタリア半島を横断してしまったことになる。その距離は約四百キロ。やはりユーロスターは速かった。

ここからは、地中海に沿って走る路線である。乗り込んだ列車は、学生やジェノバに買い物にやってきたおばさんが乗るようなローカル線だった。席も自由になった。はじめこそ、ジェノバ港のコンビナートやコンテナが積まれた埠頭が続いたが、やがて線路は海に近づき、マンションが続くリゾート地帯をのんびりと走りはじめていた。風景はどこか湘南にも似ている。ということは、この列車は江ノ電といったところだろうか。空は曇りがちで、地中海の夕日というわけにはいかなかったが、この沿線にはサン・レモ、モナコ・モンテカルロ、ニース、カンヌと名だたるリゾートが続いている。湘南の比ではないのだ。

どこかセレブなリゾートを思い描き、車窓を眺めていたが、この路線はトンネルが多かった。「あれはビーチ?」と目を凝《こ》らしたとたん、トンネルの暗闇になってしまうの

ジェノバからはローカル線。海に沿った線路をのんびり進む。地中海リゾートの華やかさもない

だ。この沿線は、山が海岸ぎりぎりまで迫っているところが多い。それにしても、音楽祭や映画祭の賞を受ける会場は、いったいどこに建っているのだろうか。そんな平地は、見あたらないのだ。

　トンネルとトンネルの間に見える街は寂しかった。店はあるのだが、その多くがシャッターを降ろしていた。道を歩く人もほとんどいない。海岸に犬を連れて散歩をする老人がひとり……というのも侘《わび》しいものだ。

「季節はずれのリゾートなんてくるもんじゃないかもしれないな」

　日も暮れ、地中海はしだいに色を失っていった。車内に目を移すと、乗客がほとんどいなかった。一車両にひとりかふたりといった程度である。七月から九月にかけ、この一帯はリゾート客で賑《にぎ》わうはずだった。しかし十月も下旬になると、海辺の寒村に戻っていってしまう。マンションの扉は閉ざされてしまうのだ。

ベンティミーリアから、モナコ・モンテカルロ行きに乗り換えた。観光列車のようなつくりだった。ひとり用、ふたり用、四人用のボックス席が二階建て車両のあちこちに配置されている。観光客で一杯になれば、こんな椅子に喚声も起こるのかもしれないが、この車両に乗客は僕らだけなのだ。男ふたりで、いろんな椅子に座って飛び跳ねたところで、虚《むな》しさが募るだけである。ほかの車両の乗客も数えるほどだった。なんだか幽霊列車に乗っているようだった。国境を越え、フランス語になった車内放送がやけに大きく車内に響いていた。

ニースに着いたのは夜の八時をまわっていた。冷たい雨が降っていた。数えるほどしかないネオンの数に足が止まる。ホテルはあるのだろうか……。不安にさえなる寂しさだった。路地裏に小さな宿をみつけ、六日ぶりにシャワーを浴びた。トルコからの汚れを排水溝に流すと、なんだか体が軽くなったような気がした。

夜も十時近かった。わずかに開いている店も閉まりはじめていた。駅前のファミリーレストランのような店も閉店時刻だった。結局、入ることができたのは、できあがった料理を指差し、電子レンジで温め、皿に盛ってくれる中華料理店だけだった。ケースの向こうから、店員の話し声が聞こえてきた。中国人かと思っていたらタイ人だった。なんだか遠くへ来た気がした。季節はずれのフランスのリゾートで、タイ人がつくった中華を食べる。温めただけの酢豚もどきに、温めただけのチャーハン。

「せっかくフランスに入ったんだから、ワインぐらい飲もうか」

外の雨はやみそうもなかった。

ニース発の列車に乗り込んだのは、翌朝の五時二十分頃だった。五時半の発車予定だった。しかし五時四十分になっても、六時になっても列車は出発しなかった。座席はほぼ埋まっていた。皆、黙って座っていた。

六時を少しまわった頃だったろうか。作業服を着た女性職員が現われた。車両ごとに説明にまわっているようだったが、フランス語なのでまったくわからない。隣に座っていたおばさんが、「出発が一時間遅れるみたい」と腕時計を示して教えてくれた。理由？ある程度、英語がわかるおばさんは、困ったように肩をすくめた。

乗客の何人かは、職員となにやら話し込んでいた。切符を見せていたから、乗り継ぎの相談のようだった。

いやな予感は前日からあった。

ニース駅に着いた僕らは、すぐに発券窓口に並んだ。トーマスクックの時刻表やネットで調べた限りでは、マルセイユへ出、そこからボルドーに向かい、スペイン方面に行く列車に乗り換える方法がよさそうだった。いや、もっといいルートがあるかもしれない。その相談もしたかった。ベネチアの発券窓口では、たちどころに接続列車が打ちだされてきた。

「マルセイユに出て、そこからスペインに抜けたいんです。やっぱりボルドー経由がベストですか？」

中年の男性職員がキーボードを叩きはじめた。モニターを見つめる顔が急に曇った。

「ボルドーまでの切符は買えませんね。ほらッ」

モニターをくるりとまわしてくれた。マルセイユからボルドーまで、ひとつの列車も走っていないことになっている。

「ん？」

「ストライキの影響ですね」

「ストライキ……」

EU各国で大きなデモが起きていた。フランス政府は、公務員の年金削減案を発表。組合との交渉が続いていたが、最終的には決裂。僕らがフランスに入国する二日前、全国規模のストライキが打たれた。パリのシャルル・ド・ゴール空港では、離発着便の半分が欠航し、フランスの列車も運休が起きていたのだ。

イタリアに入国し、乗り継ぎ切符の発券のスムーズさや、スケジュールの正確さに、西欧のレベルの高さを感じとってもいた。しかし、世のなかはうまくいかないもので、そういう国の鉄道は、必ずといっていいほど社会保障や組合の問題を抱えることになる。年金削減などと聞かされると、日本人の僕にとっても他人《ひと》ごとではなかった。イタリアでは先進国の波に乗るようにしてすいすい旅は進んだが、フランスに入ったとたん、その裏に潜む問題に足を掬《すく》われてしまった。

動いている列車に、早め早めに乗っていくしかなかった。しかしやっとの思いで目を覚まして乗った朝五時半発の便から、出発は遅れていた。ダイヤも乱れている様子で、マルセイユに向かう列車は、途中駅で時間調整を繰り返しながらのろのろ進んだ。中央アジア並みのスピードに戻ってしまった。マルセイユには一時間遅れで到着した。

この先の切符を手配しなくてはならなかった。時刻表はあてにできなくなっていた。マルセイユ駅の発券窓口の前にできた長い列についた。おそらく職員の一部はストライキに参加しているのだろう。窓口の半分が閉まっていた。列は遅々として進まなかった。

一時間ほど待っただろうか。

しかし窓口の男性職員は親切だった。一緒になってルートを考えてくれた。

マルセイユから地中海に沿うようにしてスペインに入る方法はあった。しかしその先の接続が悪く候補から落ちた。スペインのイルンからリスボンに向かう特急寝台を使うのが早かった。イルンはフランスとの国境にあるスペイン側の街で、大西洋のビスケー湾に面した港だった。

地中海沿岸から大西洋側へ。いくつかのルートがあった。いちばん早いのは、マルセイユからTGVという新幹線でパリに出、そこからやはりTGVでイルンまで行ってしまう方法だった。TGVはストライキの影響をあまり受けていなかった。収益の多い列車の運行はなんとか維持していた。しかしこのルートは、窓口の職員が却下した。

「どうして?」

「高いだろ?」

「は、はあ……」

僕らの風体からそう判断したのだろうか。安いに越したことはないが、そうはっきりいわれてしまうと、なんだか……なのである。イタリアでもそうだった。ベネチア駅の窓口のおばさんは、なにげに発券してくれたが、すべて二等だった。一等があることは列車に乗ってみてはじめてわかった。「一等か二等か」と訊かれれば、即座に二等と返事をしていただろうが、なにも訊かれずに二等になるというのも……ちょっと寂しいのである。

まあ、しかたないか。

いや、そういうことではない。問題はリスボンまでの切符だった。

いったんボルドーまで出、南下してイルンに向かうルートにやはり絞られてきた。しかしその日、ボルドーまでの列車は運休だった。ストライキだった。翌日で組んでもらった。モニターをじっくり見て、その職員が確かめるようにいった。

「行けるね」

「リスボンまで？」

「そう。発券していい？」

マルセイユ駅を出たところにあるテラスで、切符を改めて見ていた。

「これで行ける」

なんだか肩の力が抜けていくような気分だった。

旅が終わったような気がした。

イタリアのベネチア駅でも同じ感覚に包まれたが、いまは違う。確実にリスボンまでの切符が手のなかにある。

傾いたらせん階段を息が切れるほど上ったところが僕らの部屋だった。マルセイユ駅前の安宿……。窓を開けると、眼下に下町の路地が見えた。そこもゴミで埋まっていた。駅舎を出、石段を下るとマルセイユの街だった。しかし、目に飛び込んできたのは、道端にうずたかく積まれたゴミの山だった。ホームレスが暖をとったのか、焼け焦げた跡もある。ビニールや紙くずが寒風に舞う。どうもゴミの回収が止まっているようだった。後にわかったことだが、これも年金削減に反対する公務員のストライキだった。僕らがマルセイユに着いたとき、そのストライキは一週間を超え、街の人々はネズミが媒介するペストの発生まで心配しはじめていた。

マルセイユという地名には、なにか甘美なイメージがある。戦前、船に乗ってパリをめざした日本人は、このマルセイユに到着し、ここからパリに向かったのだ。詩人の金子光晴もそうだった。妻を先にパリに行かせ、東南アジアで金の工面をしてこのマルセイユに船で辿り着く。

僕らが泊まる安宿のうらぶれた雰囲気は、そんな想像を膨らませてくれた。丘の上にあるノートルダム寺院から眺める海は、初冬のやわらかな日射しに輝き、そこに停泊する船の姿に当時を重ねあわせてみたりした。

しかし視線を下に移すと、ゴミに埋まったマルセイユの街があった。これがいまのフランスなのだろう。

今晩を逃すと、フランスの料理も味わえずに終わることはわかっていた。次の日の夜は、リスボンに向かう夜行列車のなかなのだ。ミラノで二・七五ユーロほどのピザ、ニースではタイ人がつくった中華……これでフランスを出国してしまうのだろうか。しかしマルセイユも季節はずれだった。港に面して、テラス席のレストランが並んでいるのだが、多くがテーブルや椅子をかたづけていた。

「まただめか……」

しかし、透明のビニールシートで周囲を覆った店をみつけた。ここしかなかった。完璧なまでに観光客向けの店だった。「フランスの港のレストランっていったら、生ガキにムール貝でしょ」というステレオタイプの注文に応えるメニューがちゃんと用意されていた。たっぷりの氷の上に、生ガキ、ムール貝、エビ、よくわからない貝が並んだセットで、二十四ユーロもした。いや、こういう場でケチってはいけないのだ。

「でも普通、ムール貝って、生で食べましたっけ？」

「そうだよな。蒸したムール貝が、大きなバケツのような容器に入って出てくるのが普通だよな」

「大丈夫ですよね」

「こういう店で出すんだから……」

高いメニューを注文すると、こういうことも心配しなくてはいけなかった。しかしおそるおそる食べた生のムール貝は、想像していた以上に濃い貝の味がした。新鮮なムール貝なら、生で問題ない。マルセイユの発見だった。

ホテルへの帰り道、下町のバーに入った。テレビからサッカー中継が流れる食堂のような飲み屋だった。テーブルを黒っぽい作業着姿の男たちが埋めていた。皆、アラブ系の顔をしていた。フランスの街のダウンタウンには、アフリカからの移民や出稼ぎが多い。黒人やアラブ系の男たちだ。生活の苦しさが、その顔に滲《にじ》んでいる。この店は、アラブ系の男たちの溜まり場のようだった。

見るとテーブルの上に置かれているのは、コーラの缶だった。彼らの多くがイスラム教徒なのだろう。部屋に帰っても、テレビすらないのかもしれない。しかし、こうして店に集まっても、誰と話をするわけでもない。ただぼんやりとサッカー中継を眺めている。

ときどき、「オッ」という喚声ともいえない短い声をあげるときがあった。テレビを見ると、フランスチームのひとりが敵のゴール手前で倒れていた。フランスのナショナルチームには、アラブ系の選手も多いが、移民たちが本当に声をはりあげたいのは、モロッコやチュニジアといった北アフリカの母国チームのはずである。しかし中継はフランスチームばかりだから、とりあえずフランスを応援するしかないのだ。しかし、ここにいる男たち、ひとり、ひとりに「フランスは好きか」と訊けば、皆、複雑な表情をつくるのに違いなかった。

翌朝、マルセイユを出発した列車は地中海に沿って西に向かって走りはじめた。ナルボンヌから北西に進行方向を変え、なだらかな山々が続く内陸地帯に入り込んでいく。この列車の終点は、大西洋に近いボルドーである。

列車はボルドーに向けて進む。居あわせた女性は不機嫌そうだった。ストライキのせい？

そう思って眺めるせいか、ブドウ畑が多いような気もする。ブドウの木々には白い布がかぶせてあることが多い。ボルドーの街は、駅前から延びる一本道に沿って商店が続く味気ない構造だった。交通量の多い道の舗道を、「あの先まで行けば、ワインの香りのするような街になるかもしれない……」と二十分ほど歩いてみたが、同じような街並みが続くだけだった。もちろん、僕らが探していたのは、ワインだった。

駅舎を出たとたん、大きなアーチがあり、そこに『ボルドー、ワインの郷《さと》』という文字が躍っているといった日本式の発想が通用しない街並みだった。ガイドブックかネットで、近くのワイン農家の人々が、自分で壜《びん》詰めしたワインを売っているという話を読んだ記憶があった。しかしそれを探すには、三時間ほどの乗り継ぎ時間では無理だった。

戻る所はボルドー駅しかなかった。駅舎のなかをうろうろしていると、レストランがあった。入口でメニューを見ると、十ユーロの定食があった。

「これワイン付きじゃないですか」

よくメニューを読むと、二百五十ミリリットルのワインが一杯付いていた。肉料理にポテトとパン、そしてワインで十ユーロ。高級なボルドーワインのはずはなかったが、安くてもボルドーのワインなのだ。

「やっぱり駅か……」

鼻白む思いで呟くしかなかった。列車でユーラシア大陸を横断するという旅である。列車のなかで食事をし、トイレに行き、線路の軋《きし》みを耳にしながら眠る旅を続けてきた。乗り継ぎ時間に列車から離れようとしたのだが、結局は駅のレストランなのだ。

僕らはそれぞれ料理を頼んだ。するとウエイターがサービスをしてくれたのか、壜に入ったワインが出てきた。

「ふたりで一本ってこと？」

「これでひとり十ユーロなら安い……」

阿部氏が言葉を止めた。

「下川さん、ここ見てください。ワインのなか」

すごい上げ底だった。ワインボトルの下四分の一ぐらいがガラスなのだ。ワイン一本の量は、ふたりでテーブルに着き、食事をするのに適当な量になっているという話を聞いたことがある。テーブルワインといういい方もある。それが一般的な飲み方らしいのだが、それだけの量のワインを出してしまうと十ユーロでは足が出てしまう。そこでこの上げ底壜なのである。これならふたりで一本という雰囲気が醸《かも》しだせる。なんだかすごくセコい話だった。アジア人には思いつかない、ヨーロッパのせち辛さだった。それでも互いのグラスにワインを注ぐと、一杯分ぐらいのワインが壜に残った。これがサービスということらしい。

それでも透明感のある赤ワインはやわらかい味がした。ボルドーの面目をかろうじて保つ味で、列車に染まる旅人は、これで満足しなさい……と語っているようだった。

イルンまではTGVだった。二時間半ほどである。これぐらいの距離なら、TGVの運賃もそう高くはない。

イルン駅は、かつての国境駅の面影をいまに留めていた。ホームからホームへの移動の間には、イミグレーションのあったカウンターやX線のセキュリティー機械が残っている。その脇を抜けると、すでにリスボン行きの列車が入線していた。

最後の夜行列車だった。乗り込むと、これまでいやというぐらい揺られてきた寝台車とは、世界が違うことがすぐにわかった。各コンパートメントのドアは、スライド式ではなく、ドアノブを引く開き戸だった。コンパートメントに入って目を瞠《みは》った。シーツが敷かれていたのだ。その上にしっかりと毛布もセットされる。これまではいつも、発車してしばらくすると現われる車掌からシーツと枕カバーセットを受けとっていた。それを敷きながら、いつも娘が通っていた保育園の月曜日の朝を思いだしていたのだ。

二段ベッドがひと組入ったコンパートメントには洗面コーナーがあり、壁には電話まであった。窓側のスペースには、旅行ガイドまで置かれていた。

「おおー、ちゃんと水が出る」

などと洗面所のコックをひねっていると、ドアをノックする音が聞こえた。開けると、ネクタイにスーツ姿の中年男性が立っていた。

「いらっしゃいませ。乗車券を」

ふたり分の切符を渡すと、立派な鍵が渡された。

「か、鍵ですか」

これまでいったい幾晩、夜行列車のコンパートメントで眠ったのか……もう記憶もおぼろげなのだが、鍵を渡されたことなど一回もなかった。

「朝食は八時からです。ドアをノックしますので、それまでごゆっくりお休みください」

これが上げ底ボトル。こういうボトルがあることに感心してしまう

窓際のボードはライトだった。トーマスクックの時刻表を開くのもこれが最後と思ったのだが……

「ち、朝食ですか？　それは有料？」

「いえ、車賃に含まれております。簡単なものですが……」

　朝食込みの運賃とは知らなかった。トルコ以来、ずっともち続けている食糧が入ったスーパーの袋を見つめた。

　トーマスクックの時刻表を見ると、トレインホテルと列車番号の下に記されていた。夜行列車の意味かと思っていたが、本当にホテルのような列車だった。

　久しぶりにぐっすり寝てしまった。目覚めると、こんもりとした山の中腹を列車は進んでいた。赤いとんがり屋根の家々が、オリーブ畑に囲まれるように点在している。おとぎの国のような風景だった。

　朝の五時台にスペインを抜け、ポルト

ガルに入っているはずだった。線路は内陸を進み、海に面したリスボンに着く。温められたライ麦パンとクロワッサン、そしてコーヒー。しっかりと布のテーブルクロスのかかった食堂車のテーブルで朝食をとった。列車のなかで、こんな朝を迎えたのもはじめてだった。涙が出そうだった。

終点はリスボンのサンタ・アポローニア駅だったが、その手前のオリエンテ駅で降りた。この駅が地下鉄に接続していた。午前十時半。やわらかな日射しが、リスボンの街を包んでいた。

ユーラシア大陸の最西端駅——、それはリスボン市内にある駅ではなかった。市内のカイス・ド・ソドレ駅から、さらに西に線路が延びていた。その終点駅のカスカイス駅が最西端だった。

秋の日を浴びたリスボンは、気持ちのいい街だった。フランスでは妙にやさぐれた感じが目立つ黒人たちが、普通に街に溶け込み、その目も輝いていた。差別はときに、反発のエネルギーを生むものだが、石畳の続くリスボンにはそんな刺々《とげとげ》しさはどこからも漂ってこなかった。「だからポルトガルはだめなんだ」と、リスボンの若者は口を尖《とが》らせるのかもしれないが、シベリアのソヴィエツカヤ・ガヴァニから、二万九百六十二キロという距離を列車に揺られた身には、この街の優しさが心地よかった。後はカスカイスまで二十六キロの列車が残っているだけである。

カイス・ド・ソドレ駅を発車した列車は、リスボンの郊外電車の趣だった。沿線にはコンテナが積みあげられた港の風景が続いた。同じようにコンテナで埋まっていたシベリアのワニノは、もうマイナス十度を超えるような寒気に包まれているのかもしれない。四月二十五日橋を左手に見て、電車は西へ、西へと続いていく。オエイラス駅十三時十八分。エストリル駅十三時三十三分。……大晦日《おおみそか》のカウントダウン式に時計を眺めてもみたが、各駅停車の電車に乗る人々は、買い物や仕事の途中といった感じで、そのなかで僕らだけ気分を奮《ふる》いたたせようと思っても、どこか虚しさが募ってくる。カスカイス駅に着いたのは十三時三十五分だった。経度は西経に変わり、西経九度二五分五・七二秒。東経一四〇度一六分三・九四秒のワニノから経度にして一五〇度近くの距離を列車に揺られたことになる。そういわれたところで、その距離感はピンとこないのだが。

駅名の看板すらみつからない簡素な駅だった。駅前が小さなバスターミナルになっていた。乗客の多くは、そのバスに吸い込まれていく。ユーラシア大陸の最西端であるロカ岬へ向かうバスも、ここから出るらしい。

駅前の商店街を抜け、海に出てみた。そこにあったレストランでポルトガル名物のイワシの炭火焼きを頼む。そしてビールで乾杯した。静かな海だった。カモメの鳴き声がときどき聞こえてくる。

実は最西端には、もうひとつの説があった。リスボン市内から路面電車が西に向かって走っていた。その終点がシントラ駅なのだが、そこから大西洋のマサス海岸まで路面電車が延長され、週末に限って観光電車として運行されるのだという。そのマサス海岸の駅が最西端ではないか……と。

そこまで足を延ばす時間がなかったわけではない。週末ではないので、観光電車に乗ることはできないが、最西端の駅を見ることはできる。

昨夜はしっかり眠っているから、体力的に疲れているわけではなかった。しかし、その駅に向かう気力が湧いてこない。

「もう、いいか……」

これを列車疲れというのだろうか。

コラム　電子チケットがメールで届く時代

本書の旅では、ネットを使って列車の切符を買ったことは一回もなかった。ロシアの列車は、旅行会社の手配だった。その後は中国、カザフスタン、ウズベキスタン、アゼルバイジャン、グルジア（ジョージア）、トルコ、セルビア、イタリア、フランス……。それぞれの駅の窓口で切符を買っていった。

しかしその時代から十年。いま、同じルートで旅をするとすれば、そのほとんどがネット予約になっていく気がする。

当時、切符を買うための頼りにしたのは、トーマスクックの時刻表だった。ネットはそれを補完するような存在だった。トーマスクックの時刻表でわからないことが出てくると、ネットをつないだ。

しかし当時はネットがつながる場所も限られていた。いまのようにＷｉ－Ｆｉが当たり前のようなカフェは少なかった。もちろん、駅ではネットにつながらなかった。ネットでチェックできた路線もあった。しかし切符を買うことができないことが多かった。列車の切符は、飛行機の予約システムより遅れていたのだ。

たとえば、レイルヨーロッパというサイトがある。当時から、ヨーロッパを走る路線をほぼ網羅していた。

僕の場合、何カ国も通過するような長距離列車を探したから、その検索能力はいまひとつということも多かったが、日程を組むためには役立った。クレジットカードで運賃を支払うこともできた。しかし切符を受けとることができなかった。切符は自宅に郵送されるシステムだったのだ。

ヨーロッパに住む人なら問題はないのだが、僕には難しかった。郵送には日数がかかるから、直前の予約もできなかった。

飛行機のように電子チケットが届き、それを提示すれば乗ることができるというわけにはいかなかったのだ。

ヨーロッパの鉄道は国単位で運営されていたから、区間によっては、国際列車の予約を入れることもできなかった。

列車は飛行機に比べると長い歴史をもっている。そのなかでさまざまなノウハウが蓄積されてきた。切符は偽造を防ぐために地に模様が入っていたりする。運営が国単位だから、ネットへの移行もまちまちだったのだろう。そしてそのシステムも、国によって違っていたはずだ。そもそも言語を統一しなくてはならない。

そんな歴史を抱えていただけに、簡単に国をまたぐ切符を発券することが難しかった気がする。

そのあたりが列車旅の面白さでもあったのだが、飛行機やバスに客が流れていくなかで、そうもいってはいられない情況に追い込まれていったようにも思う。いま、レイルヨーロッパで予約を入れると、電子チケットがメールで届く時代になった。列車はそのスピードこそ、飛行機やバスに追いつかないが、それなりに進化しつつある。それはネットを使う予約の世界にもあてはまることのようだ。

新潮文庫版あとがき

帰国し、この原稿を書き進めながら、ひとつの問題に直面していた。ユーラシア大陸を横断する列車旅は、ユーラシア大陸の東端駅からスタートした。バイカル・アムール鉄道本線のワニノ駅である。

しかしこの路線を走る列車は、ワニノ駅から十キロほど先のソヴィエツカヤ・ガヴァニ操車場駅が始発だった。

出発前、ワニノ駅とソヴィエツカヤ・ガヴァニ操車場駅の経度を調べていた。

ワニノ駅　東経一四〇度一六分

ソヴィエツカヤ・ガヴァニ操車場駅　東経一四〇度一五分

鉄道駅の東端はワニノ駅だった。しかしできれば始発駅から乗車したいと、ソヴィエツカヤ・ガヴァニ操車場駅から列車旅をはじめた。

しかしこの線路は、ソヴィエツカヤ・ガヴァニ操車場駅より先にも支線が延びていた。

ローカル線の扱いで、その区間の列車に乗ることができるのかもわからなかったが、さらに二十六キロほど先のソヴィエツカヤ・ガヴァニ市駅が終点だった。

この周辺は典型的なリアス式海岸地形で、線路は小さな湾や岬に沿って曲線を描きながら南に向かって延びている。グーグルアースの地図を辿りながら進んでみる。問題は終点のソヴィエツカヤ・ガヴァニ市駅の経度だった。もし、ソヴィエツカヤ・ガヴァニ市駅がワニノ駅より東にあったら……。地図で見るかぎり、微妙な位置だった。

グーグルアースを使い、細かい経度を割り出してみた。

ワニノ駅　東経一四〇度一六分三・九四秒
ソヴィエツカヤ・ガヴァニ市駅　東経一四〇度一六分四三・五四秒
距離にして八百メートルほど、ソヴィエツカヤ・ガヴァニ市駅が東に位置していた。一般的な長距離列車の旅を考えれば、東端はワニノ駅だった。しかしローカルな支線も含めると、東端駅はソヴィエツカヤ・ガヴァニ市駅である。

しかしそれにしても長い旅だった。

当初は二十日も列車に乗れば、ユーラシア大陸を横断できるんじゃない……などと考えていたが、それほど甘くはなかった。列車というと、時速が二百キロを超えるような新幹線タイプを想像してしまうが、ユーラシア大陸を西に向かって走る列車のほとんどは、時速四十キロ程度でとことこと進んでいた。途中、日本に戻ったこともあったが、七月に列車に乗り込み、さまざまな列車を乗り継ぎ、のべ十九カ国を通過し、ポルトガルの大西洋に面した駅に着いたときは、十月の下旬になっていた。

いまの地球は、車と飛行機の時代になっている。一時、人々の足として、大陸を走っていた列車は、その流れからとり残されつつある。しかし鉄道で働く人々は、律義《りちぎ》にその運行を守り続けていた。

金属が軋《きし》む音を残しながら、地上を這《は》うように進む列車は、いまだ解決されない民族や領土をめぐる紛争にも巻き込まれていた。シベリアの港に沿った駅から、ひと筆書きのように列車を乗り継ぐ旅を続けていたが、ロシアのアストラハンから南下する線路でその筆は止まってしまった。僕らが乗る列車の前を走っていた貨物列車が爆破テロに遭ってしまったのだ。このエリアでは、列車は反政府組織の標的になっていた。

この旅のきっかけでもあったトルコとアルメニアの国交樹立は、いまだその解決の糸口すらみつかっていない。かつて列車が走っていた線路は錆《さ》びつくばかりである。

紛争地帯をひょいと飛び越えてしまう飛行機とは違い、列車は争いのただなかを進んでいかなくてはならない。列車とは人々の平穏な暮らしに寄り添うように線路の上を走るものだということを、なかなか進まない列車のなかで思い知らされる旅だった。

これほどまでに列車に染まりながら旅をしたこともなかった。寝台車の狭いベッドに揺られながら眠った夜は二十六晩にもなってしまった。眠れない夜、デッキに立って砂漠の夜空を見あげていた。月が欠け、また丸みを帯びていく。こうして西へ、西へと進んでいった。

いまでも脳裡に残る音がある。深夜、ホームを照らす照明もない駅に列車が停まる。しばらくすると、どこからともなく、「カーン　コン」という音が響いてくる。鉄道員がヘッドライトを頼りに、台車の一部をハンマーで叩きながら、列車の安全を確認している音だった。こうして列車は進んでいく。体に染みついたディーゼルオイルの臭いと一緒に、思いだしてしまうのだ。

トラブル続きの旅は、『世界最悪の鉄道旅行』というタイトルになったが、なんとか乗り越えたいま、「やっぱりいい旅だったかも……」と思うのだ。

原稿は鉄道関係に詳しい、作家の小牟田哲彦氏にチェックしていただいた。出版にあたり、新潮社の庄司一郎氏のお世話になった。

二〇一一年十月

下川裕治

朝日文庫版あとがき

長くつらいこの列車旅がきっかけだったのだろうか。その後、僕の旅は列車に染まっていくことになる。

ユーラシア大陸の南端であるシンガポールから、客が乗り降りする駅としては北端のロシアのムルマンスクまで列車に揺られた。アメリカやカナダ、インド、中国、ロシアといった国々を走る長距離列車にも乗ることになる。

極めつきは、アジア各国の全路線を走破する列車旅だった。タイ、マレーシア、インドネシア、ベトナム、ミャンマー、カンボジア……。各国の列車を乗りつぶしていった。実はこの旅はまだ終わっていない。台湾と韓国に数路線、バングラデシュの列車がまだ手つかずの状態だ。その先には中国、インドという鉄道大国がある。さすがにこの二大国の全路線走破旅に手をつけるつもりはない。何年かかるかわからないからだ。

それでも台湾、韓国とバングラデシュは乗りつぶしたい思いはある。バングラデシュあたりから攻めようと予定を組んでいた頃に、新型コロナウイルスの感染が広まりはじめてしまった。バングラデシュの感染者も多い。しばし列車旅は中断している。

僕は鉄道オタクではない。鉄道オタクには、車両を写真に収めるマニアである撮り鉄、時刻表マニアの時刻表鉄などにわけられるようだ。その分類でいえば、列車に乗ることが好きな乗り鉄、ということになるのだが、「鉄道に乗ることが好き?」と訊かれると答えに困る。

本書を読んでいただければわかると思う。僕の鉄道旅はつらいことが多すぎる。あえて過酷な旅を選んでいるわけではないのだが、なにかトラブルに吸いつけられてしまうようなところがある。その結果が「最悪」の鉄道旅になってしまうのだ。

そういう星のもとに生まれたのだろうか……。長い列車旅のなかで溜め息を何回ついてきただろうか。

しかし旅への思いはある。

コロナ禍のなかで旅への思いは募っていく。

世界を自由に歩くことができるようになったとき、僕はまたやや重くなった腰をあげて列車に乗っているような気がする。次はバングラデシュの列車? 夥しい人で埋まる車内にぽつんと座っているかもしれない。それがまるで、僕の旅の定位置かのように。

そしてまた、「こんな列車に乗るんじゃなかった」と呟きながら、次から次へと移っていく風景をただ見つめているようにも思うのだ。

出版にあたり、朝日新聞出版の大原智子さんのお世話になった。

二〇二〇年七月

下川裕治

世界最悪《せかいさいあく》の鉄道旅行《てつどうりょこう》
ユーラシア大陸横断《たいりくおうだん》2万《まん》キロ

朝日文庫

2020年8月30日　第1刷発行

著　　者　下川裕治《しもかわゆうじ》

発 行 者　三 宮 博 信
発 行 所　朝日新聞出版
〒104-8011　東京都中央区築地5-3-2
電話　03-5541-8832(編集)
03-5540-7793(販売)
印刷製本　大日本印刷株式会社

Published in Japan by Asahi Shimbun Publications Inc.
定価はカバーに表示してあります

ISBN978-4-02-262023-1
落丁・乱丁の場合は弊社業務部(電話 03-5540-7800)へご連絡ください。
送料弊社負担にてお取り替えいたします。

朝日文庫

下川 裕治／写真・阿部 稔哉
週末香港・マカオでちょっとエキゾチック

茶餐廳の変な料理や重慶大廈の異空間。大粒の雨のなか涙する香港人とカジノ景気を利用するマカオ人。九〇年代に返還された二つの街を見つめる。

下川 裕治／写真・阿部 稔哉
週末ソウルでちょっとほっこり

日本との共通点は多いが、言葉で苦労する国。ハングルメニューの注文のコツを覚え、韓国人とともに飲み、Kポップの世界に一歩踏み込む。

下川 裕治／写真・阿部 稔哉
週末シンガポール・マレーシアでちょっと南国気分

物価高の街をシンガポールっ子流節約術で泳ぎ抜く。ジョホール海峡を越えるとアジアのスイッチが入り……待ち構えていたのはイスラムの掟⁉

下川 裕治／写真・阿部 稔哉
週末ちょっとディープな台湾旅

台湾のにおいの正体を探り、台南で日本の名残に触れ、少数民族に助けられて温泉へ——。これが、僕の台湾歩き。きっと台湾がいとおしくなる。

下川 裕治／写真・阿部 稔哉
週末ちょっとディープなタイ旅

日本人大好きタイ料理はタイ中華？　ガイド本では紹介されない裏の乗物が市民の足。気まぐれタイ鉄道でラオスへ……音のない村に迷い込む。

下川 裕治
僕はLCCでこんなふうに旅をする

安い！　けど、つらいLCC。二度と乗らないと決意したのに……気づけばまたLCCで空の上。なぜ安い？　イマドキ事情とは？　落とし穴も！

朝日文庫

週末ちょっとディープなベトナム旅
下川　裕治／写真・阿部　稔哉

好景気のエネルギーが路上に弾ける、元気なベトナムはいまが旬？　さらに、国境を越えてカンボジアの村と森へも。

12万円で世界を歩くリターンズ
赤道・ヒマラヤ・アメリカ・バングラデシュ編
下川　裕治／写真・阿部　稔哉

赤道越え、ヒマラヤトレッキング、バスでアメリカ一周……八〇年代に『12万円で世界を歩く』で鮮烈デビューした著者が同じルートに再び挑戦。

12万円で世界を歩くリターンズ
タイ・北極圏・長江・サハリン編
下川　裕治／写真・阿部　稔哉

今度はタイと隣国の国境をめぐり、北極圏をめざし、長江を遡る旅へ。さらに、「12万円でサハリンに暮らす」ことにも挑む。

世界一周飲み歩き
イシコ

犬ぞりで向かうスウェーデンの雪原に建つ店、暗殺依頼の値段を教わるロシアのバー……酒と旅の楽しさがぎゅっとつまった世界珍道中エッセイ。

沖縄の島へ全部行ってみたサー
カベルナリア吉田

静寂に満ちたビーチを独り占めしたり、民宿やご飯処で出会う人々と交流したり。「リゾートじゃない沖縄」を歩く旅エッセイ。カラー写真も収録。

女ひとり、イスラム旅
常見　藤代

旅人に世界一優しくて、花嫁はセクシー下着に身を包み、一夫多妻制は女性に親切？　日本人が知らない本当は怖くないイスラム圏！